2022 中国保险公司竞争力与投资价值评价研究报告

寇业富　主编

中国财经出版传媒集团
中国财政经济出版社

图书在版编目（CIP）数据

2022中国保险公司竞争力与投资价值评价研究报告/寇业富主编. --北京：中国财政经济出版社，2022.10

ISBN 978-7-5223-1692-5

Ⅰ.①2… Ⅱ.①寇… Ⅲ.①保险公司-竞争力-研究报告-中国-2022 ②保险公司-投资评价-研究报告-中国-2022 Ⅳ.①F842.31

中国版本图书馆CIP数据核字（2022）第176336号

责任编辑：马 真　　责任校对：张 凡
封面设计：朱 帅

2022中国保险公司竞争力与投资价值评价研究报告

2022 ZHONGGUO BAOXIAN GONGSI JINGZHENGLI YU TOUZI JIAZHI PINGJIA YANJIU BAOGAO

中国财政经济出版社 出版

URL：http：//www.cfeph.cn

E-mail：cfeph@cfeph.cn

社址：北京市海淀区阜成路甲28号　邮政编码：100142

营销中心电话：010-88191522

天猫网店：中国财政经济出版社旗舰店

网址：https：//zgczjjcbs.tmall.com

北京时捷印刷有限公司印刷　各地新华书店经销

成品尺寸：210mm×285mm　16开　14.75印张　255 000字

2022年10月第1版　2022年10月北京第1次印刷

定价：120.00元

ISBN 978-7-5223-1692-5

（图书出现印装问题，本社负责调换，电话：010-88190548）

本社质量投诉电话：010-88190744

打击盗版举报热线：010-88191661　QQ：2242791300

中央财经大学中国精算研究院标志性成果

本报告受到

中央财经大学中国精算研究院

中央财经大学保险学院

等单位的大力支持和帮助

序言 Preface

中国精算研究院成立于2003年，是保险精算领域中唯一一所教育部人文社会科学重点研究基地（以下简称“重点研究基地”）。中国精算研究院在教育部和中央财经大学领导的关怀、指导下，锐意进取，勇于创新，在教学、科研和社会服务等各个方面已经奠定了扎实的基础并取得长足进步，在国内外享有声誉。

根据教育部《普通高等学校人文社会科学重点研究基地管理办法》的要求，重点研究基地应该聚集和培养优秀学术人才，围绕国家发展战略，针对学科前沿和社会经济发展中的重大理论与实践问题，组织高水平研究的新型科研团队，在产出创新成果、形成学术交流开放平台、带动高校哲学社会科学发展创新等方面发挥着重要作用。

随着中国保险市场经营主体和业务规模的快速发展，提高保险业的竞争质量、实现规模效益的长期可持续发展就成为保险业界、学界和政府监管部门的关注焦点。为了更好地发挥重点研究基地的作用，中央财经大学中国精算研究院于2010年8月成立了“保险公司竞争力评价研究”课题组（以下简称“课题组”）。

经过多年勤奋、严谨的研究，2011~2021年课题组持续出版了《中国保险公司竞争力评价研究报告》等多部著作和相关科研论文。

为了更好地促进保险产业的健康发展，应对保险市场失灵，保护投资人和被投资人的权益，维护消费者利益，课题组在参考国际上投资价值分析评价的理论和方法的基础上，利用丰富的资料和数据，定性与定量相结合，对保险公司的投资价值进行全方位的分析评价，自2021年开始，增加“中国保险公司的投资价值评价分析”的有关内容，本研究报告也更名为《中国保险公司竞争力与投资价值评价研究报告》。

不忘初心，方得始终。在这里我愿意重申，课题组成立之初所坚持和提倡的研究原则：公开、客观、科学。

“公开”就是指标体系、数据来源、评价方法等全部公开或者来源于公开渠道。在这里我们不能不提到，中国保险监督管理委员会于2010年6月12日正式颁布实施的《保险公司信息披露管理办法》，以及中国银行保险监督管理委员会于2018年4月重新修订并颁布的《保险公司信息披露管理办法》为我们的研究提供了主要和关键的数据支持。

“客观”即是指评价的结果要客观，也是指评价的过程和目标要客观。即在评价过程中，尽量避免或者减少人为主观因素的干扰。

“科学”即是指评价方法的科学。在有可能使用定量分析的地方，尽量使用定量分析。当然我们并不是说定性分析就不科学。

值得欣慰的是，课题组在寇业富博士的带领下，始终一致地秉持了这一原则。当然，这些原则并不反对课题组在研究指标和方法上的不断改进，也不排除对保险业其他研究领域的继续拓展研究，提高中国精算研究院这一重点研究基地的学术价值和社会地位。

本报告是我们关于保险公司竞争力评价研究等方面的第12个连续年度的工作成果。随着中国的改革开放和国务院正式发布《关于加快发展现代保险服务业的若干意见》（国发〔2014〕29号），无论是规模数量还是发展质量，中国保险业的发展都进入了一个新的阶段，对中国保险公司竞争力的评价研究提出了更高的要求。

“保险公司竞争力与投资价值评价研究”是一个敏感的话题。我们从一开始就抱着谦虚谨慎、兢兢业业的态度对待这项工作。值得欣慰的是，多年来，在学校和中国精算研究院的大力支持下，在课题组成员的团结奋斗下，我们始终坚持“公开、客观、科学”的原则进行相关工作。

本报告主要包括五章内容：

第一章介绍了中国保险市场的发展概况。分别从中国保险业发展的宏观经济环境、我国保险业的发展情况分析、人身险保险市场发展、财产险保险市场等几个方面对中国保险业的发展情况做了介绍。

第二章首先给出了保险公司竞争力的定义；其次在分析国内外相关研究

的基础上，我们选择主成分分析方法进行竞争力研究，并对主成分分析方法的内容、步骤等做了介绍；最后对保险公司竞争力的评价体系的原则、内容等做了简单介绍。

第三章给出了人身险公司竞争力的评价得分和排名。本章共分四节。第一节主要阐明了人身险公司竞争力评价的指标内容、定义和计算方法，并对研究对象的选择进行了说明；第二节给出了66家人身险公司综合竞争力的评价与分析；第三节得到人身险公司5个一级指标竞争力的评价得分与排名，并通过分析一级指标排名前10位公司的排名与得分以及各二级指标排名前10位公司的得分对整个人身险市场进行了分析；第四节运用现代多元统计分析方法对人身险公司综合竞争力的评价结果进行了稳健性分析。我们从公司和指标两个角度对课题组的评价结果进行了检验，证明我们的评价结果是稳健的。

第四章给出了中国财产险公司竞争力的评价得分和排名。本章共分四节。第一节对财产险公司竞争力评价的指标内容、定义、计算方法和研究对象等进行了说明；第二节得出了74家财产险公司的综合竞争力的评价与分析；第三节得到5个一级指标的评价得分与排名，并对结果做了分析，并通过分析一级指标排名前10位的公司的排名与得分，以及各二级指标排名前10位公司的得分对整个财产险市场进行了分析；第四节运用现代多元统计分析方法对财产险公司综合竞争力的评价结果进行了稳健性分析。我们从公司和指标两个角度对课题组的评价结果进行了检验，证明我们的评价结果是稳健的。

第五章给出了中国保险公司投资价值评价的得分与排名。本章共分四节。第一节保险公司投资价值的概念与评价方法，主要从保险公司投资价值的概念、国内外相关研究内容与评价方法，以及我们选定的中国保险公司投资价值评价方法，包括相关模型、熵值法、模糊数学方法和其他统计分析方法等现代应用数学方法的介绍等。第二节保险公司投资价值的体系构建，主要包括对影响保险公司投资价值影响因素的分析，上市保险公司（集团）的选择、对标公司的选择，以及上市保险公司（集团）与对标公司的市场价值与投资价值的关系的比较分析等，为第三节、第四节的分析打下比较坚实的基础。第三节中国人身保险公司投资价值的评价分析，主要包括待评价对象的选择、投资价值评价指标的建立、人身保险公司投资价值的初始评价分析，并依据待评价公司与对标公司的相似关系，得到待评价公司的投资价值绝对值。在此基础上，为了更好地反映各公司的投资效能，在不考虑公司股权质押、不考虑公司成立年限的情况下，我们引入了指标投资效能比（投资价值净资产比），为人身险公司的潜在投资者提供更为有价值的信息。第四节中国财产保险公司投资价值的评价分析，主要包括待评价对象的选择、投资价值评价指标的建立、财产保险公司投资价值的初始评价分析，并依据待评价公司与对标公司的相似关系，得到待评价公司的投资价值绝对值。在此基础上，为了更好地反映各公司的投资效能，在不考虑公司股权质押、不考虑公司成立年限的情况下，我们引入了指标投资效能比（投资价值净资产比），为财产保险公司的潜在投资者提供更为有价值的信息。

本报告主要有以下特色和创新：

（1）我们在报告的第三章第四节和第四章第四节，对人身险公司综合竞争力和财产险公司综合竞争力的评价结果进行了稳健性检验。在类似研究报告中，对评价结果进行稳健性检验的还没有发现。

通过稳健性检验，可以对我们的评价结果进行量化的可信性与稳健性度量，增加了评价结果的科学性、客观性。这是课题组的一个创新性应用研究成果，提高了评价结果的科学性、可信性和逻辑的完备性。

（2）对保险公司的综合竞争力和各一级指标的评价结果进行了多种角度和方式的分析，提供了比较科学、全面的保险公司和保险行业的分析研究。

（3）与时俱进，依据中国保险市场的需求变化和监管精神，维护广大消费者利益，增加了中国保险公司投资价值评价分析的有关内容，为中国保险市场的潜在投资者提供有价值的信息，促进中国保险投资市场的健康稳定发展。

中央财经大学中国精算研究院是国家保险精算领域唯一的人文社科重点研究基地，一直对中国保险行业的发展密切关注。此专题部分的分析是中国精算研究院新的研究领域之一，我们欢迎国内外政府管理部门和业界、学界的专家学者与我们交流沟通！

《2022中国保险公司竞争力与投资价值评价研究报告》的著作权人寇业富享有因该著作出版和传播等而产生的相关权利和义务。

这里特别说明：

（1）本报告尽量采用可获得的披露数据进行分析，并根据实质重于形式的原则，对发现的个别公司披露数据存在错误或异样的年报信息进行调整或者在涉及该指标时进行批注说明。

（2）本报告分析采用的数据皆来源于已公开的资料或课题组成员的个人分析，但我们不保证上述信息的完整性与准确性，中国精算研究院不因使用本报告而产生的一切后果承担责任，只以此作为学术研究以及学界和业界的信息交流与参考。同时本研究分析为课题组成员的个人观点，并不代表中国精算研究院的观点。

当然，对于中国保险公司竞争力与投资价值的分析评价工作，我们自己也认为有不尽如人意的地方。但是我们相信，在教育部和中央财经大学的大力支持下，在业界、学界等专家、学者的关怀和帮助下，在我们自己的努力下，《中国保险公司竞争力与投资价值评价研究报告》会越来越好，会为保险业的发展和保险公司竞争力的提高发挥重要的作用。

“中国保险公司竞争力与投资价值评价研究”课题组组长

中央财经大学中精算研究院　保险数据文献中心主任

寇业富

2022 年 7 月 27 日

目 录 Contents

第一章
2021 年中国保险市场分析

中国自 1805 年成立第一家保险公司以来，已经走过了 200 多年的历史。自 1949 年中华人民共和国成立以来，中国保险也经历了初步发展（1949～1958 年）、停办（1958～1979 年）、恢复发展（1979 年至今）3 个阶段。中国保险业自 1979 年恢复以来，获得了快速发展。尤其是近年来，党中央、国务院十分重视保险业发展，在多份重要文件中提出要大力发展保险业，出台了一系列促进保险业改革发展的政策措施，我国保险业实现了长足发展。

2018 年，原中国保险监督管理委员会（本书简称“原中国保监会”或“原保监会”）和原中国银行业监督管理委员会（本书简称“原中国银监会”或“原银监会”）合并，合并后为中国银行保险监督管理委员会（本书简称“中国银保监会”或“银保监会”）。

2019～2021 年，中国银保监会在党中央、国务院统一领导下，进一步扩大对外开放，以开放促改革，激发了市场活力，推动形成了保险业全面开放新格局。总体来看，中国保险市场发展稳中向好，产品保障功能凸显，资金运用收益稳步增长，保险科技广泛应用，行业风险防控能力持续增强。

第一节　2021 年中国保险市场整体回顾

一、市场概况

2021 年，中国保险全行业共实现保费收入 44 900 亿元（除特别说明之外，本报告中的保费收入指原保险保费收入），比 2020 年的 4.53 万亿元微降 0.79%（除特别说明以外，本报告中的增长或下降都表示同比变化情况），其中，产险公司保费收入下降了 2.16%，寿险公司保费收入下降了 0.30%；保险业赔付支出 15 609 亿元，同比增长 14.1%；保险业总资产 248 874 亿元，较年初增长 6.8%。具体看，市场运行呈现以下特点。

一是总体业务发展稳中向好，风险保障水平快速提高。2021 年，中国保险全行业提供保险金额 12 146.2 万亿元，同比增长 40.71%。其中，产险公司提供保险金额达 10 860.29 万亿元，增长率为 44.57%；寿险公司提供保险金额达 1 285.91 万亿元，增长率为 7.34%。产险业务实现保费收入 13 676 亿元，同比增长 14.64%；寿险业务实现保费收入 31 224 亿元，同比增长 30.20%；健康险业务实现保费收入 7 069 亿元，同比下降 13.51%；意外险业务实现保费收入 583 亿元，同比减少 50.34%；与国计民生密切相关的责任保险和农业保险业务继续保持较快增长，分别实现保费收入 1 018 亿元和 976 亿元，实现保费收入增长率分别为 12.99% 和 19.75%。

二是资金运用配置更趋优化，投资收益稳步增长。2021 年，中国保险公司资金运用余额为 232 280 亿元，较 2021 年初增长 7.01%。其中，银行存款 26 179 亿元，占资金运用余额的比例约为 11.27%；债券规模约 90 683 亿元，占比约为 39.04%；股票和证券投资基金约 29 505 亿元，占比约为 12.70%。

三是保险科技应用日益广泛，创新业务快速发展。保险科技投入力度加大，大数据、人工智能、区块链、移动互联网、物联网等前沿技术广泛运用于产品创新、保险营销和公司内部管理等方面。依托于互联网保险对部分标准化传统保险的快速替代及场景创新型产品带来的增量市场，互联网保险创新业务保持高速增长。

四是立足国家战略，服务经济社会发展能力增强。2021 年，中国保险行业积极助力经济社会发展的重点领域和薄弱环节，推动科技创新，维护社会稳定，不断提升保险服务实体经济的效率和水平。

（一）1980 ~ 2021 年保费收入

本部分简述了 1980 ~ 2021 年中国保险业发展概况，主要针对保费收入、保险密度、保险深度等数据进行梳理和讨论。根据最新可得的国际比较数据，2021 年，中国保险业保费收入达到 44 900 亿元；总资产达到 248 874 亿元；保险密度 3 179.08元/人，同比下降 0.78%；保险深度为 3.93%，同比下降 11.69%；赔款和给付 15 609 亿元，同比上升 15.05%。中国保险业的国际地位大幅提升，世界排名从 2010 年的第 6 位上升至 2021 年的第 2 位。

表 1 – 1 显示了 1980 ~ 2021 年中国保费收入总额及其结构。1979 年中国保险业恢复发展，1980 年保费收入约为 4.6 亿元。1990 年保费收入为 178 亿元。2000 年保费收入 1 595 亿元。2010 年保费收入 14 528 亿元。2021 年保费收入达到

44 900亿元，分别是1980年、1990年、2000年、2010年的9 761倍、252倍、28倍和3倍。

从寿险和非寿险的结构来看，在20世纪80年代初期，非寿险占绝大多数份额，随后比重逐渐下降。1997年寿险比重第一次超过非寿险。此后，寿险比重逐渐上升，2008年寿险比重最高达到75%，最近几年，寿险和财产险市场格局开始稳定，市场比例基本维持在7:3左右。

由图1-1可以看出，中国的保费收入自2000年出现第一次快速上升，2006年之后又出现一次快速上升，这两次上升均与新型人身保险产品（包括分红保险、投资连结保险、万能保险等）的引入和推动有关。

表1-1　　1980~2021年中国保费收入概况

年份	总保费（亿元）	人身险（寿险）		财产险	
		保费（亿元）	占比（%）	保费（亿元）	占比（%）
1980	5	—	0.00	5	100.00
1981	8	—	0.00	8	100.00
1982	10	3	30.00	7	70.00
1983	13	0	0.00	13	100.00
1984	20	1	5.00	19	95.00
1985	33	4	12.12	29	87.88
1986	46	11	23.91	35	76.09
1987	71	13	18.31	58	81.69
1988	109	38	34.86	71	65.14
1989	142	46	46.48	76	53.52
1990	178	60	33.71	118	66.29
1991	236	83	35.17	153	64.83
1992	368	143	38.86	225	61.14
1993	500	—	—	—	—
1994	600	264	44.00	336	56.00
1995	683	262	38.36	421	61.64
1996	788	343	43.53	445	56.47
1997	1 087	607	55.84	480	44.16
1998	1 247	747	59.90	500	40.10
1999	1 393	872	62.60	521	37.40
2000	1 595	997	62.51	598	37.49
2001	2 109	1 424	67.52	685	32.48
2002	3 053	2 275	74.52	778	25.48
2003	3 880	3 011	77.60	869	22.40

续表

年份	总保费（亿元）	人身险（寿险）		财产险	
		保费（亿元）	占比（%）	保费（亿元）	占比（%）
2004	4 318	3 228	74.78	1 089	25.22
2005	4 927	3 697	75.04	1 230	24.96
2006	5 641	4 132	73.25	1 509	26.75
2007	7 036	5 038	71.60	1 998	28.40
2008	9 784	7 447	76.11	2 337	23.89
2009	11 137	8 261	74.18	2 876	25.82
2010	14 528	10 632	73.18	3 896	26.82
2011	14 339	9 721	67.79	4 618	32.21
2012	15 688	10 157	64.74	5 531	35.26
2013	17 222	11 010	63.93	6 212	36.07
2014	20 235	13 031	64.40	7 203	35.60
2015	24 283	16 288	67.08	7 995	32.92
2016	30 959	22 235	71.82	8 724	28.18
2017	36 581	26 746	73.11	9 835	26.89
2018	38 017	27 247	71.67	10 770	28.33
2019	42 645	30 996	72.68	11 649	27.32
2020	45 257	33 329	73.64	11 929	26.36
2021	44 900	31 224	69.54	13 676	30.4

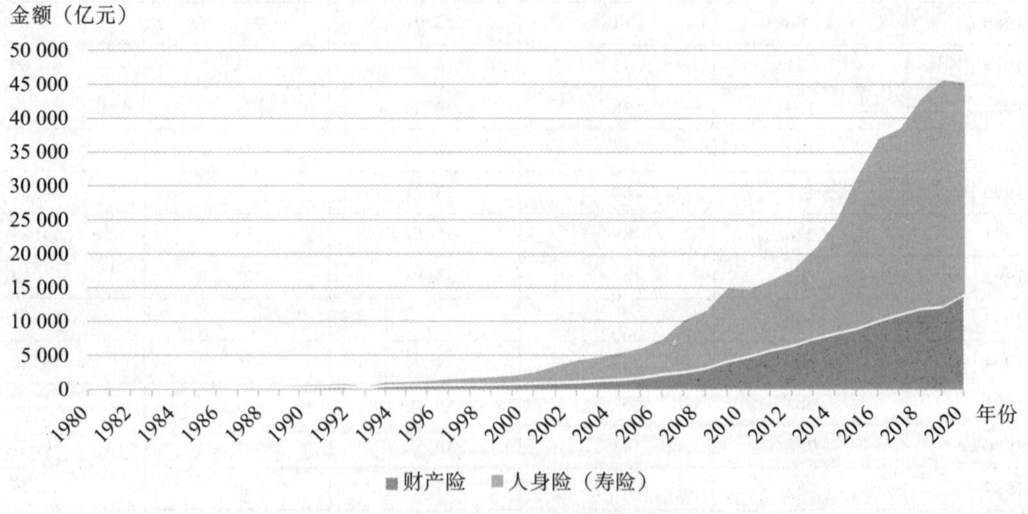

图 1-1 1980~2021 年中国保费收入

表 1-2 对 1980~2021 年中国保费收入名义增长率与世界保费收入名义增长率进行了对比。图 1-2 直观地显示了两者之间的对比。

由图 1-2 可以看出以下几个特点：第一，中国保费收入增长呈现周期波动的特点。过去 40 年间，大约存在 5 个周期；第二，随着技术的扩大应用，中国保费收入增长率的平均值呈现逐渐下降的趋势；第三，在绝大多数年份，中国保费收入名义增长率高于世界保费收入的平均名义增长率，而且超出的幅度还很大。

表1-2　　1980~2021年中国和世界名义保费增长率

年份	中国保费（亿元）	名义增长率（%）	世界保费（亿美元）	名义增长率（%）
1980	5	—	4 671	—
1981	8	60	4 789	2.53
1982	10	25	4 933	3.01
1983	13	30	5 176	4.93
1984	20	53.85	5 564	7.5
1985	33	65	6 460	16.1
1986	46	39.39	8 773	35.8
1987	71	54.35	10 575	20.54
1988	109	53.52	12 353	16.81
1989	142	30.28	12 692	2.74
1990	178	25.35	14 074	10.89
1991	236	32.58	15 155	7.68
1992	368	55.93	16 728	10.38
1993	500	35.87	18 183	8.7
1994	600	20	19 653	8.08
1995	683	13.83	21 572	9.76
1996	788	15.37	21 323	-1.15
1997	1 087	37.94	21 490	0.78
1998	1 247	14.72	21 903	1.92
1999	1 393	11.71	23 662	8.03
2000	1 595	14.5	24 917	5.3
2001	2 109	32.23	24 551	-1.47
2002	3 053	44.76	26 710	8.79
2003	3 880	27.09	29 954	12.15
2004	4 318	11.29	33 069	10.4
2005	4 927	14.1	34 604	4.64
2006	5 641	14.49	36 987	6.89
2007	7 036	24.73	41 325	11.73
2008	9 784	39.06	41 964	1.55
2009	11 137	13.83	40 881	-2.58
2010	14 528	30.45	43 100	5.43
2011	14 339	-1.3	45 740	6.13
2012	15 688	9.41	46 145	0.89
2013	17 222	9.78	46 145	0
2014	20 235	17.5	47 837	3.67
2015	24 283	20	46 024	-3.79
2016	30 959	27.49	46 948	2.01
2017	36 581	18.16	49 575	5.6

续表

年份	中国保费（亿元）	名义增长率（%）	世界保费（亿美元）	名义增长率（%）
2018	38 017	3.93	51 932	4.75
2019	42 645	12.17	52 555	1.2
2020	45 257	6.13	—	—
2021	44 900	-0.79	—	—

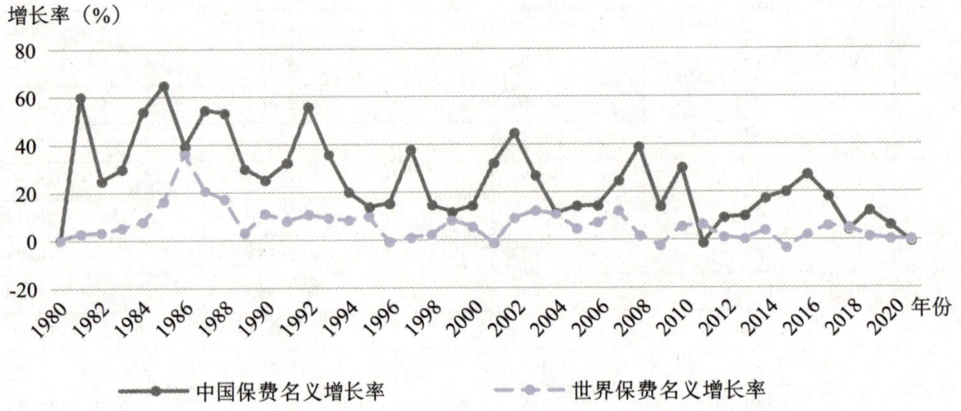

图 1-2　1980~2021 年中国和世界保费名义增长率的比较

由于过去 40 年间中国保险业与全球保险业相比基本保持了一个更快的增长速度（如表 1-2 所示），因此中国保费收入占世界份额逐年提高。

中国保险业的快速增长是建立在中国 GDP 的快速增长基础上的，并且中国 GDP 与世界 GDP 相比保持了一个更快的增长速度（如表 1-3 所示），图 1-3 直观的显示了这一变化趋势。

表 1-3　　1980~2021 年中国 GDP 与世界 GDP 的发展比较①

年份	中国 GDP（亿美元）	世界 GDP（亿美元）	中国 GDP 占世界 GDP 的比值（%）
1980	1 911.49	112 275.51	1.70
1981	1 958.66	116 237.93	1.69

① 依据中国国民经济和社会发展统计公报，在 1991 年及以前，中国只公布国民生产总值（GNP），不公布国内生产总值（GDP）；自 1992 年至今，中国国民经济和社会发展统计公报只公布国内生产总值（GDP），不公布国民生产总值（GNP）。表 1-3 中的自 1980 年到 1991 年的 GDP 数据均为推算数据，并且课题组认为并没有一个公认的、科学的、权威的方法来实现从 GNP 到 GDP 的推算，因此，课题组并不保证上述数据的准确性和科学性，如有引用请谨慎为之。如引用，课题组不为引用引起的各种质疑或分歧等承担责任；以下相关数据，如表 1-5 中的相关引用计算等，均参照本备注说明。

续表

年份	中国 GDP（亿美元）	世界 GDP（亿美元）	中国 GDP 占世界 GDP 的比值（%）
1982	2 050. 90	115 144. 75	1. 78
1983	2 306. 87	117 470. 30	1. 96
1984	2 599. 47	121 798. 88	2. 13
1985	3 094. 88	127 933. 44	2. 42
1986	3 007. 58	151 185. 14	1. 99
1987	2 729. 73	172 009. 88	1. 59
1988	3 123. 54	192 441. 41	1. 62
1989	3 477. 68	200 874. 31	1. 73
1990	3 608. 58	226 263. 69	1. 59
1991	3 833. 73	239 665. 56	1. 60
1992	4 269. 16	254 528. 81	1. 68
1993	4 447. 31	258 578. 62	1. 72
1994	5 643. 25	277 707. 01	2. 03
1995	7 345. 48	308 865. 65	2. 38
1996	8 637. 47	315 726. 30	2. 74
1997	9 616. 04	314 580. 73	3. 06
1998	10 290. 43	313 932. 88	3. 28
1999	10 939. 97	325 617. 73	3. 36
2000	12 113. 47	336 186. 16	3. 60
2001	13 393. 96	334 265. 77	4. 01
2002	14 705. 50	347 098. 10	4. 24
2003	16 602. 88	389 448. 09	4. 26
2004	19 553. 47	438 671. 39	4. 46
2005	22 859. 66	475 172. 27	4. 81
2006	27 521. 32	515 020. 22	5. 34
2007	35 503. 42	580 315. 35	6. 12
2008	45 943. 07	636 755. 54	7. 22
2009	51 017. 02	603 955. 40	8. 45
2010	60 871. 65	661 131. 19	9. 21
2011	75 515. 00	734 483. 41	10. 28
2012	85 322. 31	751 459. 97	11. 35

续表

年份	中国 GDP（亿美元）	世界 GDP（亿美元）	中国 GDP 占世界 GDP 的比值（%）
2013	95 704.06	773 020.23	12.38
2014	104 756.83	794 508.08	13.19
2015	110 615.53	751 987.58	14.71
2016	112 332.77	763 357.95	14.72
2017	123 104.09	812 291.83	15.16
2018	138 948.17	863 570.73	16.09
2019	143 429.03	876 975.19	16.35
2020	157 842.71	847 055.67	18.63
2021	177 271.8	949 400.00	18.67

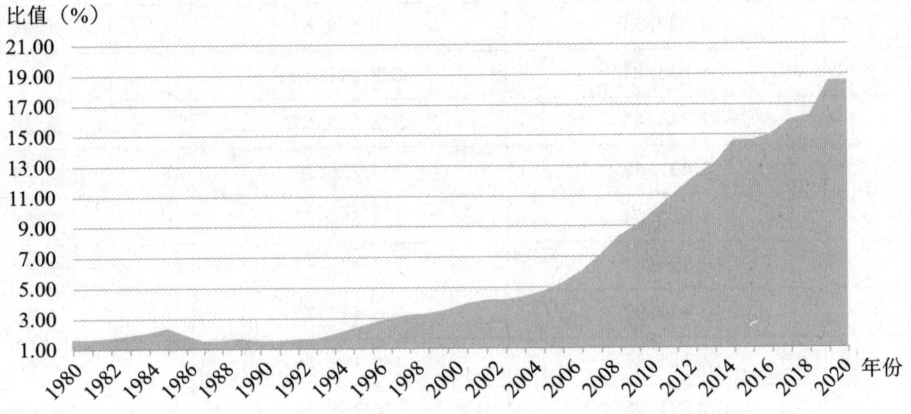

图1－3　中国 GDP 与世界 GDP 的比值分析

（二）1980～2021 年保险密度

表1－4显示了1980～2021年中国和世界保险密度的对比，图1－4直观地显示两者的增长状况。

由图1－4可以看出，世界保险密度在1984年和2011年出现了两次较快的增长，中国保险密度在过去40年间一直保持增长势头，2006年之后增长更为明显。2008年国际金融危机抑制了世界保险密度的增长，2009年世界保险密度甚至比2008年有所下降。即便如此中国保险密度仍然在这一时期保持了快速增长的态势，这对于中国这样一个人口大国而言是十分不易的。根据2021年数据，中国保险密度相当于世界平均水平的72.63%。

表1－4　　1980～2020年中国和世界保险密度

年份	中国保险密度（元/人）	世界平均保险密度（美元/人）	中国保险密度增长率（%）	世界平均保险密度增长率（%）
1980	0.47	103	—	—
1981	0.78	104	65.96	0.97
1982	1.01	106	29.49	1.92
1983	1.28	109	26.73	2.83
1984	1.92	115	50.00	5.50
1985	3.13	132	63.02	14.78
1986	4.26	176	36.24	33.33
1987	6.51	208	52.56	18.18
1988	9.86	239	51.74	14.90
1989	12.65	242	28.29	1.26
1990	15.61	264	23.39	9.09
1991	20.70	279	32.56	5.68
1992	32.26	302	55.88	8.24
1993	44.30	323	37.31	6.95
1994	52.57	344	18.67	6.50
1995	56.39	372	7.28	8.14
1996	63.40	363	12.44	-2.42
1997	87.36	361	37.78	-0.55
1998	100.67	364	15.24	0.83
1999	110.76	388	10.02	6.59
2000	125.91	403	13.68	3.87
2001	165.27	391	31.26	-2.98
2002	237.69	420	43.81	7.42
2003	300.28	464	26.33	10.48
2004	332.19	505	10.63	8.84
2005	376.83	522	13.44	3.37
2006	429.18	550	13.89	5.36
2007	532.49	603	24.07	9.64
2008	736.74	605	38.36	0.33
2009	834.57	581	13.28	-3.97
2010	1 083.44	604	29.82	3.96
2011	1 064.26	636	-1.77	5.30
2012	1 143.83	633	7.48	-0.47

续表

年份	中国保险密度（元/人）	世界平均保险密度（美元/人）	中国保险密度增长率（%）	世界平均保险密度增长率（%）
2013	1 265.67	625	10.65	-1.26
2014	1 479.35	637	16.88	1.92
2015	1 766.49	607	19.41	-4.71
2016	2 239.02	614	26.75	1.15
2017	2 631.58	641	17.53	4.40
2018	2 724.46	663	3.53	3.43
2019	3 045.95	671	11.80	1.21
2020	3 205.70	687	5.24	2.38
2021	3 179.08	661	-0.83	-3.78

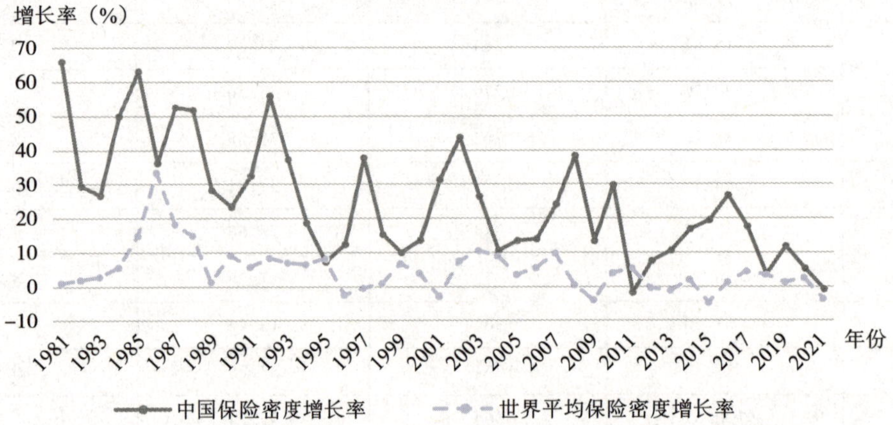

图 1-4　1980～2021 年中国和世界保险密度增长率的比较

（三）1980～2021 年保险深度

表 1-5 显示了 1980～2021 年中国和世界保险深度的对比。图 1-5 直观地显示了两者的增长情况。

由图 1-5 可以看出，世界平均保险深度在 20 世纪 80 年代后呈现出较为明显的上升趋势，1993～2012 年基本保持 7%～8% 的水平，2012～2017 年降至 6% 左右，之后的 2018～2020 年均处于上升状态。中国保险深度整体呈现上升趋势，但自从 2003 年以来随着中国 GDP 的高速增长，保险深度进入一个相对平稳的时期，2010～2012 年明显下降，2013 年开始恢复上升趋势，2021 年稍有回落。根据 2020 年统计数据显示，中国保险深度相当于世界平均水平的 60.96% 左右。

表 1 - 5　　1980 ~ 2021 年中国和世界保险深度

年份	中国保险深度（%）	世界平均保险深度（%）
1980	0.11	4.16
1981	0.16	4.12
1982	0.19	4.28
1983	0.22	4.41
1984	0.27	4.57
1985	0.36	5.05
1986	0.44	5.80
1987	0.58	6.15
1988	0.72	6.42
1989	0.83	6.32
1990	0.95	6.22
1991	1.09	6.32
1992	1.39	6.57
1993	1.47	7.03
1994	1.30	7.08
1995	1.11	6.98
1996	1.08	6.75
1997	1.35	6.83
1998	1.47	6.98
1999	1.54	7.27
2000	1.59	7.41
2001	1.90	7.34
2002	2.51	7.70
2003	2.82	7.69
2004	2.67	7.54
2005	2.63	7.28
2006	2.57	7.18
2007	2.60	7.12
2008	3.06	6.59
2009	3.20	6.77
2010	3.53	6.52
2011	2.94	6.23
2012	2.88	6.14
2013	2.90	5.97
2014	3.14	6.02
2015	3.53	6.12
2016	4.15	6.15

续表

年份	中国保险深度（%）	世界平均保险深度（%）
2017	4.40	6.10
2018	4.14	7.11
2019	4.32	7.17
2020	4.45	7.30
2021	3.93	—

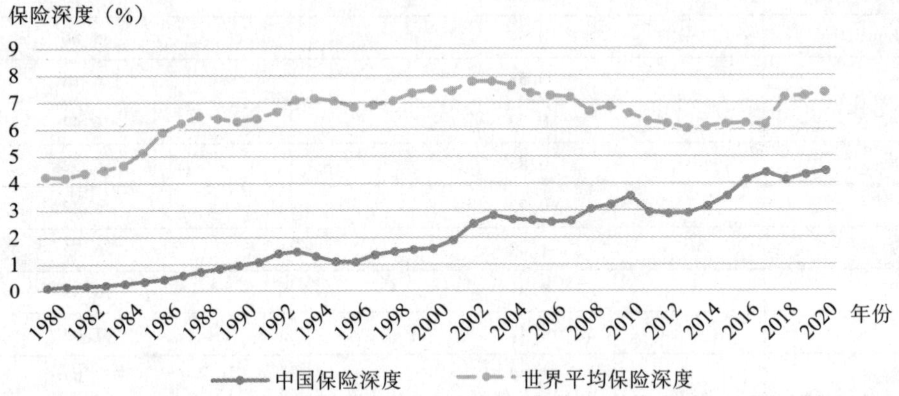

图1-5　中国保险深度与世界平均保险深度的比较

二、发展评价

（一）市场主体

1980年以来，我国保费规模从4.6亿元增长至2021年的44 900亿元，年均增长25.94%。2021年末保险业总资产约达248 874亿元，净资产约达29 306亿元。多层次保险市场体系初步形成，市场主体从1家增加至239家（不含互助保险机构3家），其中财产险市场主体有88家，人身险市场主体有91家，再保险市场主体有14家，集团和控股市场主体有14家，保险资产管理市场主体有32家。

截至2021年末，中国保险业市场主体主要包括：（1）1家出口信用保险公司；（2）14家保险集团和控股公司；（3）88家财产险公司，其中，互联网公司4家、相互保险4家、自保公司3家；（4）92家人身险公司，其中，养老险公司10家、健康险公司7家；（5）32家保险资产管理公司；（6）14家再保险公司，其中，中资再保险公司7家，外资再保险公司7家。

2021年，中国共有4家保险机构开业，它们是人保资本保险资产管理有限公司、国华兴益保险资产管理有限公司、安联保险资产管理有限公司、太平资本保险资产管理有限公司。

截至2021年1月31日，中国保险中介机构一共有3 054家。其中，保险代理公司1 760家，保险经纪公司496家，保险公估公司798家。保险代理和保险经纪是最受关注的两种类型，从区域分布来看，这两类保险中介机构主要集中分布在北京市、广东省和上海市，三个区域合计占比32.30%，其次是山东省和江苏省。

中国保险代理公司共有1 760家，其中全国性保险专业代理机构243家，其中从事代理和销售相关保险业务的237家，投保类业务的6家；区域性保险专业代理机构1 517家，全部从事代理和销售相关保险业务。2020年，新成立保险代理机构4家。从区域分布来看，注册地位于广东省的保险公司最多，有224家；注册地位于北京市的有169家；注册地位于山东省的有156家。在这三个区域注册的保险代理公司合计占比31.19%。

中国保险经纪公司共有496家。其中，注册地位于北京市的保险经纪公司最多，有174家；其次是注册地位于上海市的有82家；注册地位于广东省的有70家。在这三个区域注册的保险经纪公司合计占比65.73%。

中国保险公估公司共有798家。其中，注册地位于山东省的保险公估公司最多，有100家；其次是注册地位于广东省的有97家；注册地位于河北省的有93家。在这三个区域注册的保险公估公司合计占比36.34%。2021年，中国新成立的保险公估公司有8家。其中，有3家注册地在山东省。

（二）2021年中国保险业经营情况

2021年，我国保险业实现保费收入约达449 000亿元，同比增长30.40%。寿险公司未计入合同核算的保户投资款和独立账户2021年新增保费达7 174亿元，同比降低4.56%（见表1－6）。

表1－6　2020年和2021年保险业经营情况对比

项目	2021年（亿元）	2020年（亿元）	增长率（%）
保费收入	44 900	45 257	－0.79
1. 财产险	11 671	11 929	－2.16
2. 人身险	33 229	33 329	－0.30
（1）寿险	23 572	23 982	－1.71
（2）健康险	8 447	8 173	3.35
（3）人身意外伤害险	1 210	1 174	3.07
保户投资款新增交费	6 479	7 044	－8.02
投连险独立账户新增交费	695	473	46.93
保险金额	121 461 992	87 099 109	39.45

续表

项目	2021年（亿元）	2020年（亿元）	增长率（%）
保单件数（万件）	4 889 556	5 263 396	-7.10
原保险赔付支出	15 609	13 907	12.24
1. 财产险	7 688	6 955	10.54
2. 人身险	7 921	6 952	13.94
（1）寿险	3 540	3 715	-4.71
（2）健康险	4 029	2 921	37.93
（3）人身意外伤害险	352	316	11.39
业务及管理费	5 225	5 728	-8.78
银行存款	26 179	25 973	0.79
资金运用余额	232 280	216 801	7.14
资产总额	248 874	232 984	6.82

（1）从产寿险公司来看，2021年，财产险公司规模达13 676亿元，同比增长0.68%；寿险公司规模达31 224亿元，同比下降1.42%。从业务类型来看，财产险业务规模达11 929亿元，同比增长2.4%；寿险业务23 572亿元，同比下降1.71%；健康险业务8 447亿元，同比增长3.35%；意外险业务1 210亿元，同比增长3.07%。其中，财产险公司保险金额10 860.29万亿元，同比增长44.57%；寿险公司保险金额1 285.91万亿元，同比增长7.34%。

（2）中国保险业减少保单件数37.38亿件，同比下降7.10%。其中，财产险公司签单件数479.41亿件，同比下降7.32%；寿险公司新增保单件数9.54亿件，同比增长5.30%。

（3）赔款和给付支出达15 609亿元，同比增长12.24%。其中，财产险业务赔款7 688亿元，同比增长10.54%；寿险业务给付3 540亿元，同比下降4.71%；健康险业务赔款和给付支出达4 029亿元，同比增长37.93%；意外险业务赔款352亿元，同比增长11.39%。

（4）资金运用余额为232 280亿元，较年初增长7.14%。其中，债券资金运用金额约为90 683万亿元，占比约达39.04%；银行存款资金运用金额约为26 179万亿元，占比约达11.27%；股票和证券投资基金资金运用金额约为29 505万亿元，占比约为12.70%。

（5）2021年中国保险业总资产248 847亿元，较年初增长6.82%；净资产29 306亿元，较年初增长6.47%。

（6）2020年，中国人身险退保金为3 207.19亿元，同比下降45.09%，退保率为2.39%。2021年一季度，人身险公司退保金为995.43亿元，同比下降

36.39%；退保率为0.72%，同比下降0.62个百分点。

（7）险种结构。表1－6显示了2021年中国保险市场的险种结构及同比变化，图1－6直观地显示了这一险种结构。

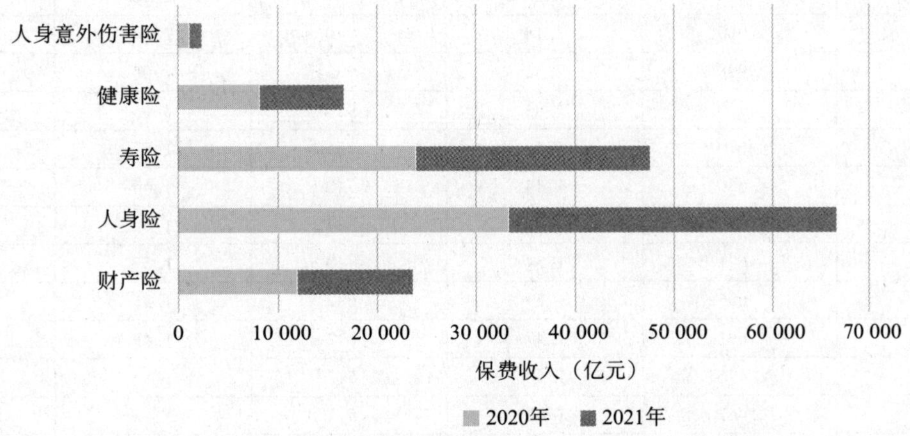

图1－6 2020～2021年中国保险市场的险种结构

（8）地区结构。表1－7显示2021年中国保费收入的地区分布。从各省、自治区、直辖市及计划单列市的份额结构看，2021年保费收入排名位居前列的省份是广东省、江苏省、山东省，份额占比均超过6%。其中广东省占比达9.25%，江苏省占比达9.02%，山东省占比达6.27%。

表1－7 2021年中国地区间保费收入及变化情况

地区	2021年		2020年		市场占有率
	保费收入（亿元）	占比（%）	保费收入（亿元）	占比（%）	变化（%）
广东	4 153	9.25	4 199	9.28	－0.03
江苏	4 051	9.02	4 015	8.87	0.15
山东	2 817	6.27	2 972	6.57	－0.30
河南	2 360	5.26	2 506	5.54	－0.28
浙江	2 485	5.53	2 477	5.47	0.06
北京	2 527	5.63	2 303	5.09	0.54
四川	2 205	4.91	2 274	5.02	－0.11
河北	1 995	4.44	2 089	4.62	－0.18
上海	1 971	4.39	1 865	4.12	0.27
湖北	1 878	4.18	1 854	4.10	0.08
湖南	1 509	3.36	1 513	3.34	0.02
深圳	1 427	3.18	1 454	3.21	－0.03
安徽	1 380	3.07	1 404	3.10	－0.03
陕西	1 052	2.34	1 103	2.44	－0.10
福建	1 052	2.34	1 006	2.22	0.12

续表

地区	2021 年		2020 年		市场占有率变化（%）
	保费收入（亿元）	占比（%）	保费收入（亿元）	占比（%）	
重庆	966	2.15	988	2.18	-0.03
黑龙江	996	2.22	987	2.18	0.04
辽宁	980	2.18	970	2.14	0.04
山西	998	2.22	933	2.06	0.16
江西	910	2.03	928	2.05	-0.02
云南	690	1.54	756	1.67	-0.13
内蒙古	646	1.44	740	1.64	-0.20
广西	781	1.74	734	1.62	0.12
吉林	691	1.54	710	1.57	-0.03
新疆	686	1.53	682	1.51	0.02
天津	661	1.47	672	1.49	-0.02
贵州	496	1.10	512	1.13	-0.03
青岛	462	1.03	511	1.13	-0.10
甘肃	490	1.09	485	1.07	0.02
宁波	375	0.84	391	0.86	-0.02
大连	378	0.84	369	0.81	0.03
厦门	243	0.54	236	0.52	0.02
宁夏	211	0.47	211	0.47	0.00
海南	198	0.44	206	0.45	-0.01
青海	107	0.24	104	0.23	0.01
西藏	40	0.09	40	0.09	0.00
集团、总公司本级	37	0.08	61	0.14	-0.06
全国合计	44 900	100.00	45 257	100.00	0.00

表 1-8 和图 1-7 直观地显示了 2021 年中国东部、中部、西部三大区域的保费收入状况和变化情况。从东、中、西三大区域的份额结构看，2021 年东部、中部、西部的保费收入份额占比分别为 56.0%、23.9% 和 19.3%，呈现明显的依次递减的现象。与 2020 年相比，2021 年西部略有上升，中部和东部略有下降。

表 1-8　2021 年中国各地区保费收入及同比变化

地区	2021 年		2020 年	
	保费收入（亿元）	占比（%）	保费收入（亿元）	占比（%）
东部	24 415	54.4	25 364	56.0
中部	9 035	20.1	10 835	23.9
西部	8 370	18.6	8 731	19.3
集团、总公司本级	37	0.08	61	0.14
全国	44 900	100.0	45 257	100.0

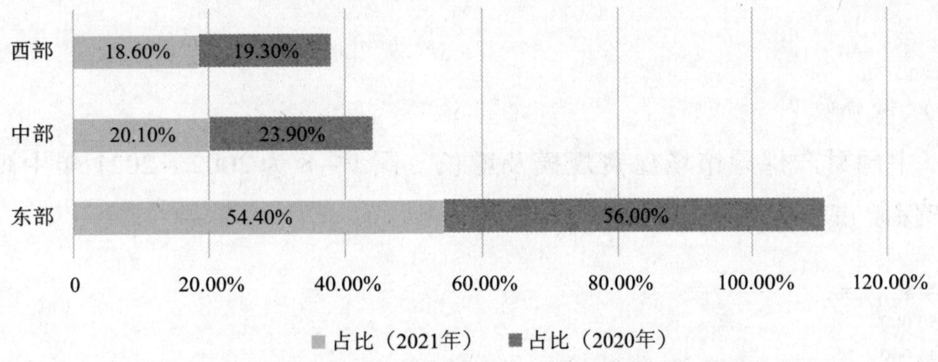

图 1 - 7　2020 ~ 2021 年中国各地区保费收入

（9）资本结构[①]。2021 年，中资保险公司实现保费收入 3.89 万亿元，市场份额 92.4%；外资保险公司实现保费收入 3 196.8 亿元，市场份额 7.6%。

第二节　2021 年中国财产保险市场回顾

2021 年，中国财产险公司实现保费收入 13 676 亿元，同比增长 0.68%；保险业累计提供风险保额 12 146.20 万亿元。2021 年，财产保险行业整体发展情况如下。

（1）财产险（不含财产险公司经营的意外险和短期健康险）保费收入 11 671 亿元，同比减少 258 亿元，下降 2.16%，增幅同比下降 10.37 个百分点。其中，健康险保费收入 1 378 亿元，同比增长 23.70%；农业保险保费收入 976 亿元，同比增长 19.75%；责任保险保费收入 1 018 亿元，同比增长 12.99%；工程保险保费收入 144 亿元，同比增长 4.35%。

（2）机动车辆保险保费收入 7 773 亿元，同比下降 5.72%。

（3）企业财产保险保费收入 520 亿元，同比增长 6.12%。责任保险保费收入 1 018亿元，同比增长 12.99%。农业保险保费收入 976 亿元，同比增长 19.75%。保证保险保费收入 521 亿元，同比降低 24.38%。

（4）财产险累计赔款支出 8 848 亿元，同比增长 27.22%

① 本处数据来源于各保险公司的年度信息披露报告并进行计算得到，由于部分公司没有披露相关报告，不能保障数据的准确性，仅供参考。

一、基本分析

（一）保费收入

（1）中国财产保险市场保费规模及增长。图1－8为2002～2021年中国保险市场与财产保险市场保费规模对比。

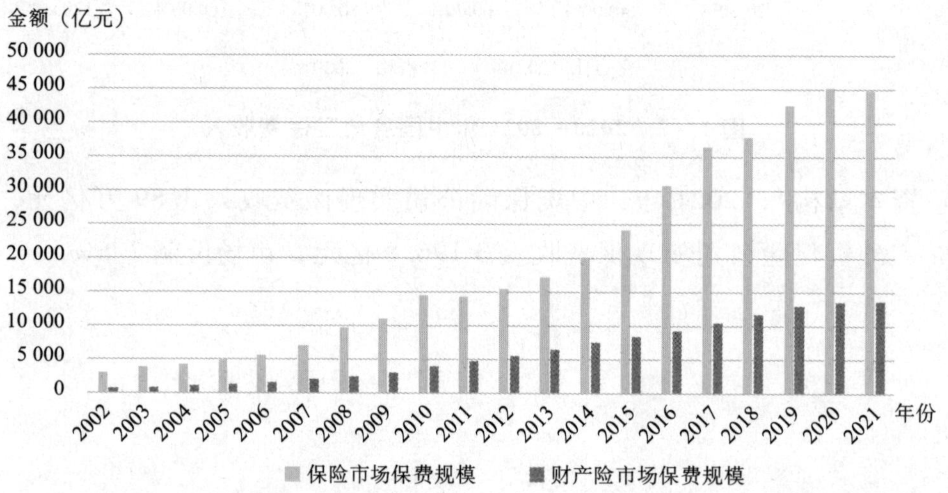

图1－8　2002～2021年中国保险市场整体与财产保险市场保费规模对比

图1－9显示了2002～2021年中国保险市场与财产保险市场保费规模增速对比情况。2021年，中国财产保险市场保费收入实现正增长。从横向比较来看，2021年，中国财产保险市场的保费规模增速为0.68%，略高于同期中国保险市场保费规模增速。从纵向比较来看，2021年中国财产保险市场的保费规模增速远远低于2020年。

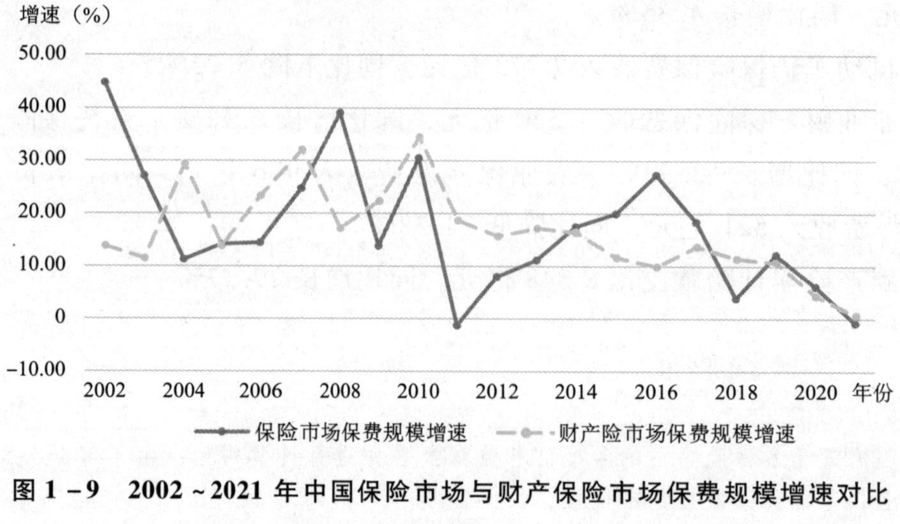

图1－9　2002～2021年中国保险市场与财产保险市场保费规模增速对比

（2）地区间财产保险市场保费规模及增长。2021 年，中国各地区财产保险市场保费规模及增长情况如表 1－9 所示。

表 1－9　　2021 年各地区财产保险市场保费规模及增长

地区	保费规模（亿元）	保费占比（%）	占比排名	保费增速（%）	增速排名
广东	1 019	8.73	1	0.89	12
江苏	1 002	8.59	2	0.91	11
浙江	745	6.38	3	－2.74	18
山东	668	5.72	4	－2.62	17
四川	557	4.77	5	1.64	9
河南	550	4.71	6	－3.68	22
河北	545	4.67	7	－7.94	33
上海	524	4.49	8	2.95	4
北京	443	3.80	9	0.45	13
安徽	437	3.74	10	－7.22	32
湖南	391	3.35	11	－4.40	24
湖北	380	3.26	12	2.70	6
深圳	377	3.23	13	3.86	2
辽宁	289	2.48	14	－3.67	21
江西	265	2.27	15	－4.33	23
云南	262	2.24	16	－11.49	36
福建	257	2.20	17	－1.53	10
陕西	255	2.18	18	7.14	1
广西	241	2.06	19	3.43	3
山西	231	1.98	20	－2.94	19
新疆	229	1.96	21	－2.55	16
贵州	215	1.84	22	－4.44	26
重庆	214	1.83	23	－6.96	31
内蒙古	205	1.76	24	－5.53	28
黑龙江	199	1.71	25	－5.24	27
宁波	176	1.51	26	1.15	10
吉林	171	1.47	27	－9.04	35
天津	154	1.32	28	－6.10	29
青岛	144	1.23	29	2.13	8
甘肃	131	1.12	30	－9.03	34
大连	83	0.71	31	－3.49	20
海南	74	0.63	32	2.78	5
厦门	71	0.61	33	－6.58	30
宁夏	65	0.56	34	－4.41	26

续表

地区	保费规模（亿元）	保费占比（%）	占比排名	保费增速（%）	增速排名
青海	45	0.39	35	2.27	7
西藏	27	0.23	36	0.00	14
集团、总公司本级	31	0.27	—	-41.51	—
全国合计	11 671	100.00	—	-2.16	—

从保费规模来看，广东省、江苏省、浙江省和山东省位列前4位，保费规模均超过600亿元，四川省、河南省、河北省、上海市、北京市、安徽省保费规模超过400亿元，上述10个地区保费规模超过6 490亿元；宁夏回族自治区、青海省和西藏自治区保费规模位列后3位，合计规模仅为137亿元。就保费规模的横向比较而言，各地区之间保费规模的差距较大，规模较小的西藏自治区保费规模仅为规模最大的广东省保费规模的2.65%，保费规模位列后3位的宁夏回族自治区、青海省和西藏自治区的总保费规模仅为位列前3位的广东省、江苏省和浙江省的4.95%。

从保费规模占全国财产保险市场的比重来看，位列前3位的广东省、江苏省、浙江省占全国财产保险市场的比重分别达到了8.73%、8.59%和6.38%，位列后3位的宁夏回族自治区、青海省和西藏自治区占全国财产保险市场的比重分别为0.56%、0.39%和0.23%。

（二）赔款支出

2021年，中国财产保险公司赔款支出累计达到8 848亿元。表1-10显示了2021年各月财产保险公司保费收入和赔款支出情况；图1-10显示了2021年财产保险业务月度保费收入与赔付支出。

表1-10　　2021年财产保险公司保费收入和赔款支出情况

月份	保费收入（亿元）	保费占比（%）	赔付支出（亿元）	赔付占比（%）	赔付率（%）
1月	1 579	11.55	732	8.27	46.36
2月	783	5.73	533	6.02	68.07
3月	1 447	10.58	682	7.71	47.13
4月	1 145	8.37	673	7.61	58.78
5月	1 077	7.88	631	7.13	58.59
6月	1 312	9.59	646	7.30	49.24
7月	1 039	7.60	730	8.25	70.26

续表

月份	保费收入（亿元）	保费占比（%）	赔付支出（亿元）	赔付占比（%）	赔付率（%）
8 月	996	7.28	794	8.97	79.72
9 月	1 104	8.07	777	8.78	70.38
10 月	917	6.71	663	7.49	72.30
11 月	1 042	7.62	909	10.27	87.24
12 月	1 235	9.03	1 078	12.18	87.29

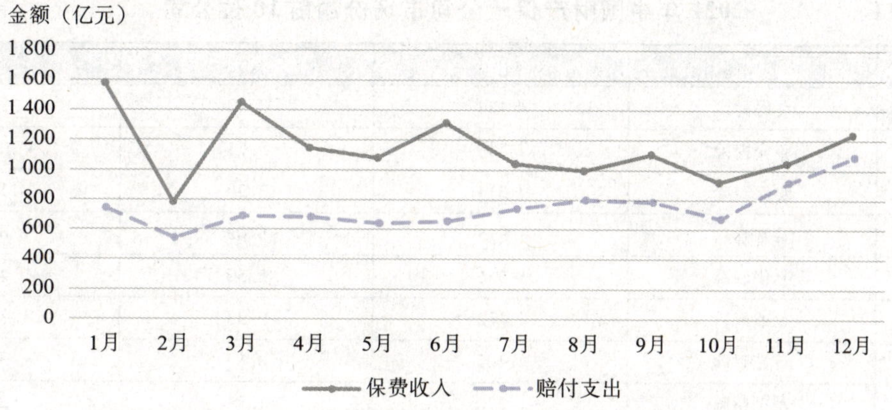

图 1-10 2021 年财产保险业务月度保费收入与赔付支出

二、竞争态势

（一）经营主体数量

2021 年，中国共有 88 家财产险公司（本书中 88 家财产险公司的简称使用中国银保监会网站公布的名称），如图 1-11 所示。

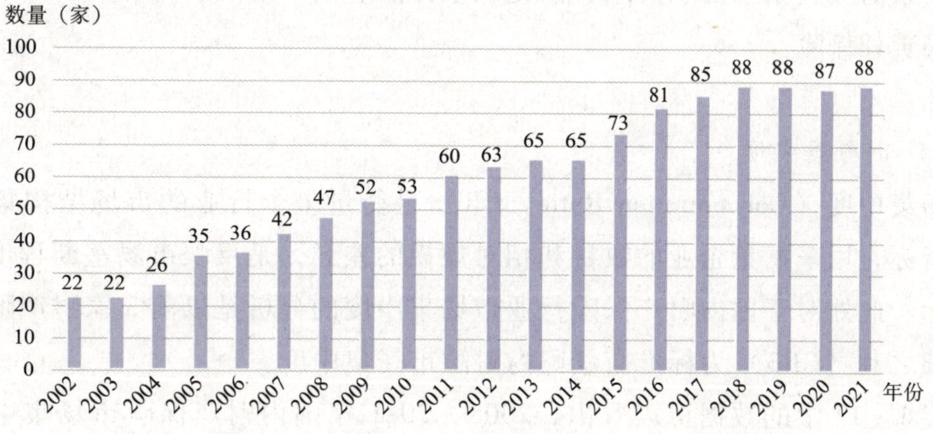

图 1-11 2002～2021 年财产险公司数量

（二）市场份额

目前，中国财产保险市场上的保险公司市场份额大多小于1%，中小型财产险公司数目众多。纵观中国财产保险市场的市场份额，基本形成了以“一超两强”为主导的市场格局。“一超”指中国人民财产保险股份有限公司（以下简称“人保财险”），“两强”指中国平安财产保险股份有限公司（以下简称“平安财险”）和中国太平洋财产保险股份有限公司（以下简称“太保财险”）。

表1-11　　2021年中国财产保险公司市场份额前10位公司

序号	公司名称	保费收入（亿元）	同比增长（%）	市场份额（%）
1	人保财险	4 484	3.80	33.35
2	平安财险	2 700	-5.53	20.08
3	太保财险	1 514	3.20	11.26
4	国寿财险	915	6.03	6.81
5	中华联合	556	5.50	4.14
6	大地财险	432	-9.43	3.21
7	阳光财险	405	8.87	3.01
8	太平财险	276	-1.78	2.05
9	众安财险	204	22.09	1.52
10	出口信用	157	-4.27	1.17

市场份额列第11~20位的保险公司分别是：华安财险、永安财险、国任财险、紫金财险、国元农业保险、永诚财险、华泰财险、泰康在线、中银保险、安盛天平。

市场份额列第21~30位的保险公司分别是：鼎和财险、安华农业保险、亚太财险、国泰财险、京东安联财险、阳光农业保险、渤海财险、北部湾财险、都邦财险、长安责任保险。

（三）市场集中度

市场集中度（Concentration Ratio，CR）是衡量整个行业的市场结构集中程度的测量指标，用来衡量企业的数目和相对规模的差异，是反映市场垄断程度的重要量化指标。此处对于国内财产保险行业市场集中度的分析是以前3家财产险公司的市场份额之和（CR3）为标准衡量国内财险市场集中度。

从表1-12中的数据可以看出，2008~2011年国内财产保险市场集中度持续上升，从2012年开始市场集中度有所下降，但是下降幅度较小。2021年，中国财产保险市场集中度（64.69%）较2020年下降了0.77个百分点。总体来看，近年来市场集中度超过60%，这说明国内财产保险市场仍然趋向于垄断，整体竞争程度不够。具体来看，近年来约60%的市场份额仍然由三大财产险公司贡献，而且人保财险一直稳居首位，平安财险的市场份额从2009年起超越太保财险，排名次席。

表1-12　2008~2021年国内财产保险市场集中度

年份	市场份额前三（由大到小）	集中度（CR3）（%）
2004	人保、太保、平安	79.9
2005	人保、太保、平安	72.6
2006	人保、太保、平安	67.3
2007	人保、太保、平安	64.0
2008	人保、太保、平安	63.9
2009	人保、平安、太保	64.2
2010	人保、平安、太保	66.5
2011	人保、平安、太保	66.6
2012	人保、平安、太保	65.4
2013	人保、平安、太保	64.8
2014	人保、平安、太保	64.7
2015	人保、平安、太保	64.0
2016	人保、平安、太保	65.6
2017	人保、平安、太保	63.5
2018	人保、平安、太保	64.1
2019	人保、平安、太保	64.1
2020	人保、平安、太保	65.46
2021	人保、平安、太保	64.69

三、发展层次

（一）保险密度

保险密度是指按照当地人口计算的人均保费，它与保费收入总量从不同角度反映了保险的规模程度，同时也体现了一个国家或地区保险的普及程度。财产保险市场的保险密度说明一个国家或地区财产保险产品的普及程度，是衡量财产保险市场发展情况的一项重要指标。

2021年，中国财产保险市场的保险密度达到了968元/人，较上年增长14.56%。从近18年的保险密度来看，中国保险市场的保险密度增长迅速，从2002年的63元增长到968元，增加了15.37倍（见表1-13和图1-12）。

表 1-13　2002~2021年中国财产保险市场保险密度

年份	财产险保费收入（亿元）	人口数量（万人）	财产险保险密度（元/人）
2002	778	128 453	60.57
2003	869	129 227	67.25
2004	1 089	129 988	83.78
2005	1 230	130 756	94.07
2006	1 509	131 448	114.80
2007	1 998	132 129	151.22
2008	2 337	132 802	175.98
2009	2 876	133 450	215.51
2010	3 896	134 091	290.55
2011	4 618	134 735	342.75
2012	5 531	135 404	408.48
2013	6 212	136 072	456.52
2014	7 203	136 782	526.60
2015	7 995	137 462	581.62
2016	8 724	138 271	630.93
2017	9 835	139 008	707.51
2018	10 770	139 538	771.83
2019	11 649	140 005	832.04
2020	11 929	141 178	844.93
2021	13 676	141 260	968.14

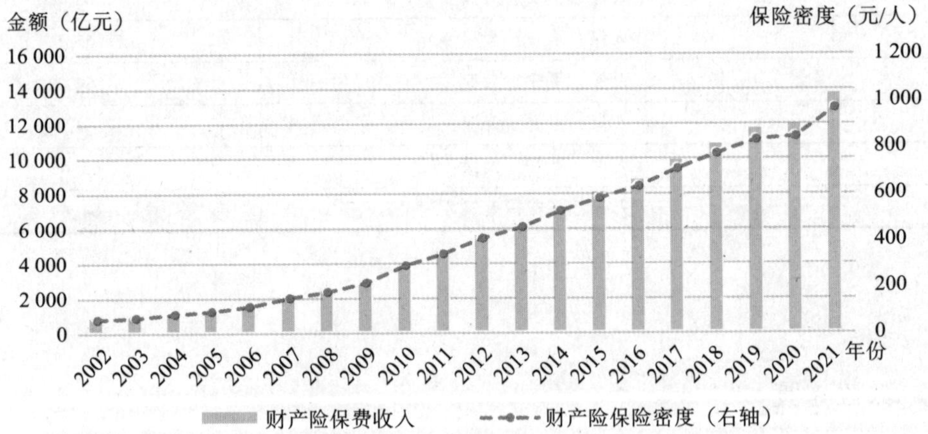

图 1-12　2002~2021年中国财产保险市场保险密度

（二）保险深度

保险深度是指一个国家或地区的保费收入与其国内生产总值（GDP）之比，它反映该国家或地区保险业在国民经济中所处的地位。财产保险市场的保险深度即财产保险保费与该国家或地区国内生产总值之比，用于衡量财产保险市场在国民经济中的重要程度。

2021 年，中国财产保险市场的保险深度达到了 1.20%，从近 19 年保险深度的变化趋势来看，中国财产保险市场的保险深度表现为较为稳定的增长，从 2002 年的 0.64% 增长到 2021 年的 1.20%（见表 1－14 和图 1－13），增加了近 2 倍。

表 1－14　2002～2021 年中国财产保险市场保险深度

年份	财产险保费收入（亿元）	国内生产总值（亿元）	财产险保险深度（%）
2002	778	121 717	0.64
2003	869	137 422	0.63
2004	1 089	161 840	0.67
2005	1 230	187 319	0.66
2006	1 509	219 438	0.69
2007	1 998	270 092	0.74
2008	2 337	319 245	0.73
2009	2 876	348 518	0.83
2010	3 896	412 119	0.95
2011	4 618	487 940	0.95
2012	5 531	538 580	1.03
2013	6 212	592 963	1.05
2014	7 203	643 563	1.12
2015	7 995	688 858	1.16
2016	8 724	746 395	1.17
2017	9 835	832 036	1.18
2018	10 770	919 281	1.17
2019	11 649	986 515	1.18
2020	11 929	1 015 986	1.17
2021	13 676	1 143 670	1.20

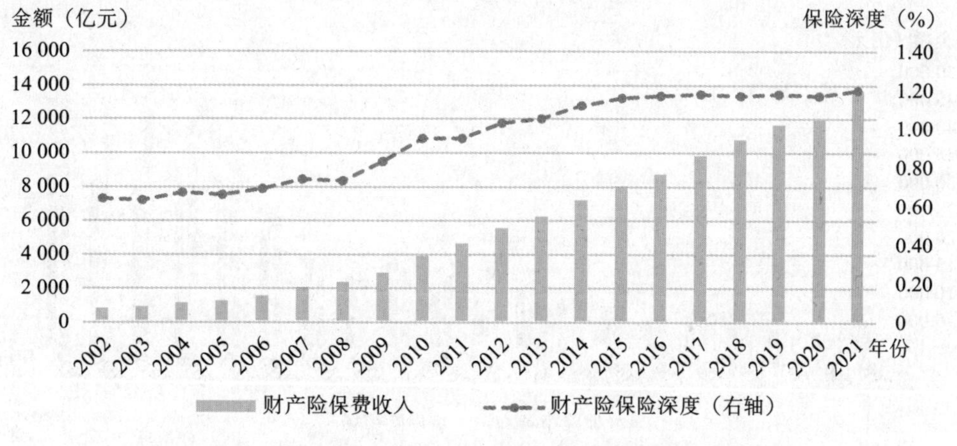

图 1－13　2002～2021 年中国财产保险市场保险深度

第三节 2021年中国人身保险市场回顾

2021年，中国人身险行业保费收入为31 224亿元（含产险公司经营的意外险和短期健康险），同比下降6.32%；寿险公司保险金额1 286万亿元，同比增长7.35%。2021年，人身险行业整体发展情况如下：

（1）寿险业务收入23 572亿元，同比下降1.71%，占人身险业务收入的75.49%；健康险业务收入7 069亿元，同比下降13.51%，占人身险业务收入的22.64%；意外险业务收入583亿元，同比降低50.34%，占人身险业务收入的1.87%。

（2）未计入保险合同核算的保户投资款和独立账户本年新增交费7 174亿元，同比降低4.56%。其中，人身险公司保户投资款本年新增交费6 479亿元，同比降低8.02%；人身险公司投连险独立账户新增交费695亿元，同比增长46.93%。

（3）人身险业务赔款与给付支出7 921亿元，上升13.94%。其中，寿险业务给付金额3 540亿元，下降4.71%；健康险业务赔款与给付支出4 029亿元，增长37.93%；人身意外伤害险业务赔款支出352亿元，增长11.39%。

（4）人身险公司保单件数为95 427万件，增长率为5.31%。

一、基本分析

（一）保费收入

（1）总体保费情况。2021年，中国人身险市场实现保费收入31 224亿元。其中，寿险实现保费收入23 572亿元；健康险实现保费收入7 069亿元；意外险实现保费收入583亿元。图1－14为2002～2021年中国保险市场整体与寿险市场保费规模对比。

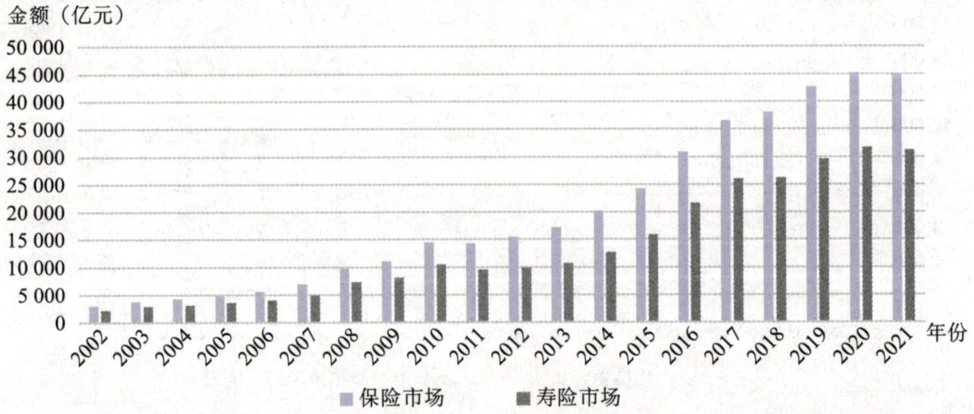

图1－14 2002～2021年中国保险市场整体与寿险市场保费规模对比

图 1－15 显示 2002～2021 年中国保险市场与寿险市场保费规模增速对比情况。2021 年，中国寿险市场保费收入呈现负增长。从横向比较来看，2021 年，寿险市场的保费收入增速为－6.21%，低于同期中国保险市场的保费收入增速。从纵向比较来看，2021 年中国寿险市场的保费收入增速远远低于 2020 年。

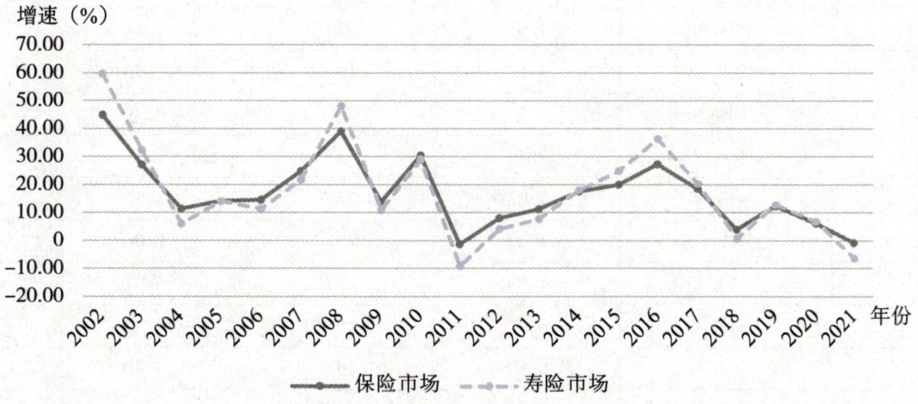

图 1－15　2002～2021 年中国保险市场与寿险市场保费规模增速对比

（2）保费收入的地区差异。2021 年，中国各地区人身险保费规模及增长情况如表 1－15 所示，人身险保费规模居前 5 位的地区是广东省、江苏省、山东省、北京市、河南省。

表 1－15　2021 年各地区人身险保费规模及增长情况

地区	保费收入（亿元）	保费占比（%）	占比排名	保费增速（%）	增速排名
广东	3 134.03	9.43	1	－1.74	26
江苏	3 048.93	9.18	2	0.90	18
山东	2 148.46	6.47	3	－5.99	30
北京	2 083.44	6.27	4	11.92	1
河南	1 810.3	5.45	5	－6.47	31
浙江	1 739.63	5.24	6	1.68	14
四川	1 647.57	4.96	7	－4.51	29
湖北	1 498.34	4.51	8	0.96	17
河北	1 449.72	4.36	9	－3.14	27
上海	1 446.99	4.35	10	6.73	6
湖南	1 117.49	3.36	11	1.21	15
深圳	1 049.79	3.16	12	－3.70	28
安徽	942.86	2.84	13	1.10	16
陕西	797.67	2.40	14	－7.75	34
黑龙江	796.96	2.40	15	2.53	11
福建	794.99	2.39	16	6.74	5

续表

地区	保费收入（亿元）	保费占比（%）	占比排名	保费增速（%）	增速排名
山西	767.01	2.31	17	10.38	2
重庆	751.75	2.26	18	-0.75	23
辽宁	690.85	2.08	19	3.19	10
江西	644.8	1.94	20	-0.86	24
广西	539.38	1.62	21	7.64	3
吉林	520.78	1.57	22	-0.25	20
天津	506.36	1.52	23	-0.29	21
新疆	456.89	1.37	24	2.32	12
内蒙古	440.18	1.32	25	-15.85	37
云南	428.13	1.29	26	-7.06	33
甘肃	359.33	1.08	27	5.31	7
青岛	317.65	0.96	28	-14.23	36
大连	294.74	0.89	29	4.40	8
贵州	281.6	0.85	30	-1.63	25
宁波	199.43	0.60	31	-7.92	35
厦门	171.45	0.52	32	6.90	4
宁夏	145.79	0.44	33	2.05	13
海南	124.27	0.37	34	-7.05	32
青海	62.03	0.19	35	3.28	9
西藏	12.54	0.04	36	-0.16	19
集团、总公司本级	6.92	0.02	—	-20.91	—
全国合计	33 229.06	100.00	—	-0.30	—

2021 年，东部地区 11 省（自治区、直辖市）人身险保费收入达 18 215 亿元，同比下降4.62%，占比54.82%；中部地区 8 省（自治区、直辖市）人身险保费收入达 6 781 亿元，同比下降 16.29%，占比 20.41%；西部地区 12 省（自治区、直辖市）人身险保费收入达 5 923 亿元，同比下降 3.25%，占比 17.82%（见表 1-16 和图 1-16）。

表 1-16　2020、2021 年东、中、西部地区人身险保费收入及其占比

地区	2021 年		2020 年	
	保费收入（亿元）	地区占比（%）	保费收入（亿元）	地区占比（%）
东部地区	18 215	54.82	18 815	56.50
中部地区	6 781	20.41	8 101	24.30
西部地区	5 923	17.82	6 182	18.50
集团、总公司本级	7	0.02	9	0.00

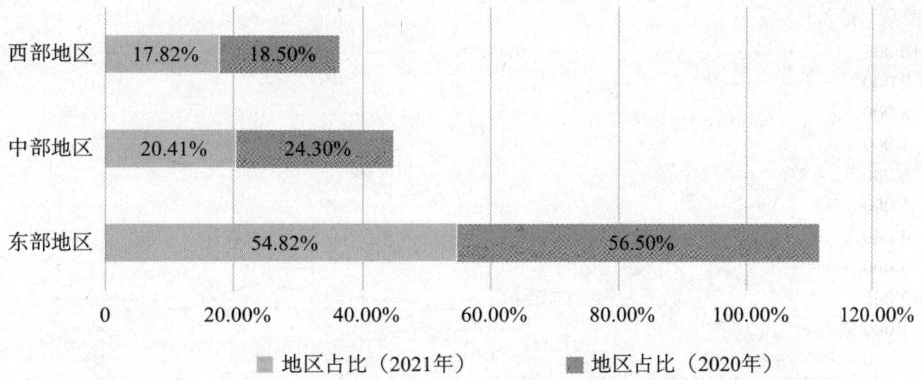

图 1－16　2020、2021 年东中西部地区人身险保费收入分布

（二）赔付支出

2021 年，中国人身险业务赔款与给付支出 7 921 亿元，增长 13.94%。其中，寿险业务给付金额 3 540 亿元，下降 4.71%；健康险业务赔款与给付支出 4 029 亿元，增长 37.93%；意外险业务赔款支出 352 亿元，增长 11.39%。表 1－17 展示了 2021 年各月人身保险保费收入和赔款与给付支出。图 1－17 展示了 2021 年人身保险业务月度保费收入与赔款支出情况。

表 1－17　2021 年各月人身保险保费收入和赔款与给付支出

月份	保费收入（亿元）	保费收入占比（%）	赔付支出（亿元）	赔付支出占比（%）	赔付率（%）
1 月	8 816	26.53	903	11.40	10.24
2 月	2 543	7.65	610	7.70	23.99
3 月	3 667	11.04	736	9.29	20.07
4 月	2 183	6.57	647	8.17	29.64
5 月	2 221	6.68	615	7.76	27.69
6 月	1 640	4.94	611	7.71	37.26
7 月	1 972	5.93	712	8.99	36.11
8 月	2 176	6.55	688	8.69	31.62
9 月	2 515	7.57	669	8.45	26.60
10 月	1 688	5.08	524	6.62	31.04
11 月	1 648	4.96	581	7.33	35.25
12 月	2 160	6.50	625	7.89	28.94

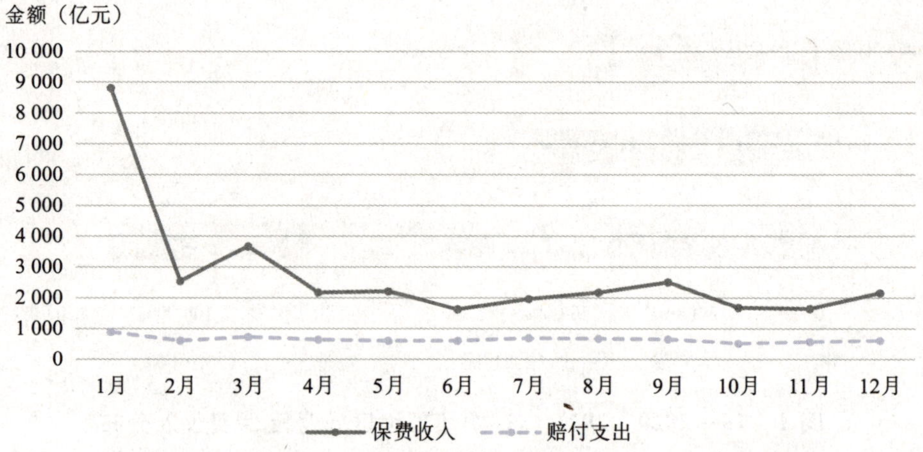

图1-17 2021年人身保险业务月度保费收入与赔款支出

二、竞争态势

（一）经营主体数量

2002年，中国仅有人身保险公司23家，但到了2006年底，中国人寿保险公司已发展到48家，其中中资人身险公司23家，外资人身险公司25家；综合性人身险公司41家，专业健康险公司4家，专业养老保险公司3家。截至2021年底，中国人身险公司达到91家，2002~2021年中国人身险公司数量如图1-19所示。

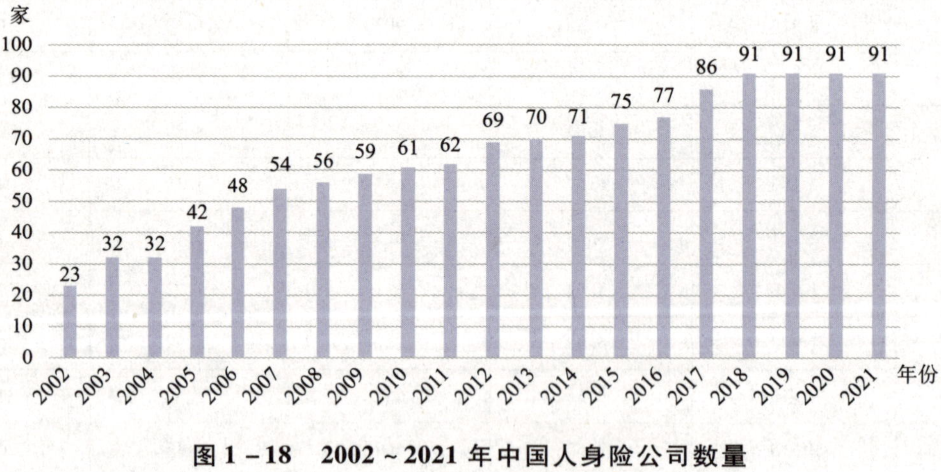

图1-18 2002~2021年中国人身险公司数量

（二）市场份额

2021年，中国各家人身险公司的保费规模及市场份额如表1-18所示。

表 1 - 18　　2021 年人身保险公司保费规模及市场份额

序号	公司名称	保费收入（亿元）	同比增长（%）	市场占有率（%）
1	中国人寿	6 198	1.10	19.85
2	平安人寿	4 570	-4.00	14.64
3	华夏人寿	2 549	73.28	8.16
4	太平洋人寿	2 096	0.60	6.71
5	新华人寿	1 635	2.50	5.24
6	泰康人寿	1 545	7.30	4.95
7	太平人寿	1 487	3.00	4.76
8	人保寿险	968	0.70	3.10
9	中邮人寿	858	4.70	2.75
10	富德生命	808	32.80	2.59
11	前海人寿	718	-8.30	2.30
12	阳光人寿	608	10.40	1.95
13	百年人寿	568	5.50	1.82
14	天安人寿	516	10.26	1.65
15	信泰人寿	490	7.80	1.57
16	建信人寿	477	11.50	1.53
17	大家人寿	473	97.20	1.51
18	工银安盛	466	1.30	1.49
19	友邦人寿	453	16.80	1.45
20	国华人寿	378	16.30	1.21
21	人保健康	358	11.00	1.15
22	农银人寿	294	11.00	0.94
23	合众人寿	281	48.30	0.90
24	中信保诚	268	14.80	0.86
25	君康人寿	239	-21.80	0.77
26	平安养老	220	-16.00	0.71
27	招商信诺	218	11.00	0.70
28	上海人寿	205	21.40	0.66
29	泰康养老	193	66.40	0.62
30	中意人寿	187	23.00	0.60
31	利安人寿	183	25.70	0.59
32	英大人寿	177	18.80	0.57
33	交银康联	169	15.50	0.54
34	大都会人寿	156	3.31	0.50
35	中银三星	143	84.10	0.46
36	光大永明	141	4.60	0.45
37	中融人寿	138	13.30	0.44

续表

序号	公司名称	保费收入（亿元）	同比增长（%）	市场占有率（%）
38	中宏人寿	134	9.30	0.43
39	幸福人寿	131	36.00	0.42
40	珠江人寿	131	80.00	0.42
41	招商仁和	124	5.40	0.40
42	民生人寿	122	-2.60	0.39
43	平安健康	112	22.30	0.36
44	长城人寿	111	26.80	0.36
45	中英人寿	108	8.90	0.34
46	弘康人寿	94	14.10	0.30
47	渤海人寿	89	-2.00	0.28
48	中荷人寿	84	30.00	0.27
49	横琴人寿	68	2.50	0.22
50	太平养老	67	13.50	0.21
51	华泰人寿	65	3.60	0.21
52	同方全球	65	5.30	0.21
53	信美人寿	65	93.10	0.21
54	东吴人寿	64	79.20	0.20
55	太平洋健康	62	-10.14	0.20
56	中德安联	56	-5.80	0.18
57	恒安标准	55	26.80	0.18
58	中华人寿	52	57.70	0.17
59	昆仑健康	49	-42.30	0.16
60	和谐健康	49	1 189.70	0.16
61	爱心人寿	46	37.50	0.15
62	北京人寿	45	76.70	0.15
63	北大方正	37	27.80	0.12
64	复星联合保险	37	27.80	0.12
65	国联人寿	35	71.30	0.11
66	陆家嘴国泰人寿	34	13.50	0.11
67	复星保德信	32	24.90	0.10
68	国宝人寿	26	38.20	0.08
69	华贵人寿	25	24.90	0.08
70	长生人寿	24	26.20	0.08
71	汇丰人寿	24	30.50	0.08
72	国富人寿	22	34.00	0.07
73	吉祥人寿	19	231.58	0.06
74	鼎诚人寿	16	751.80	0.05

续表

序号	公司名称	保费收入（亿元）	同比增长（%）	市场占有率（%）
75	德华安顾	14	25.90	0.04
76	瑞泰人寿	12	51.10	0.04
77	瑞华健康	12	1 115.30	0.04
78	和泰人寿	11	-37.60	0.04
79	中韩人寿	10	-3.30	0.03
80	海保人寿	9	-0.70	0.03
81	三峡人寿	6	-43.40	0.02
82	君龙人寿	6	-34.90	0.02
83	小康人寿	0.25	36 900.06	0
84	华汇人寿	0.07	-29.50	0
85	恒大人寿	0	—	0
86	大家养老	0	—	0
87	国寿养老	0	—	0
88	长江养老	0	—	0
89	新华养老	0	—	0
90	人保养老	0	—	0
91	恒安标准养老	0	—	0

2021年，保费规模超过100亿元的人身险公司有45家，市场份额合计为95.6%；保费规模在10亿~100亿元的人身险公司有34家，市场份额合计为4.3%；保费规模在1亿~10亿元的人身险公司有3家，市场份额合计为0.06%；保费规模在1亿以下的人身险公司有2家，市场份额合计为0.01%（见表1-19）。

表1-19　2020年和2021年中国人身险公司保费收入分布情况

保费规模	公司数目（家）		市场份额合计（%）	
	2021年	2020年	2021年	2020年
大于100亿元	45	42	95.6	95.6
介于10亿元与100亿元之间	34	35	4.3	4.9
介于1亿元与10亿元之间	3	5	0.06	0.1
小于1亿元	2	3	0.01	0.01

（三）市场集中度

2021年，中国人身险市场格局发生了变化，华夏人寿成为市场份额占比第3名的寿险公司，太平洋人寿第4名，新华人寿退居第5名。随着市场主体的增加，中国人身险市场的竞争格局也在悄然变化，市场从寡头垄断竞争阶段进入垄断竞争时期。2004 年，中国人寿的人身险保费收入占市场总保费收入的 46.87%，中国平安、中国太保、新华保险、泰康人寿 4 家人身险公司的保费收入占比分别为 17.18%、10.80%、5.87%、5.54%，市场份额居前 5 位的人身险公司的市场份额合计超过 86%。2021 年，市场份额居前 5 位的人身险公司总份额为 54.6%，较 2020 年下降 4.0 个百分点。

表 1-20　2004～2021 年中国人身险市场份额排名前 5 位的保险公司市场份额占比

（单位:%）

年份	中国人寿	中国平安	中国太保	新华保险	泰康人寿	合计
2004	46.9	17.2	10.8	5.9	5.5	86.3
2005	44.1	16.1	9.9	5.8	4.9	80.8
2006	45.3	17.0	9.3	6.6	5.1	83.3
2007	39.7	16.0	10.2	6.6	6.9	79.5
2008	40.3	13.8	9.0	7.6	7.9	78.5
2009	43.1	15.7	8.2	6.2	8.2	81.3
2009	36.2	16.2	8.3	8.2	8.2	77.2
2010	31.7	15.2	8.8	8.9	8.3	72.8
2011	33.3	12.4	9.8	9.9	7.1	72.5
2012	32.4	12.9	9.4	9.8	6.2	70.7
2013	32.2	14.4	9.4	10.2	6.0	72.2
年份	中国人寿	中国平安	中国太保	新华保险	人保寿险	合计
2014	26.1	13.7	7.8	8.7	6.2	62.5
2015	23.0	13.1	7.1	6.9	5.6	54.6
年份	中国人寿	中国平安	中国太保	大家人寿	新华保险	合计
2016	19.9	12.7	6.3	5.3	5.2	49.3
年份	中国人寿	中国平安	大家人寿	中国太保	泰康人寿	合计
2017	19.7	14.2	7.3	6.7	4.4	52.2
年份	中国人寿	中国平安	中国太保	华夏人寿	新华人寿	合计
2018	20.4	17.0	7.7	6.0	4.7	55.8
年份	中国人寿	中国平安	中国太保	华夏人寿	太平人寿	合计
2019	19.2	16.7	7.2	6.2	4.7	53.9
年份	中国人寿	中国平安	中国太保	新华人寿	华夏人寿	合计
2020	19.4	15.0	6.6	5.0	4.6	50.6
年份	中国人寿	中国平安	华夏人寿	中国太保	新华人寿	合计
2021	19.85	14.64	8.16	6.71	5.24	54.6

三、发展层次

（一）保险密度

2021 年，中国人身保险市场的保险密度达到了 2 352 元/人。从近年的保险密度来看，中国人身保险市场的保险密度增长迅速，从2002年的177元/人增长到2021年的2 352元/人，增幅达到12.29倍（见表1-21和图1-19）。

表1-21　　2002~2021年中国人身保险市场的保险密度

年份	人身险保费收入（亿元）	人口数量（万人）	人身险保险密度（元/人）
2002	2 275	128 453	177
2003	3 011	129 227	233
2004	3 228	129 988	248
2005	3 697	130 756	283
2006	4 132	131 448	314
2007	5 038	132 129	381
2008	7 447	132 802	561
2009	8 261	133 450	619
2010	10 632	134 091	793
2011	9 721	134 735	721
2012	10 157	135 404	750
2013	11 010	136 072	809
2014	13 031	136 782	953
2015	16 288	137 462	1 185
2016	22 235	138 271	1 608
2017	26 746	139 008	1 924
2018	27 247	139 538	1 953
2019	30 996	140 005	2 214
2020	33 329	141 178	2 361
2021	33 229	141 260	2 352

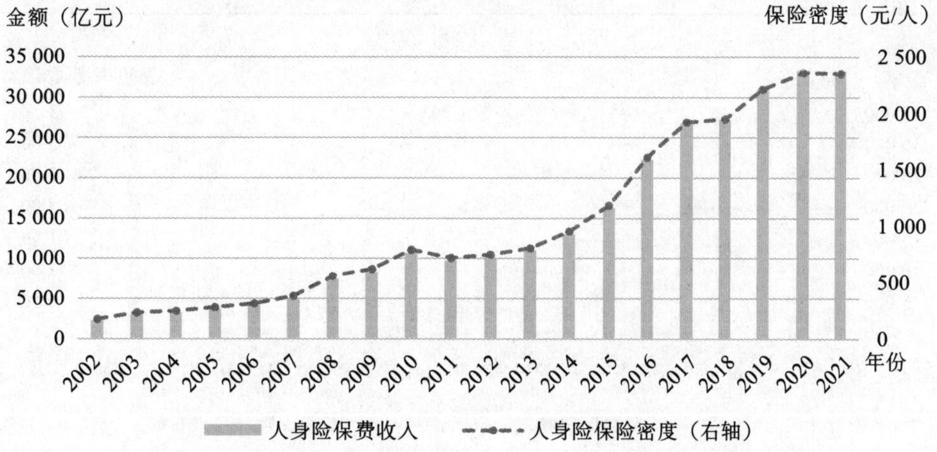

图1-19　2002~2021年中国人身保险市场的保险密度

（二）保险深度

2021年，中国人身险市场的保险深度为2.91%。从近年保险深度的变化趋势来看，国内人身险市场的保险深度波动性较大，从2002年的1.87%逐年增长到2010年的2.58%，自2011年开始逐年下降，2020年上涨到3.28%，2021年又有所下降，降到2.91%（见表1－22和图1－20）。

表1－22　　2002～2021年中国人身险市场的保险深度

年份	人身险保费收入（亿元）	国内生产总值（亿元）	人身险保险深度（%）
2002	2 275	121 717	1.87
2003	3 011	137 422	2.19
2004	3 228	161 840	1.99
2005	3 697	187 319	1.97
2006	4 132	219 438	1.88
2007	5 038	270 092	1.87
2008	7 447	319 245	2.33
2009	8 261	348 518	2.37
2010	10 632	412 119	2.58
2011	9 721	487 940	1.99
2012	10 157	538 580	1.89
2013	11 010	592 963	1.86
2014	13 031	643 563	2.02
2015	16 288	688 858	2.36
2016	22 235	746 395	2.98
2017	26 746	832 036	3.21
2018	27 247	919 281	2.96
2019	30 996	986 515	3.14
2020	33 329	1 015 986	3.28
2021	33 229	1 143 670	2.91

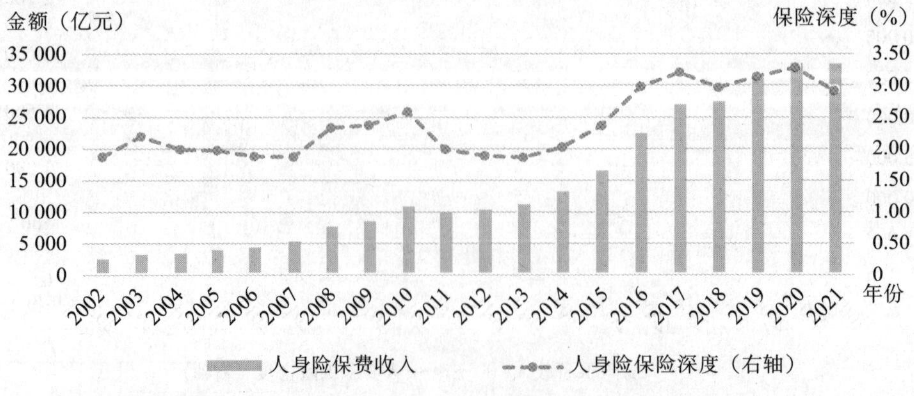

图1－20　2002～2021年中国人身险市场保费收入和保险深度

第四节 2021年中国保险业发展展望

一、发展环境

近年来，中国经济得到了迅速的发展，国内生产总值以极快的速度增长（见表1-23），2000~2021年，22年的时间中国国内生产总值增长了11.41倍，2021年中国人均国内生产总值已经达到80 976元。从图1-21中看出，近年来我国国内生产总值增长率稳中有降，2020年增速已达22年新低，2021年增速又有所回升，总体来看，2021年国民经济仍运行在合理区间，经济结构进一步优化，转型升级进一步加快，新兴动力进一步积聚，人民生活进一步改善。但是与此同时，国际环境仍然错综复杂，国内结构调整和转型升级正处在爬坡过坎的关键阶段，全面深化改革任务艰巨。

表1-23 2000~2021年中国国内生产总值和人均国内生产总值

年份	国内生产总值（亿元）	人均国内生产总值（元）	国内生产总值增幅（%）	人均国内生产总值增幅（%）
2000	100 280	7 942	8.49	9.86
2001	110 863	8 717	8.34	9.75
2002	121 717	9 506	9.13	9.06
2003	137 422	10 666	10.04	12.20
2004	161 840	12 487	10.11	17.07
2005	187 319	14 368	11.39	15.06
2006	219 438	16 738	12.72	16.49
2007	270 092	20 494	14.23	22.44
2008	319 245	24 100	9.65	17.59
2009	348 518	26 180	9.40	8.63
2010	412 119	30 808	10.64	17.68
2011	487 940	36 302	9.55	17.83
2012	538 580	39 874	7.86	9.84
2013	592 963	43 684	7.77	9.56
2014	643 563	47 173	7.43	7.99
2015	688 858	50 237	7.04	6.50
2016	746 395	54 139	6.85	7.77
2017	832 036	60 014	6.95	10.85
2018	919 281	66 006	6.75	9.98

续表

年份	国内生产总值（亿元）	人均国内生产总值（元）	国内生产总值增幅（%）	人均国内生产总值增幅（%）
2019	986 515	70 581	6.00	6.93
2020	1 015 986	71 965	2.30	1.96
2021	1 143 670	80 976	12.57	12.52

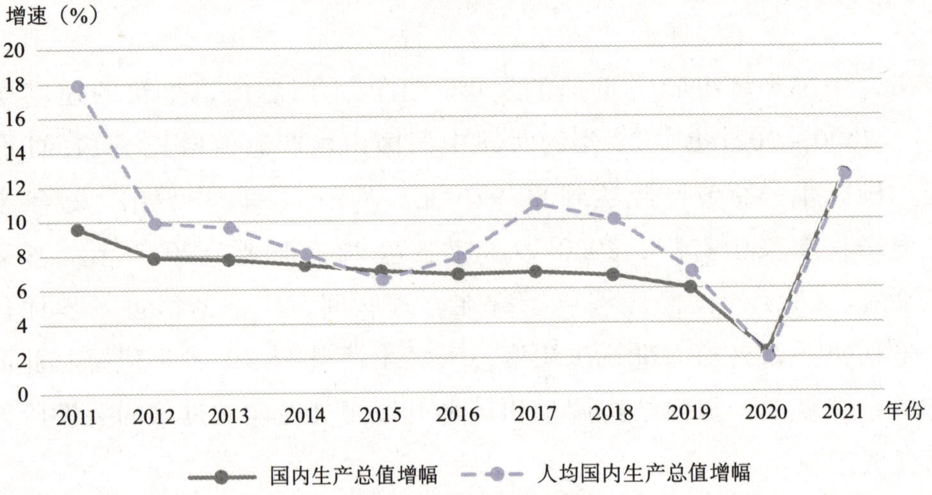

图1－21　2011～2021年中国国内生产总值增速与人均国内生产总值增速

党的十九大在政治上、理论上、实践上取得了一系列重大成果，其中一个重要论断就是中国特色社会主义进入新时代，我国社会主要矛盾已经转化为人民日益增长的美好生活需要和不平衡不充分的发展之间的矛盾。同样的，我国保险业也已经进入新时代，面临的主要矛盾已经演进为不平衡不充分的保险供给与人民群众日益迸发、不断升级的保险需求之间的矛盾。2017年召开的全国金融工作会议和中央经济工作会议对金融工作作出了全面部署。可以说，新时代我国保险业的历史方位同国家、民族历史方位紧密相连，使命和任务无比清晰，那就是在实现中华民族伟大复兴中国梦中贡献行业全部力量、切实履行职责，把握机遇、迎接挑战，努力建设现代保险服务业。

2021年以来，在新冠肺炎疫情对经济的持续影响下，我国经济增速持续放缓，居民需求持续下降，叠加严监管、疫情对居民生活影响等因素，保险行业发展面临的各类问题不断显现，前三季度保险行业发展面临一定压力，保费收入规模同比呈收缩态势，但保险业保障功能仍有较好发挥，提供保险金额同比快速增长。人身险保费收入方面，一方面，受年初新旧重疾产品转换影响，导致上年末重疾险销售短期内透支，本年度销售力度不足，同时重疾类产品销售承压，致使代理人销售难度加大，形成短期内业务收入下滑；另一方面，疫情及居民收入的不确定性致使中产阶级现金流受到一定程度的冲击，对保险产品的购买力有所下降，人身险保费收入同比增速明显放缓。财产险保费收入方面，自2020年9月银保监会推动实施车险改革方案以来，本年度为首个车险改革的完整年度，“降价、增保、提质”是车险改革的主要方向，2021年前三季度，以车险业务收入为主的财产险保费收入规模同比明显下降。万能险及投资连结险方面，受监管机构对保险公司保险产品的不断规范治理影响，中短存续期的万能险类产品基本停售，整体业务规模持续下滑。

从行业竞争来看，2021年保险行业企业持续深化转型升级，寿险行业淘汰了粗放经营的行业模式，行业不断细化，各类产品制度要求、各项细化管理不断完善；财产险行业综合推动车险业务改革。在此种经营环境下，2021年保险公司竞争格局变化不大，前三大人身险公司市场集中度基本保持稳定，产险公司市场集中度仍较高，三大财产险公司合计保费收入占比在66%左右。此外，值得注意的是，在互联网保险业务方面，2021年互联网保险业务新规的修订实施及配套细则的落实，对互联网保险以及人身险行业格局均产生了重大影响，根据险企公开披露数据显示，符合互联网人身保险业务开展要求的人身险公司仅有22家，并且多家险企近期相继宣布停止开展互联网保险业务。当前面对互联网保险业务的冲击，很多中小保险公司短期内将受限于服务能力及经营范围等问题，面临一定发展困境，从长期看，在严监管下规范门槛较高的业务发展要求，将使得业务布局完善、定价能力较强的险企有较大的竞争和业务发展优势，同时可以促进中小险企不断规范和完善自身发展能力。

从保险资金运用方面来看，2021年多个放宽政策新规的出台，是监管部门更加注重风险监管的体现，另外，保险资金运用自主空间得到进一步增加，机构经营主体责任得到强化，同时针对分类监管、差异化监管等方面的规定也对保险资金内部管理提出更高要求。

从保险公司偿付能力方面来看，自第二代偿付能力监管体系（以下简称“偿二代”）实施以来，我国保险公司业务结构不断优化，风险管理水平持续提升，从各家保险公司披露的季度偿付能力充足率数据看，保险行业整体偿付能力保持充足水平，个别人身险公司偿付能力低于监管要求。

整体来看，未来一段时间，人身险行业保险保障功能将不断加强，同时针对各营销渠道监管细则的下发也使得行业竞争更加透明；财产险业务经过本年度的车险改革实施后，未来将更加平稳发展；保险资金运用将持续重风控、调结构，保障保险资金的安全并切实服务实体经济发展；偿二代对保险公司资本的约束性较强，预计未来一段时间内保险公司偿付能力充足率将保持稳定。在经济增速放缓，去杠杆防风险的背景下，保险业监管也将持续细化且更加注重风险管理。

二、发展展望

2021年，得益于疫情防控政策的有效实施，以及出口高增的拉动，中国经济持续稳步复苏。受2020年经济增速低基数影响，中国经济全年增速为8.1%。2021年12月，中央政治局会议提出“稳字当头、稳中求进”的经济工作总体要求，并强调提振内需的总方向，反映出国际经济环境所面临的严峻形势。2021年12月6日，中国央行公布将于12月15日降低存款准备金率50个基点，为跨年资金需求提供流动性支持。

预计2022年财政政策或更为积极，货币政策整体稳健，以促进消费恢复、扩大有效投资、增强发展内生动力为主。同时，在加快构建新发展格局的转型背景下，中国经济将着眼于巩固并增强科技创新能力，以夯实经济增长基础，培育新发展动能，逐步实现高质量可持续增长。

对保险行业而言，疫情提升了社会保险意识，也加速了行业数字化转型的趋势。部分险种短期增长受挫并未改变行业长期向好的发展前景。鉴于经济基本面依然良好，保险行业供给侧结构性改革进入深水区，保险业将由粗放式发展向专业化发展转型，保险的风险保障职能将日益凸显。“十四五”规划明确了“共同富裕、碳中和、建设数字中国”等新时代社会经济发展方向，这也将为下一阶段保险行业高质量发展带来新的机遇。

（一）“双碳”目标将带动绿色保险发展

与全球趋势一致，低碳化发展也将是主导未来中国能源结构和经济结构转型的核心内容。自2020年9月习近平主席在联合国大会上首次提出将在“2030年前实现碳达峰、2060年前实现碳中和”的目标以来，各部委、各地政府都已经相继出台了实现碳中和目标的规划方案，各行业将“双碳”目标从社会责任升级为影响企业运营、实现可持续发展的战略内容。

在助力实现“双碳”目标的转型进程中，保险业能够发挥独特优势。保险作为涉及风险识别、风险量化与管理、风险投资等多维度的金融工具，能够从绿色运营、绿色保险、绿色投资等多维度全方面支持各行业绿色发展。

在资产端，保险资金作为多层次资本市场的核心参与者和重要投资者，具有体量大、周期长的特点，通过对符合绿色低碳发展理念的新兴行业以及传统行业的低碳转型的投资，提供长期稳定的资金来源。市场预期、绿色发展所涉及的年均新增投资规模达万亿以上，保险资金也将为绿色融资提供多渠道的资金支持，并在风险量化与管理方面发挥独特优势。

在负债端，保险业可以充分发挥风险管理和风险补偿功能，为经济全面低碳转型提供风险保障。减少碳排放主要包括产业结构向低碳转型、节能减排以及气候风险和环境治理三大方面。从保险可保领域来看，低碳转型主要涉及绿色能源和绿色技术；节能减排主要涉及绿色交通和绿色建筑；气候风险和环境治理主要涉及巨灾风险和环境风险治理。在提升生态碳汇方面，主要碳汇来源包括森林碳汇、草原碳汇和其他碳汇。根据中国保险行业协会对180余家保险公司的摸底，截至2020年绿色保险保额达18.3万亿元，近3年年均增速达24%。从保障领域来看，主要以绿色交通、环境治理、清洁能源为主，三者合计保额占比达87%。

值得注意的是，目前中国正处于推动能源转型的初期阶段，随着清洁能源相关技术与碳捕捉技术的进步，能源结构与产业结构转型不仅将促使绿色保险的应用场景更加丰富，还将推动相关保险方案的创新和发展。

绿色发展将给保险行业带来新机遇，推动保险业务的进一步创新和多元化发展。以交通领域的低碳转型为例，随着国家政策不断深化，新能源汽车的产销量和保有量呈现井喷式增长，2021年，中国新能源车销售完成352.1万辆，同比增长1.6倍，连续7年位居全球第一。新能源车渗透率上升至20%左右，未来5~10年将持续快速发展。围绕新能源汽车这一增量市场提供风险保障和解决方案，助力发展新能源汽车产业的国家战略，保险业将收获转型红利，实现新一轮发展。能源和工业领域的低碳转型，同样需要保险行业提供风险识别、风险保障和服务支持。

在应对气候变化方面，保险业也可以提供重要价值。近年各类极端天气、重大气候灾害事件频发，经济社会面临的物理风险和转型风险也日渐凸显。气候变化风险将对社会经济可持续发展，甚至是企业的经营运作与战略制定产生重要影响。巨灾保险、综合民生保险通过为建筑、农田、车辆、人提供保障，防范因气候变化和自然灾害等环境因素可能引起的系统性风险，健全巨灾风险防控机制，增强应急处置能力，提升自然灾害防御水平，助力构建韧性社会。

（二）个人养老金市场迎来重大发展机遇

个人养老金制度补齐养老保障体系的短板。一是弥补第一支柱基本养老保险制度不足。与基本养老保险缴费具有准税收性质不同，根据递延工资理论，第三支柱的个人养老金账户缴费额体现为劳动报酬，具有直接的激励作用，有助于促进劳动生产率提高，促进养老保险制度可持续发展。二是弥补企业年金制度不足，现行制度不能覆盖自由职业者，养老金可携带性也有待提高。

个人养老金制度具体规则尚未出台，目前的共识有两点，一是采取个人账户制，二是采取EET税收优惠方式。我们认为，制度框架还应考虑以下三个方面：

第一，与劳动力市场平滑对接，减少养老金制度对于劳动力自由流动带来的摩擦阻力。可以考虑设立全国性的个人账户养老金登记机构，为个人养老金提供集中开户登记、第三方存管登记和领取结算服务，每名参加者仅限一个账号，可购买多个金融机构的养老金产品，实现“N对1”的养老金产品和账户体系。个人账户透明化运作，建立个人账户查询制度。

第二，与资本市场深度对接。探索做实第一支柱基本养老保险个人账户，合并到第三支柱养老保险账户。我国第一支柱基本养老保险个人账户长期存在着“空账”问题，可发行30年期的特别国债加以做实，保守估计，在采取做实账户以及账户合并举措之后，可以在短期内快速积累12万亿元以上的资产，更好地发挥个人账户投资推动长期资本形成、资本市场发展和经济发展的功能。强化养老金产品和多层次资本市场的关联度，在促进资本市场发展的同时，提高养老金投资长期回报率，这是个人养老金制度可持续发展的关键。

第三，丰富养老金产品，增强养老金产品的吸引力。银行业提供养老目标理财产品；基金业提供养老目标基金；保险业可提供两方面的产品，一是针对处于缴费期的消费者，提供变额年金产品，二是针对处于领取期的消费者，提供年金化领取方案，保险产品的优势是可以分散长寿风险。由于养老金市场是混业经营，这也对养老金产品监管带来了挑战。

（三）商业健康保险探索新业态

实施共同富裕战略背景下，城市定制商业医疗险进入规范发展期。2021年，有58家保险机构在27个省（区、市）参与了超过100个惠民保险项目，总参保人数超过7 000万，较好地填补了传统商业保险产品和社会基本医保之间在覆盖人群、产品责任上存在的断层。从普惠性评价和体制机制创新评价两个维度进行分析，现有城市定制商业医疗保险呈现出三个特征：第一，随着政府或医保行政部门推动力度加强，普惠性加强。第二，参保率存在“天花板现象”。如果各级政府不介入，只靠医保行政部门或其他行政部门推动，参保率一般无法突破40%。第三，完全市场型模式和非医保部门指导模式的普惠性明显不足。2022年，针对城市定制商业医疗保险前期出现的问题，相关部门将进一步完善监管措施，区分政策性和商业性险种，明确准入条件，探索适合国情的医疗保障治理之路。

跨界融合进一步强化，“健康保险＋健康管理”“保险＋科技”“保险＋特药”等创新不断深化。类似大湾区、海南乐城等市场变化带来的机遇，为健康险产品创新提供了新的思路和技术支撑。

（四）全面乡村振兴进一步推动农业保险发展

农业在国民经济中居于基础地位，国家始终非常重视农业保险的作用和发展。2019年，中央全面深化改革委员会审议通过《关于加快农业保险高质量发展的指导意见》，首次把农业保险提升到国家战略层面予以推进，提高农业保险服务能力，优化农业保险运行机制，推动农业保险高质量发展，更好地满足“三农”领域日益增长的风险保障需求。农业保险作为“三农”重要保障和灾害风险分散机制，风险减震器和社会稳定器的作用将得到进一步发挥。

自2007年中央政策性农业保险试点启动以来，中国农业保险规模迅速壮大，过去10年农业保险保费收入年均增速高达20%。银保监会数据显示，2021年，中国农业保险保费收入975.9亿元，为农业生产提供风险保障4.78万亿元，继续保持全球第一大农业保险市场地位。

但在农业保险深度、保险密度、承保覆盖面、风险保障水平等方面，仍然有很大提升空间。2018年，中国农业保险深度和保险密度数据分别约为0.88%和283元/人，同年美国农业保险深度为5.94%，是我国的6.75倍，保险密度是我国的600多倍。预计在政策的推动下，“十四五”时期农业保险将继续保持年均两位数的增长，在保障粮食生产安全、提高农业生产抗风险能力、推进农业现代化发展、促进乡村振兴等方面提供坚实保障。

新技术的应用和普及正在带来一场农业保险领域的变革。以卫星遥感技术为代表的科技手段，通过更加精准和更加及时的监测数据，及其在农业保险领域的应用和普及，改变了传统农业保险粗放经营的状态，在农业保险链条中正在起到越来越举足轻重的作用，也必将带动农业保险持续转型升级。乡村振兴和农业现代化离不开科技的“加速器”，这个过程需要政府部门、科技公司、保险行业通力合作，建立标准化平台，实现多元化数据共享，释放科技潜能，保障科技手段在农业保险中持续发挥更大作用，推动农业保险行业高质量发展，更好地满足“三农”领域不断增长的风险保障需求，进一步助力乡村振兴的发展。

农业保险之外，保险行业可以从更广阔的范围参与助力乡村振兴战略。巨灾保险方面，保险业可以扩大农村巨灾保险覆盖范围，提升农村地区大灾风险抵御能力。随着中国数字经济向纵深发展，将促进“从田地到餐桌”数字化、集约化产业链的加速成形，从而带动包括食品质量责任险、产品责任险、货物运输险、财产险、农险等多险种需求的全面提升，为保险业带来更广阔的发展机遇。同时，乡村振兴也需要大量的资金投入，特别是在乡村生态和宜居乡村建设方面，保险资金可以将投资与风险管理职能相结合，在防控风险的基础上，增加农村地区基础设施资产和资管产品的投资，使保险资产配置更加多元化，护航乡村振兴战略。

第二章
中国保险公司竞争力评价的理论与方法

第一节　保险公司竞争力的定义

中国在对保险公司竞争力的实证研究方面还处于初级阶段，目前，国际上对保险公司竞争力还没有一个比较明确的、被广泛接受的定义。竞争力是参与者双方或多方在角逐或者比较中体现出来的综合能力，它是一种相对指标，通过竞争表现出来。MBA 智库百科把企业竞争力定义为：在竞争性市场条件下，通过培育自身资源和能力，获取外部可获得的资源，并综合加以利用，在为顾客创造价值的基础上，实现自身价值的综合性能力。

姚壬元（2004）将保险公司竞争力定义为：保险公司在市场机制的作用下，合理充分地运用自身拥有的资源，提供适应市场经济要求和保险业发展规律的产品和服务，使之在市场竞争中相对于其竞争对手表现出长久和持续发展的能力。他认为，保险公司的竞争力是一个包括资源、能力、环境三要素在内的综合系统，每个要素又分解为不同的能力和指标体系，通过对指标赋予权重，实现对保险公司竞争力的评价。指标权重的准确性在很大程度上影响了保险公司竞争力评价结果的科学性和正确性。

王成辉和江生忠（2006）指出，保险竞争力是一个保险行为主体与其他保险行为主体竞争保险资源的能力，它既指某一保险产品竞争力，也指某一保险公司的竞争力，还指保险行业竞争力和保险业的国际竞争力。他们认为，中国学界对保险公司的竞争力并没有形成定论，大多数研究是从定性分析的角度进行的。

由《21 世纪经济报道》、21 世纪研究院金融研究中心联合美国加州大学组成的课题组（2009）认为，保险公司的竞争力是指在同一市场环境下，同业竞争者实现其经营目标的综合实力。保险公司的经营目标是满足保险经营的各利益参与者（即所有者、投资者、管理者和客户）的利益，并且为保险公司自身创造持续、安全和稳健的价值。

王小平（2005）指出，人寿保险公司的核心竞争力，就是人身险公司长期形成的，建立在先进的经营要素（如客户关系、产品开发、销售体系、员工队伍等）基础上的相互融通、相互依存、相互促进、整体运作的能力。借助这一能力，人身险公司能够按国内寿险行业的一流标准销售保单、提供服务，保费收入和盈利能力领先其他人身险公司。

冯占军和李秀芳（2012）主要基于中国保险年鉴的相关数据，提出了保险企业竞争力“三段式”评价分析模型。魏伟（2012）认为保险公司的核心竞争力是指其能够经受国内外激烈竞争考验，具有显著竞争优势、扩展应用潜力和竞争对手难以模仿的整合各种资源的能力。其中，创新能力是保险公司的重要核心竞争力，包括科研和开发能力、技术和开发成果转化为产品和提高业务规模及业务质量的能力、组织协调公司内各种资源进行有效经营的能力，以及公司为应对制度环境、市场变化和不可预测因素的应变能力。

周毅（2013）在讨论我国中小型财产保险公司核心竞争力的提升策略时指出，保险公司的核心竞争力主要包括5个方面：组织学习能力、险种研发能力、市场开拓能力、风险管理能力和企业文化的影响能力。其中，险种研发与风险控制能力、公司品牌意识与服务水平是制约中小型财险公司提升核心竞争力的主要因素。

瞿娟娟（2014）认为，核心竞争力企业参与市场竞争时，在适应内外部环境的前提下，通过有效地协调、整合企业的各种资源和能力，进而形成的使企业能够获得持续竞争优势、长久稳定发展的综合能力。

孔婷婷（2015）认为，保险企业核心竞争能力包括市场开拓、信息吸收、协调整合、开发创新和组织学习能力，保险企业核心竞争能力不是单一的某种能力，而是面对市场、面对环境所表现出的一种综合能力。施淑蓉（2015）认为，寿险公司的核心竞争力既表现在公司的经营状况与投入产出效率等显性实力，也体现为支撑起整个寿险公司运行的潜在能力。

李德立和于佳睿（2017）利用价值链分析法评价我国寿险公司核心竞争力时认为，保险公司的核心竞争力来源于企业内部，是外在力量与内部控制相结合的产物。它包括了公司对内部资源的整合与协调能力，以及对外部环境变化的适应能力。陈炯远（2017）认为保险企业的核心竞争力是在企业的经营过程中形成的，短期不易被模仿并且内质于企业中，能够为企业带来较高价值的要素的总和，具有价值性、延展性、整合性和突出性兼具、资源依赖性、动态性和异质性的特点，是整体性的正向力量。

李宁（2019）从3个角度对企业竞争力的内涵进行界定。从外部表现的角度来看，企业竞争力是其在市场竞争中的一种表现力，也是指企业在与其他企业进行物质交换时表现出的比较优势；从竞争对手的角度来看，在企业生产经营过程中，通过有效的资源配置、累积市场份额和降低相对成本等途径比竞争对手更具有竞争优势，这就是企业竞争力的体现；从企业内部存在的核心能力出发，企业竞争力是企业发挥自身产品优势、优化生产方式并且与市场环境有效的进行交互的前提下达到更好的生产经营效果的能力。

刘永党（2020）认为核心竞争力就是企业在长期经营过程中与其他企业竞争时展示出的各种能力的集合，主要包括市场占有能力、创新能力、经营管理能力、风险控制能力和盈利能力等，是支持企业在经营过程中获得胜利的以上这些能力的综合。

综合以上研究成果并结合我们的经验和理解，本报告对保险公司竞争力给出如下定义：保险公司竞争力是在市场经济环境中，保险公司根据行业和自身特点综合运用人力、物力、财力等各种资源，获得相对于竞争对手所表现出来的生存能力、创新能力和持续发展能力的总和，是保险企业综合能力的体现。竞争力是一个相对的概念，强调的是保险行业内竞争者之间的比较。

中国银保监会于2018年4月颁布了《保险公司信息披露管理办法》，绝大部分保险公司都按照此文件的规定对公司信息进行了披露。本报告主要是根据保险公司据此披露的信息、《中国保险年鉴》、原保监会网站等方面的有关信息，将生存能力，创新能力和持续发展能力细化为5个可度量的部分：盈利能力、资本管理能力、经营能力、风险管理能力和业务发展潜力，然后通过这5个方面来评价保险公司竞争力。

第二节 保险公司竞争力研究方法综述

石新武（2004）在其博士后的研究报告《开放条件下的保险竞争力》中把保险公司的竞争力指标分为3级，一级指标为权重20%的直接指标和权重80%的间接指标，直接指标为市场份额，间接指标包括规模实力（10%）、运营能力（20%）、成长能力（15%）、偿付能力（10%）、盈利能力（15%）和经营安全（10%）6项二级指标。每个二级指标下有1到3项三级指标。

姬便便（2005）应用标杆测定法对我国财险保险公司的竞争力进行研究，把财险公司竞争力的构成要素分为外部市场要素、内部市场要素和外部政策环境，根据这 3 个要素分别构造评价指标，得出影响我国财产保险公司竞争力的主要因素。

冯占军和李秀芳（2012）认为，企业的竞争力主要体现在对市场地位的竞争、对市场要素的竞争、对盈利水平的竞争以及综合性的发展竞争等方面，在《2012 中国保险企业竞争力研究》一书中把中国保险企业的竞争力用竞争力绩效评价指标、竞争力状况评价指标和竞争力成因分析指标进行评价。

鲁维丽和谢晓迎等人在《2017 亚洲保险公司竞争力评价研究报告》中，主要基于保险公司财务实力来评估保险公司的竞争力，财务实力通过市场规模、资本金充足性、赔付准备金充足性、盈利能力、流动性和稳定性测试 6 部分数据来衡量。此外，该报告尽管参考了 A. M. Best、Weiss 和 Fitch 三大评级机构对保险公司的评级模型，并在此基础上衍生出评估体系中所使用财务比率的主要类别和估算方法，但是，该报告对各国保险公司采用相同的评价方法、权重设定等，没有考虑不同的经济制度、财务制度和发展阶段等。

由于保险公司竞争力指标是保险企业在整个社会经济现象中多面性、复杂性和交叉性的客观反映，不能人为地、主观地去掉或保留哪些指标，所以必须运用科学的、严格的定性和定量相结合的分析理论。国内文献中关于筛选、综合、优化保险公司竞争力指标体系的分析方法主要分为以下几种。

一、主成分分析方法和因子分析方法

主成分分析法和因子分析法都通过简化数据结构达到降低维数的目的，把多个存在相关关系的指标划分成少数几个互不相关的新的综合性指标，或者对原众多指标按一定“原则”寻求原始指标的某种线性组合而形成新的综合指标（主成分变量），或者把原始指标试图分解为公因子和特殊因子的线性组合（有时可忽略特殊因子）。这些新产生的主成分和公因子最大程度上反映了原始指标的信息（涵盖量达 85% 以上）之间互不相关，去除了重叠信息，个数又较少，而且层次较高，综合性较强，使形成的新指标体系达到最优。

在综合评价中，优化指标体系多用该类方法，即主成分分析法和因子分析法。这两种方法既有联系又有本质的区别，应用范围也不尽相同。

主成分分析法和因子分析法简化数据结构的机理不同，主成分分析法是对具有复杂相关关系的原始指标 $X=(x_1, \cdots, x_p)$，寻求投影向量 a，选择具有方差最大或较大的新的线性组合变量，而舍去方差较小的变量重新组合成个数较少、互不相关，但又最大程度上反映原始指标信息的主成分向量 $Y=(y_1, \cdots, y_m)$ $(m<p)$，

于是由原始评价指标 x_1，…，x_p 简化并优化为综合性指标 y_1，…，y_m。

主成分分析法与因子分析法的实质不同，因子分析法实质不是对数据进行数学变换，而是对于具有复杂相关关系的原始指标（变量）$X=(x_1, \cdots, x_p)$，通过寻找原始变量的共同方面来简化存在于原始变量之间的复杂关系，把各个测量本质相同的变量归入一个因子（公因子），这些公因子对原始变量起着重要的支配作用，公因子之间不相关，往往不可测，个数比原始变量个数要少，（如 m 个，$m<p$），是所有变量共同具有的公共因素。这样，p 个原始变量 x_1，…，x_p 和每一原始变量独自具有的特殊因子 e 两部分来描述或解释（通常只考虑公因子，忽略特殊因子）。因而达到简化数据结构的目的，即把原始评价指标化为 m 个公因子（综合指标），形成优化的指标体系。因子分析法的最大优势在于各综合因子的权重不是主观赋值，而是根据各自的方差贡献率大小来确定的，方差越大的变量越重要，从而具有较大的权重；相反，方差越小的变量所对应的权重也就越小。这就避免了人为确定权重的随意性，使得评价结果唯一，而且较为客观合理。

叶欣（2007）通过运用主成分分析法构建评价模型，对上海主要中外资保险公司的竞争力进行排名和比较分析。王成辉和江生忠（2006）在建立我国保险业竞争力指标体系的基础上，应用因子分析方法，结合我国保险市场的实际数据，对竞争力进行了实证分析，并分别对我国的财险和人身险公司进行了竞争力比较和排名。胡永红（2007）利用因子分析方法对我国人寿保险公司竞争力进行了研究。张晶（2011）运用因子分析方法对我国保险市场中的 28 家保险企业的竞争能力进行了排序。吴成浩（2012）在现有关于上市公司，特别是保险类上市公司竞争力指标体系的研究基础上，选取证监会分类的 4 家国内保险类上市公司的 2011 年财务数据，利用因子分析构建竞争力评价指标体系。王光毅（2013）利用综合指标选择方法，综合利用聚类分析、相关性分析、主成分分析等多元统计分析方法，并根据《中国保险年鉴》数据，选取代表性公司，对保险公司竞争力评价指标进行选择和精简，最终构造出由 3 个综合指标、6 个分项指标组成的评价指标体系。刘祥祥（2013）利用因子分析方法，使用 2010 年的数据选取 9 个指标对我国保险市场上各财产保险公司的竞争力进行实证分析，衡量不同财产保险企业的竞争力。胡宏兵（2013）运用因子分析法和聚类分析法，对我国保险业核心竞争力进行了实证分析，构建了 17 个指标来综合分析我国保险公司的核心竞争力，这些指标包括保费收入水平、资产总额、资本充足率和资产负债率等。张永杰（2015）基于 2013 年和 2014 年我国寿险业数据，从市场运营管理、资金管理、风险管控和人力资源管理等五个维度选取了 17 个评价指标，运用因子分析法对我国寿险企业的核心竞争力进行了实证分析。仝明望（2015）以已赚保费为标准从《中国保险年鉴2014》中依次选取了24家保险公司的数据作为样本，从中选取了10个指标构造指标评价体系，对其进行因子分析，并从原有的10个指标中提取了3个公因子，并将其命名为公司规模因子、收益能力因子和发展能力因子。陈炯远（2017）构建了评价我国中型财产险公司核心竞争力的指标体系，运用因子分析法和熵值法按照构建的指标体系进行实证分析，同时与我国3家大型财产险公司进行比较分析，评价我国中型财产险公司的核心竞争力情况。李宁（2019）选取平安财产险2007～2017年的数据指标进行因子分析，测算出其历年竞争力水平，并且基于跨境经营视角对其竞争力的变化进行解释，分析两者之间的具体关联。刘永党（2020）构建了包含保费收入、保费收入增长率、市场占有率、赔付率、退保率和有效保单件数在内的寿险公司核心竞争力评价指标体系，从44家河南省寿险公司中选取30家样本公司，从2015～2019年的《中国保险年鉴》中选择合适的数据运用SPSS软件进行因子分析，并从规模因子、经营能力因子、风险控制因子和综合实力4方面分析了河南省寿险公司核心竞争力。

在经济领域，如果综合评价基于的是反映客观社会经济现象数量特征的客观性指标体系，一般运用主成分分析方法；如果综合评价基于的是反映人们的心理感受、主观愿望、满意程度等方面的主观性指标形成的指标体系，则运用因子分析方法。

二、其他方法

（一）数据包络分析法

数据包络分析（Data Envelopment Analysis，DEA），是美国著名运筹学家A. Charnes等人以相对效率概念为基础发展起来的一种效率评价方法，它是研究同类型生产决策单元相对有效性的有力工具。它主要采用数学规划方法，利用观察到的有效样本数据，对决策单元（DMU）进行生产有效性评价。DEA模型可同时对决策单元的多项投入和多项产出计算相对效率。每一个决策单元的各项投入和产出权重都是由模型根据最优原则计算出来的，而不是由决策者主观给定的，可避免主观随意性。DEA模型的理论假设是：投入越少，产出越大，则效率就越高。但实践中，有些产出是越少越好，如污染环境的物质。

将数据包络分析方法用于产出效率的分析，虽然投入产出指标的权重是通过模型计算出来的，但由于模型中没有对各权重的取值范围加以限制，因此有时会出现不切实际的权重分配，从而导致权重取值的任意性。此外，数据包络分析法只能从效率的角度评价分析竞争力。但我们知道，竞争力的评价分析必须从效能和效率两个角度进行，否则其评价分析就不是完整和系统的。

恽敏（2003）使用数据包络分析方法，综合考虑投入和产出以及它们之间的关系，考察目前保险公司的核心竞争实力，并且为如何提高核心竞争力提出相关建议。姚树洁、冯根福和韩钟伟（2005）基于1999～2002年我国22家主要保险公司的数据资料，运用两阶段法分析影响保险公司效率的重要因素。孙林和李光金（2005）基于DEA方法对我国保险公司竞争力进行了分析。赵琙和尹成远（2009）运用DEA法的“超效率”模型，基于2000～2007年我国18家主要财产保险公司的数据资料，测度其技术效率、纯技术效率、规模效率，并对影响其效率的因素进行分析，给出相关的政策建议。李杭蔚和刘强（2010）将熵权和Topsis法相结合，对4家上市保险公司进行了实证分析。张春海（2011）利用DEA三阶段分析方法，对2009年我国财产险业的46家公司的经营效率进行分析。李保华（2012）采用的DEA分析方法，从寿险产品的角度探讨了中国26家寿险公司的投资绩效，将寿险业投资绩效进行技术效率与规模效率的分解，得出中国寿险公司投资绩效存在规模效应、投资技术较低、难以应对市场波动等结论。施淑蓉（2015）将寿险公司核心竞争力分为显在和潜在两部分，分别运用超效率DEA分析和因子分析对它们分别进行评分，从而得到寿险公司核心竞争力综合得分，并对外资、合资、中资寿险公司的核在心竞争力进行了排名。

（二）模糊综合评价法

有的学者认为，企业核心竞争力的评价具有模糊性。一是核心竞争力等级的分类具有模糊性，通常把核心竞争力强度分为优、良、中和差4个等级，但很难界定各等级的标准；二是企业核心竞争力的影响因素具有模糊性，如产品美誉度等。简金平（2004）采用模糊物元综合评价法来评价保险公司的综合竞争力。闫春和赵明清（2007）利用2003年7家财产险公司的营业数据运用模糊聚类分析法对财产保险公司偿付能力进行分类分析和研究。张洪涛、甄贞和马驰（2014）基于成对比较矩阵方法对保险企业的核心竞争力进行评价。

（三）层次分析法

运用层次分析法对保险公司进行综合性评价，可以按照得分情况对保险公司进行排序。具体操作过程是：（1）去除指标量纲的影响；（2）将指标按重要程度排序；（3）列出判别矩阵和权重向量；（4）对矩阵进行一致性检验；（5）计算最终分值。将指标值与权重之积进行加权相加，就可以计算出保险公司竞争力的最终分值。钱璐和郑少智（2005）在对我国保险公司竞争力评价时采用层次分析法（简称 AHP 法），主要用来对二级指标的权重大小进行设置。

（四）均值—方差法

有的专家按照每个指标对研究对象独立作用的大小（或称方差贡献的大小），通过统计检验和数学变换等，筛除作用小的不重要指标，保留作用大的重要指标，最后形成由原指标体系中的部分重要指标组成的优化的指标体系。

由《21 世纪经济报道》、21 世纪研究院金融研究中心联合美国加州大学组成的课题组（2010）在《2010 亚洲保险公司竞争力排名研究报告》中运用均值—方差法进行相关研究。该报告将保险公司的财务实力划分为 6 个主要部分——市场规模、资本充足性、赔款准备金充足率、盈利能力、流动性和稳定性测试，每一部分包含若干个因素，并人为规定每个因素在该部分中所占重要性比例（如 50%），分别评分。通过计算出所有因素的平均值和标准差，得到对保险公司的总体评价。为了获得比较合理的比率范围，首先将每一指标得分标准化，标准化后的变量分布变为新的分布。然后再根据指标特性调整其得分，并将其得分进行计算，得到保险公司的竞争力得分。

秦川杰（2014）从盈利能力、偿付能力和承保能力等方面的 10 个指标构建了综合竞争力评价体系，运用变异系数法（均值—方差方法）对我国 12 家中资财产险公司和 8 家外资财产险公司进行了核心竞争力分析。变异系数法通过判断变异系数的大小，对评价指标赋予不同的权重，克服了主观赋权造成的评价结果失真的影响，而且其操作简便，有较好的实用性。

（五）熵权法

熵权法主要用来确定指标权重值的大小，其中的“熵”是用来衡量研究总体无序程度大小的。当指标提供的信息量比较大时，该指标的信息熵就会比较小，所以它在综合评价中所起的作用就比较大，在进行评价时所赋权重就应该比较高。

李杭蔚和刘强（2010）从盈利能力、流动能力、规模优势、发展能力、经营能力及人力资源 6 方面构建了一个比较全面而系统的保险业竞争力指标体系，利用熵权法与 Topsis 法相结合对 4 家上市保险公司进行了实证分析，并深入比较了各保险公司竞争力的优势与不足。谢琛（2016）利用熵权法对 4 家财产险公司财务报表中得到的评价指标赋予权重，进行综合评分，从而得出财险公司的竞争力评价。

（六）回归分析法

石红莲和董蕊（2018）根据1990～2016年的时间序列数据，构建VAR模型，对影响我国保险服务贸易国际竞争力的相关因素展开了实证探究，研究认为，保险业总资产、保险从业人数、城镇居民人均可支配收入、保险费率、货物贸易出口额和外商直接投资等因素在一定程度上都会影响到保险服务贸易竞争力。

代建军和陈晓霞（2018）引入面板数据模型，选取2015～2017年内蒙古重乡重镇保险市场数据，建立旗县中心镇、国家级重点镇、国家级贫困及省级贫困旗县覆盖镇等几个截面，对重乡重镇保险市场竞争力进行实证分析，探索影响乡镇保险市场竞争力的相关因素。

总之，在研究保险公司竞争力的相关文献中，常用的、公认度较高的评价分析方法主要有主成分分析法和因子分析法；使用过但研究成果较少的方法有模糊综合分析法、数据包络分析法（DEA）；其他在个别文献中出现的方法包括均值—方差法、多元回归分析法、灰色关联分析等。由于主成分分析法的原理比较容易理解，建模步骤明确，局限性和主观性较小，且能够使用SPSS等统计软件直接进行计算，因而我们选用主成分分析法进行保险公司竞争力的评价研究。

第三节 保险公司竞争力评价指标体系的构建与原则

根据保险公司竞争力的定义和保险公司负债经营的特征，本报告首先通过构建盈利能力、资本管理能力、经营能力、风险管理能力和业务发展能力5个一级指标反映保险公司竞争力的不同方面；其次，在每个一级指标下面构建若干个二级指标；最后，通过对所有二级指标的综合分析得到保险公司综合竞争力的评价。同时，通过对一级指标下面的二级指标的分析得到保险公司一级指标竞争力的评价。

由于人身险公司和财产险公司的经营模式、发展思路、监管要求等方面都有所区别，因此在构建二级指标时，这两类公司的指标有所不同。

一、保险公司竞争力评价指标构建的原则

保险公司竞争力是反映公司生存能力、创新能力和持续发展能力的一个综合性指标。因此在构建指标时，必须能够反映保险公司的经营特点，并能够全面的体现

竞争力的定义。

1. 可得性原则

可得性原则既指具体指标的可量化和可计算性，又指具体数据的可得性。

在进行保险公司竞争力评价时，建立和定义各种指标是不可避免的。此时既要考虑各种指标的具体量化和计算方法，又要考虑各种数据的可获得性。近些年来，虽然我国的信息化建设取得了飞速发展，原中国保监会于2010年6月12日颁布施行了《保险公司信息披露管理办法》，中国银保监会于2018年4月重新颁布了《保险公司信息披露管理办法》，对其进行了补充完善，保险行业协会、各保险公司的官网也为相关研究提供了比较权威和系统的数据，但在进行各种具体研究时，在数据方面仍然显得捉襟见肘。

2. 客观性原则

在构建指标时，既要客观反映人身险公司和财产险公司在经营模式、发展思路、监管要求等方面的区别，又要体现出保险业的发展特点，并真实反映保险公司竞争力的各个不同方面。

3. 均衡性原则

本报告把二级指标分为3类：规模性指标、结构性指标和比率性指标。规模性指标是指保费收入、资产规模等反映公司经营规模的指标；结构性指标是指反映公司当年的经营思路和发展水平的指标，它是由公司自己当年的经营业绩指标计算得到，与公司往年的表现和其他公司无关，例如，综合费用率、综合赔付率、退保率等指标；比率性指标是反映公司经营业绩的年度变化情况的指标，例如，保费收入增长率、净利润增长率等指标。

毋庸讳言，以上各类指标对于不同类别公司竞争力的评价影响是不同的。规模性指标的设立对于成立时间较长的大型保险公司的竞争力评价结果比较有利；比率性指标对于成立时间较短、发展比较迅速的保险公司竞争力的评价结果有利。因此在设立指标时，需要考虑各类指标间的均衡性问题，特别是运用主成分分析法、因子分析法等进行保险公司竞争力评价时，均衡性原则尤其重要。

值得欣慰的是，中央财经大学“保险公司竞争力评价研究”课题组注意到了相关问题。在指标设立时，除了考虑到均衡性原则外，还运用现代多元统计分析法，从公司和指标两个角度，对评价结果进行了 Wilcoxon 符号检验，做稳健性分析。这也是本课题组的一个创新性研究。

二、保险公司竞争力评价指标的构建

盈利能力是指企业获取利润的能力。利润是投资者取得投资收益、债权人收取本息的最终来源，是管理者经营业绩和管理效能的集中体现，也是职工集体福利不断完善的重要保障。因此，企业盈利能力分析十分重要。盈利能力指标包括总资产增长率、总资产收益率、净资产增长率等二级指标。

资本管理能力即资本的筹集、分配及运用的能力，主要表现在偿付能力充足率上。偿付能力一直是保险业监管的重点，保险公司偿付能力是指保险公司偿还债务的能力。2008 年 7 月 10 日，原中国保监会正式发布了《保险公司偿付能力管理规定》，其中第三条规定，保险公司应当具有与其风险和业务规模相适应的资本，确保偿付能力充足率不低于 100%。该项指标主要包括偿付能力充足率、认可资产负债率等二级指标。

保险公司经营能力是一个系统的概念，它指保险公司根据自身的内外部条件制定经营战略与计划的决策能力，以及进行各种活动的组织管理能力的总和。保险公司经营能力的强弱表明了资产的利用程度及使用效率，这在很大程度上决定了保险公司的经营效益以及由此产生的对债务偿付的保障程度。该项指标主要包括资本利用率、综合赔付率、综合费用率等二级指标。

保险公司风险管理是指对风险的识别、衡量和控制的技术方法，也可以指经济主体用以降低风险负面影响的动态连续过程，其目的是直接有效地推动组织目标的实现。保险公司风险管理的总体目标是实现企业价值最大化，企业价值最大化将通过风险成本最小化实现。在经济全球化、金融一体化迅猛发展的今天，保险公司面临的风险越来越大。因此，加强对保险公司风险管理能力的监管是十分必要的。风险管理能力包括流动性比率、融资比例等二级指标。

保险公司业务发展潜力关系到公司的发展前景，例如，保险公司未来的业务发展规模、市场份额占有状况、公司的发展潜力等，因此，该项指标是衡量保险公司未来可持续发展能力的一个重要指标，应该重视对保险公司业务发展潜力的监管。影响保险公司业务发展的因素很多，主要包括原保费收入增长比率、发展系数等二级指标。

三、保险公司竞争力评价结果的科学性

1. 数据信息的公开性原则

数据信息的公开、客观和准确是一切公司评价的基础。为了保证《中国保险

公司竞争力评价研究报告》结果的科学性和可验证性，本报告进行保险公司评价的数据都来源于公开渠道：既有各保险公司的年度信息披露报告、保险公司网站发布的信息，也有中国银保监会网站、中国保险行业协会网站发布的信息以及《中国保险年鉴》等。这样在讨论评价结果时，就有了一个可以共同讨论的数据基础。在此，对中国银保监会等政府部门的信息化建设再次表示感谢！

同时，为了保证数据的可信性、合规性，本报告在第二章专门对我国保险公司的信息披露质量做了一个分析，这也为完善本报告的评价工作提供了一个很好的数据支撑和准备。

2. 评价方法的稳定性原则

即使占有同样的数据，评价方法不同，其评价结果往往也不同，有时候甚至千差万别。

为了保证评价结果的对标较性，评价方法的稳定性至关重要。这里的稳定性有两方面的含义：一是评价方法一旦确定后，就尽量保持不变或者不做大的调整，保持评价结果的继承性和可比较性，使被评价对象对自己的评价结果有一个直观的认识和比较，这也有助于增加评价结果的说服力；二是评价方法能够适用于具体评价的对象、行业或区域，不同类别的公司、行业或者区域可能选用不同的评价方法或者设置不同的参数。具体问题具体分析，没有一成不变的适用所有类别的公司、行业或者区域的评价方法。

3. 评价结果的稳健性原则

稳健性最早来源于财务管理，往往指公司的财务应对各种风险的能力。在这里，稳健性主要考察的是评价方法和指标解释能力的强壮性，也就是当改变某些参数时，评价方法和指标是否仍然对评价结果保持一致、稳定的解释，即如果改变参数设定以后，评价结果发生了显著改变，则说明评价结果不是稳健的，需要寻找问题的所在。

当然，不同的评价方法，参数的设定也有所不同。对于非参数统计方法，人们往往是通过改变指标或者改变部分参选对象来评价结果的稳健性。《2022中国保险公司竞争力评价研究报告》通过运用模糊聚类分析方法，对一些特殊的保险公司、特殊的评价指标进行剔除，并对剔除前后的结果进行非参数检验，分析评价结果的稳健性。

在国内外各种对经营单位的评价研究报告中，运用稳健性方法检验评价结果有效性的做法还不多见，这也是本报告评价工作的一个鲜明特色和创新之处。

第四节　主成分分析方法与模糊聚类分析方法介绍

一、主成分分析法

在各个领域的科学研究中，往往需要对反映事物的多个变量进行大量的观测，收集大量数据以便进行分析、寻找规律。多变量大样本无疑会为科学研究提供丰富的信息，但也在一定程度上增加了数据采集的工作量，更重要的是，在大多数情况下，许多变量之间可能存在相关性，因而增加了问题的复杂性，也给分析带来不便。如果分别分析每个指标，分析可能是孤立的，而不是综合的。盲目减少指标会损失很多信息，容易得出错误的结论。因此，需要找到一个合理的方法，减少分析指标的同时，尽量减少原指标包含信息的损失，从而可以对所收集的资料作全面的分析。由于各变量间存在一定的相关关系，因此有可能用较少的综合指标分别综合评价存在于各变量中的各类信息。主成分分析就是把多个指标化为少数几个综合指标的统计分析方法，它通过几个综合因子（主成分）来代表原来众多的变量，使这些主成分尽可能多地反映原来变量的信息，而且彼此之间互不相关。

主成分分析的步骤如下：

设有 p 项指标的 n 个样本构成矩阵 X：

$$X=\begin{bmatrix} x_{11} & x_{12} & \cdots & x_{1p} \\ x_{21} & x_{22} & \cdots & x_{2p} \\ \vdots & \vdots & & \vdots \\ x_{n1} & x_{n2} & \cdots & x_{np} \end{bmatrix}$$

1. 进行原始数据的标准化

$$Z_{ij}=\frac{X_{ij}-\overline{X}_j}{S_j},\ i=1,\ 2,\ \cdots,\ n;\ j=1,\ 2,\ \cdots,\ p$$

其中，$\overline{X}_j=\frac{1}{n}\sum_{i=1}^{n}X_{ij}$ 为第 j 个变量的均值；$S_j^2=\frac{1}{n-1}\sum_{i=1}^{n}(X_{ij}-\overline{X}_j)^2$ 为第 j 个变量的样本方差。

2. 计算样本的相关系数矩阵 R

$$R=(r_{ij})_{p\times p}$$

其中，$r_{ij} = \frac{1}{n-1}\sum_{k=1}^{n} Z_{ki}Z_{kj}$，$i$，$j=1$，2，…，$p$

3. 求矩阵 R 的特征值 $\lambda_1 \geqslant \lambda_2 \geqslant \cdots \geqslant \lambda_p$ 和特征向量 $U=(u_{ij})_{p\times p}$

特征值 λ_i 是特征方程 $|R-\lambda E|=0$ 的根，它的大小反映了各个主成分在描述所评价对象上所起作用的大小，λ_i 对应的特征向量 U_{*j} 由方程 $(R-\lambda_i E)U_{*j}=0$ 给出。第 i 个主成分可以表示为：

$$F_i = \sum_{j=1}^{p} U_{ij}Z_{*j}, \ i=1, 2, \cdots, p$$

4. 选取主成分数目的判定准则

第 i 个主成分的方差贡献率表示该主成分能解释的原始变量的信息量。

$$\alpha_i = \frac{\lambda_i}{\sum_{i=1}^{p} \lambda_i}$$

对于一般的主成分分析，通常约定累计方差贡献率 $q \geqslant 85\%$，对于约定的累计方差贡献率 q_0，如果有如下关系成立，则取前 k 个主成分进行分析评价。

$$\frac{\sum_{i=1}^{k-1} \lambda_i}{\sum_{i=1}^{p} \lambda_i} < q_0 \leqslant \frac{\sum_{i=1}^{k} \lambda_i}{\sum_{i=1}^{p} \lambda_i}$$

5. 利用主成分得分进行评价分析

利用得到的前 k 个主成分 F_i 作为变量，相应的方差贡献率 λ_i 作为权重，得到主成分加权平均后的得分：

$$G = \frac{\sum_{i=1}^{k} \lambda_i F_i}{\sum_{i=1}^{k} \lambda_i}$$

根据分数的高低可以对各个样本进行排名。

二、模糊聚类分析方法

聚类分析是按照一定的要求和规律将事物进行分类的一种数学方法，它原来是数量统计中多元分析的一个分支（许海洋、汪国安和王万森，2005）。从应用数学的角度来看，在某种程度上对公司的财务和经营状况进行评价，本质上是一个排名和分类工作，即在多大程度上与最优标准（或理想状况）处于同一个层次（寇业富和李晓林，2009）。因此模糊聚类分析方法是从另一种角度对保险公司的业务结构和质量进行分析。

模糊聚类分析的步骤如下（寇业富和李晓林，2009）：

1. 确立指标体系并对指标数据进行预处理

在选择指标时，为了保证分析结果的科学性和适用性，应该将反映保单和公司经营状况的全部重要特性包括进来。

在实际应用中，即使选用了一个较好的算法进行分析研究，但是由于各数据的性质以及数量级的不同，会出现有的指标数据（主要是大数量级的指标）会“吃掉”其余指标数据（小数量级的指标）的情况，从而影响分析的有效性。为弥补这一不足，需要进行数据的预处理。

其中，对于数量级不同以及量纲单位不同的指标，可以选用极差化法，即对于数据矩阵的第 j 列进行如下计算：

$$M_j = \max_{1 \leqslant i \leqslant n} x_{ij}, \quad m_j = \min_{1 \leqslant i \leqslant n} x_{ij}, \quad j = 1, \cdots, m$$

然后，对原数据作变换：

$$x'_{ij} = \frac{x_{ij} - m_j}{M_j - m_j}, \quad i = 1, \cdots, n, \quad j = 1, \cdots, m$$

通过这种方法可以将所有指标的量纲单位消除，变为无量纲量，从而可以消除数额、时间、百分率等单位的不同。

2. 聚类分析

设 $Z = \{x_1, x_2, \cdots, x_n\}$ 是 n 个对象集合，每个对象的特征数据表示为：

$$x_i = (x_{i1}, x_{i2}, \cdots, x_{im}), \quad i = 1, 2, \cdots, n$$

利用标定方法，可以得到两个对象 x_i 和 x_j 的模糊相似关系 r_{ij}，于是就得到模糊相似矩阵 R。用公式表示如下：

$$R = \begin{bmatrix} r_{11} & r_{12} & \cdots & r_{1n} \\ r_{21} & r_{22} & \cdots & r_{2n} \\ \vdots & \vdots & & \vdots \\ r_{n1} & r_{n2} & \cdots & r_{nn} \end{bmatrix}_{n \times n}$$

其中，$r_{ii} = 1$，$r_{ij} = r_{ji}$，$j = 1, 2, \cdots, n$。

定理设 R 是模糊相似矩阵，则存在一个最小自然数 $k \leqslant n$，使 $t(R) = R^k$，并且对一切大于 k 的自然数 q，均有 $R^q = R^k$

该定理说明从一个 Fuzzy 相似矩阵 R 通过求 R 的传递闭包可构造一个 Fuzzy 等价矩阵，并且运算有限次，即不超过 n 次。为了提高运算速度，可以用平方法 $R \rightarrow$

$R^2 \to R^4 \to \cdots R^{2^K} \to \cdots$，经过有限次运算后，一定有一个自然数（$2^k \leqslant n$），使 $R^{2^K} = R^{2^{K+1}}$，于是 $t(R) = R^{2^K}$。利用截关于对 R^{2^K} 进行等价分类，从而得到诸对象的评价结果。

对于众多保险公司来讲，由于其规模、发展定位和发展思路不同，对其进行业务结构的相似性分析及聚类研究将具有实际意义。

第三章
中国人身保险公司竞争力评价分析

保险公司竞争力评价研究是基于公开、客观和科学的原则，即研究方法、评价指标、数据来源等坚持公开、客观和科学的原则。

本报告坚持评价过程和目标要客观有效，避免或者尽量减少人为主观因素的干扰；考虑到结果的敏感性，在有可能使用定量分析的地方，使用定量分析；尽量避免或者减少使用涉及权重选择等主观性问题的评价方法。

一、信息来源说明

保险公司竞争力评价研究的数据主要来源于各个保险公司的年度信息披露报告，少部分指标来源于历年的《中国保险年鉴》和保监会、保险学会、保险行业协会以及各公司的网站信息，即全部数据都是来源于公开渠道。

保险公司的2021年年报信息披露报告主要包括以下5个方面内容：公司简介；年度财务报告及其附注；风险管理状况；产品信息；偿付能力信息。本章主要从以上报表获取数据进行研究。

二、研究对象

根据中国银保监会网站，截至2021年12月31日，中国人身险公司共有91家，其中，中资公司63家，外资公司28家。

国寿养老、长江养老、新华养老、人保养老、恒安标准养老仅经营养老保障管理业务、企业年金、职业年金等业务，暂不经营负债型的人寿保险业务，不适用偿付能力的监管要求。因此，本章对这5家养老保险公司不予评价。

截至2022年5月31日，没有披露2021年年度信息披露报告或者披露内容不完整的有15家公司：国寿存续、民生人寿、天安人寿、富德生命人寿、大家人寿、恒大人寿、中融人寿、长生人寿、华夏人寿、君康人寿、和谐健康、华汇人寿、大家养老、上海人寿、珠江人寿；昆仑健康、德华安顾、鼎诚人寿、瑞华健康、小康人寿的部分指标数据异常，本章不予评价。

保险公司的部分指标数据异常，并不意味着公司经营绩效的“优”或“劣”。由于采用主成分分析法、因子分析法进行竞争力运算，为了避免少数公司的部分指标异常对其他公司的评价结果引起重大、异常的影响，从而使得评价结果不合常理，本报告通过剔除部分公司的方式避免这种情况，这是本报告进行的必要前期数据处理。

上述25家公司，如果有任何问题、建议或者意见，请与本课题组联系。

最后，本课题组共对66家人身险公司进行竞争力评价。

三、特别说明

1. 本章的分析都是采用公开发布的披露数据进行的，根据实质重于形式的原则，对发现的个别公司披露数据存在错误或异样的年报信息进行调整，或者在涉及该指标时进行批注说明。

2. 本章的分析采用的数据皆来源于已公开的资料或本课题组成员的个人分析，本课题组不保证上述信息的完整性与准确性。中国精算研究院不对因使用本报告而产生的一切后果承担责任，只以此作为学术研究以及学界和业界的信息交流与参考。同时，本章的分析为课题组成员的个人观点，并不代表中国精算研究院的观点。有关问题的来源、讨论或争议，请使用电话或电子邮件的方式与本课题组联系。

3. 在本章的评价指标中，有的指标取值越大越好，可以称为正向指标；有的指标取值越小越好，可以称为逆向指标；有的指标取值位于中间的某个值为好。

对于逆向指标，本章均已进行逆向化处理，即逆向化后指标数据的取值越高越好；对于取值位于中间的某个值为好的指标，本章通过构建系数的方式，对此类指标进行处理，经过系数化后的指标取值也是越大越好。

第一节　人身保险公司竞争力指标体系的构建

一、评价指标体系说明

目前国内外还没有一个比较明确的、被广泛接受的“保险公司竞争力”的定义。本报告综合国内外相关研究，结合本课题组的经验和理解，给出保险公司竞争力的定义：保险公司竞争力是保险公司根据行业和自身特点，在市场经济环境中，综合运用其人力、物力、财力等各种资源，获得相对于竞争对手所表现出来的更强的生存能力、创新能力和持续发展能力的总和，是公司综合能力的体现。同时，竞争力是一个相对的概念，强调的是保险行业内竞争者之间的比较。

本章进行的人身保险公司竞争力评价研究以人身保险公司为出发点和落脚点，根据保险公司负债经营的特征以及当前保监会的监管重点，构建了人身保险公司的盈利能力、资本管理能力、经营能力、风险管理能力和发展潜力 5 个一级指标，来反映人身保险公司竞争力的不同方面。首先，在每个一级指标下建立个数不等的二级指标，共有 58 个二级指标；其次，通过对二级指标定量分析得到人身保险公司一级指标的评价结果；最后，对全部二级指标进行定量分析，得到人身保险公司竞争力的综合评价结果。

二、具体指标构建

（一）盈利能力指标

盈利能力指标共有 10 个二级指标，包括 8 个比率分析指标和 2 个规模指标。

1. 总资产收益率

$$总资产收益率 = 净利润 \div \frac{期初总资产 + 期末总资产}{2} \times 100\%$$

2. 净资产收益率

$$净资产收益率 = \frac{净利润}{平均净资产} \times 100\%$$

3. 投资收益率

$$投资收益率 = \frac{投资收益总额}{平均投资资产} \times 100\%$$

4. 净投资收益率

$$净投资收益率 = \frac{利润表中的投资收益 + 其他业务收入}{平均投资资产} \times 100\%$$

5. 承保利润率

$$承保利润率 = \frac{承保利润}{（期初保险业务收入 + 期末保险业务收入）的均值} \times 100\%$$

6. 投资资产占总资产比率

$$投资资产占总资产比率 = \frac{平均投资资产}{平均总资产} \times 100\%$$

7. 净利润

8. 净利润增长率

$$净利润增长率=\frac{当年净利润-上一年净利润}{上一年净利润}\times 100\%$$

9. 人均净利润

$$人均净利润=\frac{净利润总额}{公司职工人数}$$

10. 综合收益率

综合收益率=(利息收入+投资收益+交易类公允价值变动+可供出售类公允价值变动-交易费用及税金+其他综合收益)÷两年平均投资资产

(二)资本管理能力指标

资本管理能力指标共有12个二级指标，包括11个比率和结构分析指标、1个规模指标。

1. 资本管理系数

$$偿付能力充足率(x)=\frac{实际资本}{最低资本}\times 100\%$$

$$资本管理系数=\begin{cases}\dfrac{x-100\%+50\%}{50\%}, & 50\%\leqslant x\leqslant 100\%\\ 1, & 100\%<x\leqslant 300\%\\ \dfrac{300\%+2\ 000\%-x}{2\ 000\%}, & 300\%<x\leqslant 300\%+2\ 000\%\\ 0, & 其他\end{cases}$$

2. 认可资产负债率

$$认可资产负债率=\frac{认可负债}{认可资产}\times 100\%$$

3. 资产认可率

$$资产认可率=\frac{认可资产}{总资产}\times 100\%$$

4. 资本利用率

$$资本利用率=\frac{保险业务收入}{所有者权益}\times 100\%$$

5. 资金成本率

$$资金成本率=\frac{承保利润}{年初保险合同准备金（寿险）}-1年期定期存款利率（取3\%）$$

6. 准备金保费比率

准备金保费比率 = 两年的（未到期责任准备金 + 未决赔款准备金 + 保险保障基金 + 寿险责任准备金 + 长期健康险责任准备金 + 保费准备金 - 应收分保未到期责任准备金 - 应收分保未决赔款准备金 - 应收分保寿险责任准备金 - 应收分保长期健康险责任准备金）均值 ÷ 两年的原保费收入均值

7. 认可资产增长率

$$认可资产增长率 = \frac{期末认可资产 - 期初认可资产}{期初认可资产} \times 100\%$$

8. 所有者权益

9. 资产杠杆系数

$$杠杆比率\ (x) = \frac{总资产}{净资产}$$

$$杠杆比率系数 = \begin{cases} 1, & 3 \leqslant x \leqslant 10 \\ \dfrac{30 - x}{20}, & 10 \leqslant x \leqslant 30 \\ \dfrac{x - 1}{2}, & 1 \leqslant x \leqslant 3 \\ 0, & 其他 \end{cases}$$

10. 资本运用率

资本运用率 =（资本金 + 公积金）÷（资本金 + 公积金 + 未分配利润 + 各项准备金 + 保户储金及投资款 + 资本补充债或应付债券以及其他资金）×100%

11. 资本回报率

资本回报率 =（综合收益 - 保险业务营业税金及附加 - 业务及管理费 - 手续费及佣金 - 报告期退保金额）÷（资本金 + 公积金）×100%

12. 风险调整资本利润率

$$风险调整资本利润率 = \frac{净利润}{最低资本} \times 100\%$$

13. 风险调整资本回报率

风险调整资本回报率 =（综合收益 - 保险业务营业税金及附加 - 业务及管理费 - 手续费及佣金 - 报告期退保金额）÷ 最低资本 ×100%

14. 资本管理绩效增长率

$$资本管理绩效增长率 = \frac{当年净利润}{最低资本} \div \frac{上一年净利润}{最低资本} \times 100\%$$

（三）经营能力指标

经营能力指标由以下12个指标构成，包括11个比率和结构指标与1个规模指标。

1. 可运用资金收益率

$$可运用资金收益率=\frac{投资收益+公允价值变动损益+汇兑损益}{可运用资金}\times 100\%$$

2. 净资产周转率

$$净资产周转率=报告期营业收入合计\div\frac{期初股东权益+期末股东权益}{2}\times 100\%$$

3. 总资产周转率

$$总资产周转率=报告期营业收入合计\div\frac{期初总资产+期末总资产}{2}\times 100\%$$

4. 综合费用率

综合费用率=（业务及管理费+手续费及佣金+分保费用+保险业务营业税金及附加-摊回分保费用）÷已赚保费×100%

5. 综合赔付率

综合赔付率=（赔付支出-摊回赔付支出+提取未决赔款准备金-摊回未决赔款准备金）÷已赚保费×100%

6. 综合费用率增长率

$$综合费用率增长率=\frac{当年综合费用率-上一年综合费用率}{上一年综合费用率}\times 100\%$$

7. 险种集中度系数

$$险种集中度系数=\sum_{i=1}^{5}(前\,i\,种产品各自的保费收入)^2\div(前5种产品保费总收入)^2$$

8. 退保率

退保率=报告期退保金额÷（期初寿险责任准备金+期初长期健康险责任准备金+报告期原保费收入）×100%

9. 报告期营业收入

10. 保险业务收入增长率

$$保险业务收入增长率=\left(\frac{当年保险业务收入}{上一年保险业务收入}-1\right)\times 100\%$$

11. 净利润赔付支出覆盖率

净利润赔付支出覆盖率 = 净利润 ÷ （赔付支出 - 摊回赔付支出 + 提取未决赔款准备金 - 摊回未决赔款准备金） × 100%

12. 保费收入费用增长比

$$保费收入费用增长比 = \frac{当期原保费收入 - 上一期原保费收入}{当期综合费用 - 上一期综合费用}$$

（四）风险管理能力指标

风险管理能力指标由 11 个比率和结构性分析指标构成。

1. 偿付能力充足率

$$偿付能力充足率 = \frac{实际资本}{最低资本} \times 100\%$$

2. 流动性比率

$$流动性比率 = \frac{流动性资产余额}{流动性负债余额} \times 100\%$$

3. 自留保费率

$$自留保费率 = \frac{自留保费}{保险业务收入} \times 100\%$$

4. 自留保费占净资产的比率（肯尼系数）

$$自留保费占净资产的比率 = \frac{自留保费}{（期初所有者权益 + 期末所有者权益）的均值} \times 100\%$$

5. 自留保费增长率

$$自留保费增长率 = \frac{本年自留保费 - 上一年自留保费}{上一年自留保费} \times 100\%$$

6. 准备金安全率

准备金安全率 = 两年的所有者权益均值 ÷ 两年的（未到期责任准备金 + 未决赔款准备金 + 保险保障基金 + 寿险责任准备金 + 长期健康险责任准备金 - 应收分保未到期责任准备金 - 应收分保未决赔款准备金 - 应收分保寿险责任准备金 - 应收分保长期健康险责任准备金）均值 × 100%

7. 保险负债占总资产的比率

$$保险负债占总资产的比率 = \frac{保险负债}{总资产} \times 100\%$$

8. 现金盈余保障倍数

$$现金盈余保障倍数=\frac{经营活动净现金流}{净利润}$$

9. 收现比

收现比 =（经营活动、投资活动、筹资活动的现金流入合计 + 汇率变动对现金及现金等价物的影响额）÷营业收入合计

10. 付现比

付现比 =（经营活动、投资活动、筹资活动的现金流出合计 + 汇率变动对现金及现金等价物的影响额）÷营业支出合计

11. 资产杠杆率

$$资产杠杆率=\frac{总资产}{净资产}$$

（五）发展潜力指标

发展潜力指标由以下 11 个指标构成，包括 9 个比率分析指标和 2 个规模指标。

1. 发展系数

$$发展系数=\frac{公司保费收入增量份额}{人身险市场保费收入增量份额}\times 100\%$$

2. 综合收益增长率

$$综合收益增长率=\frac{当年综合收益额-上一年综合收益额}{上一年综合收益额}\times 100\%$$

3. 总资产增长率

$$总资产增长率=\frac{期末总资产-期初总资产}{期初总资产}\times 100\%$$

4. 净资产增长率

$$净资产增长率=\frac{期末所有者权益-期初所有者权益}{期初所有者权益}\times 100\%$$

5. 市场拓展能力

$$市场拓展能力=\frac{公司原保费收入}{实收资本（股本）}$$

6. 人均产能

$$人均产能=\frac{营业收入合计}{公司职工人数}$$

7. 分支机构数目

分支机构数目指设立分公司的数目，包括在省级和经济单列市的分公司数目。

8. 万张保单投诉量

9. 应收保费周转率

$$应收保费周转率=\frac{报告期原保费收入}{（期初应收保费+期末应收保费）的均值}\times 100\%$$

10. 保险业务收入增长率

$$保险业务收入增长率=\frac{当年保险业务收入-上一年保险业务收入}{当年保险业务收入}\times 100\%$$

11. SARMRA 得分

第二节 2021 年中国人身保险公司综合竞争力评价结果与分析

在确定了指标和提取数据后，为了保证对人身保险公司竞争力评价的客观性和科学性，首先根据指标的正向和逆向，进行数据的预处理、统一，使处理后的全部指标数据为正向，即其数据愈大愈好；其次，指标数据中有些是比率指标，有些是数值指标，为了避免“以大欺小”以及避免指标单位对评价结果的影响，本报告对全部数据进行归一化处理，即全部指标数据都在 0 ~ 1 间取值；最后在运用主成分分析方法进行综合竞争力评价时，对全部 58 个二级指标数据进行分析处理。因此，二级指标与一级指标的隶属关系不影响综合竞争力的评价结果。

为了便于对人身保险公司的业绩进行比较，以下披露的各个人身保险公司的二级指标数据都进行了逆向化处理，即得分高着意味着对一级指标具有较大的“正向”作用，得分低者意味着对一级指标具有较小的“负向”作用。同时，根据综合运用主成分分析、因子分析得到的对保险公司综合竞争力以及一级指标的评价结果，设定最高分不超过 100 分，最低分不低于 40 分。

一、2021 年人身险公司综合竞争力的得分与排名

经预处理后，本报告得到 66 家人身险公司的 58 个二级指标数据。为了更好的

反映保险公司竞争力的实际情况，并根据保险业发展阶段和监管要求，本课题组选择5个指标进行了加权处理，这样就得到一个66×63数据矩阵。利用主成分分析法，共选取16个主成分，其累计解释率达到85.24%，每个主成分都是这些二级指标的线性组合（见图3－1）。

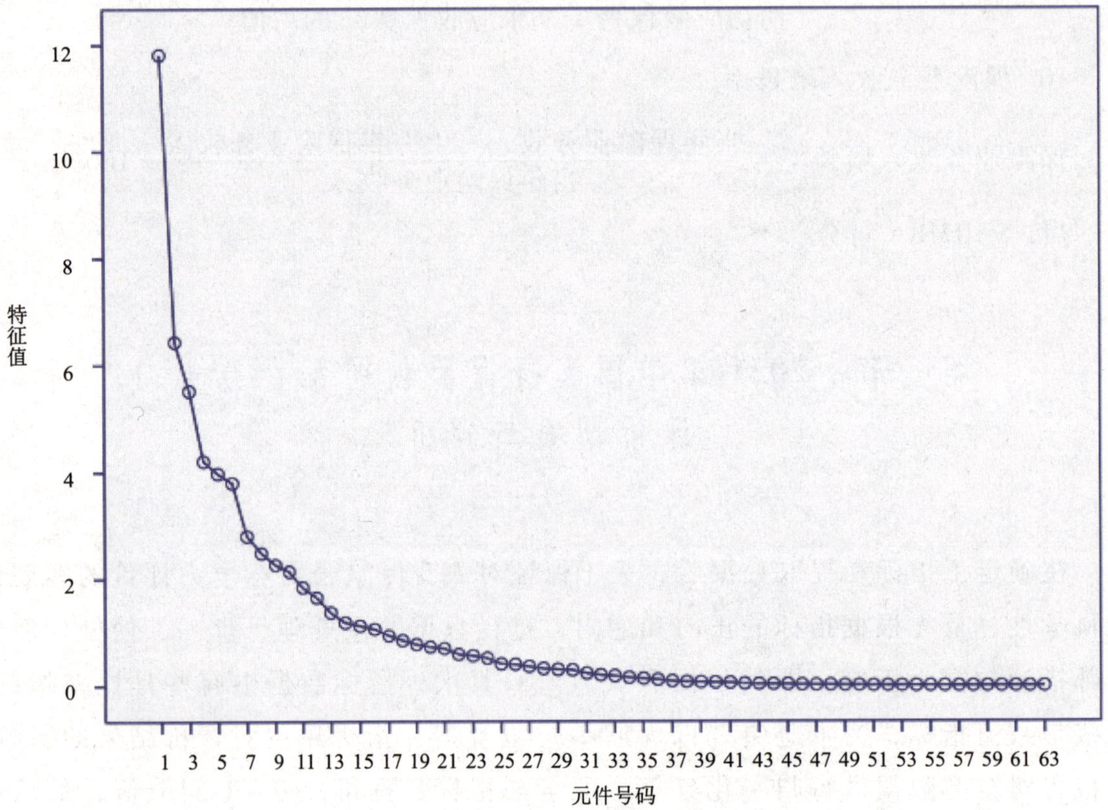

图3－1 人身险公司综合竞争力分析的陡坡图（碎石图）

选取这16个主成分后，各人身保险公司综合竞争力的评价结果见表3－1。

表3－1 2021年中国人身保险公司综合竞争力得分及排名

公司名称	排名	得分	公司名称	排名	得分
中国人寿	1	100.0	太平人寿	6	88.4
平安人寿	2	98.8	友邦人寿	7	87.9
泰康人寿	3	94.0	大都会人寿	8	86.0
太保寿险	4	93.5	百年人寿	9	85.7
新华人寿	5	88.4	中邮人寿	10	84.5

续表

公司名称	排名	得分	公司名称	排名	得分
信美人寿	11	83.6	长城人寿	39	72.0
招商信诺	12	81.7	华贵人寿	40	71.5
弘康人寿	13	81.7	中华人寿	41	71.3
中信保诚	14	81.4	工银安盛	42	71.0
国华人寿	15	79.4	爱心人寿	43	70.9
信泰人寿	16	79.4	陆家嘴国泰	44	69.9
泰康养老	17	79.4	幸福人寿	45	69.8
平安健康	18	78.8	同方全球	46	69.3
前海人寿	19	77.7	中荷人寿	47	69.2
人保寿险	20	77.2	合众人寿	48	69.1
人保健康	21	77.0	光大永明	49	67.4
交银康联	22	76.7	招商仁和	50	66.5
东吴人寿	23	75.7	恒安标准	51	66.3
复星联合健康	24	75.4	利安人寿	52	66.0
阳光人寿	25	75.2	国联人寿	53	65.7
建信人寿	26	75.2	华泰人寿	54	65.4
农银人寿	27	75.0	渤海人寿	55	65.3
太保健康	28	75.0	北京人寿	56	64.7
中宏人寿	29	75.0	汇丰人寿	57	61.5
国宝人寿	30	73.9	瑞泰人寿	58	61.4
平安养老	31	73.8	海保人寿	59	60.4
中意人寿	32	73.4	和泰人寿	60	59.0
中英人寿	33	73.3	君龙人寿	61	58.0
横琴人寿	34	73.2	国富人寿	62	57.6
太平养老	35	73.2	三峡人寿	63	57.3
中德安联	36	72.9	中银三星	64	55.7
财信吉祥	37	72.3	复星保德信	65	48.2
英大人寿	38	72.0	中韩人寿	66	40.0

二、结论与分析

本报告在2020年研究的基础上，根据影响当前中国人身险公司的发展和中国保监会的监管要求等各方面因素，修改完善了人身险公司竞争力评价指标体系。根据此评价指标体系，本报告应用主成分分析法对中国人身险公司的竞争力进行了经验分析。随着国际经济金融危机和我国经济结构的调整，中国保险业的发展逐渐克服了一些困难和瓶颈。2021 年，中国人身险保费收入为 33 229 亿元，同比减少 0.30%；中国人身险公司保险金额为 1 285.9 万亿元，比 2020 年（1 198.0 万亿元）增加 7.34%；中国人身险公司资产总额为 21.39 万亿元，比 2020 年（19.98 万亿元）增加 7.06%。

基于公开的数据和本课题组的评价体系，2021 年中国人身险公司综合竞争力评价的基本情况如下。

1. 盈利能力方面

参评的 66 家人身险公司的盈利能力表现差别较大，整体来看，中资人身险公司占有一定的优势。

在盈利能力竞争力排名前 10 位的公司中，有 5 家外资保险公司，分别是友邦人寿、大都会人寿、中宏人寿、汇丰人寿、同方全球（分别排名第 2、第 4、第 7、第 8、第 9），其余 5 家都是中资保险公司。在盈利能力排名前 10 位的保险公司中，中、外资保险公司的盈利能力基本可以说是“平分秋色”，相比较而言，中资保险公司的盈利能力尚有待加强。显然，在强调“保险姓保”、经营发展保障性产品方面，中资人身险公司还有很多地方需要向外资人身险公司学习；同时人身险公司在注重规模、份额的同时，投资收益、技术等还有待加强完善。

2. 资本管理能力方面

2021 年，中国人身险公司的资本管理能力得到大幅度提高。其中，中资人身险公司的资本管理能力今年表现比较突出，占有比较明显的优势。这说明中资人身险公司在资本实力、资本管理能力等方面取得了比较明显的发展。

在资本管理能力方面，有的人身险公司的资本管理系数远低于 1，主要是这些公司的偿付能力充足率太高，资本运用太不充分。

在资本管理能力竞争力排名前 10 位的人身险公司中，全部为中资保险公司，相较于 2020 年有两家外资保险公司入围，可以说在保险公司的资本管理能力方面，在资本实力、资本管理、保护公司权益等方面，中资人身险公司取得了比较明显的进步。

3. 经营管理能力方面

2021 年，各人身险公司的综合成本率居高不下，基本都在 100% 左右。因此，承保利润形势严峻。整体而言，各人身险公司综合赔付率和综合费用率相对差异不大，超过一半的参评人身险公司综合成本率高于 95%。

在经营能力竞争力排名前10位的人身险公司有9家是中资保险公司，外资保险公司友邦人寿排名第7名，中国人寿、平安人寿和太保寿险分别排名第1名、第2名、第3名。与前两个年度的经营管理能力评价进行比较，入围前10名的中资保险公司基本稳定在8家左右，说明中资人身险公司的经营管理能力建设比较稳健，近几年的公司建设和监管取得了比较明显的成效。

4. 风险管理能力方面

根据2021年人身险公司风险管理能力评价结果数据，中资人身险公司的风险管理能力的优势较明显。在风险管理能力竞争力排名前10位的公司中，中资保险公司有8家入围，从数量上看占有明显的优势。与2020年和2019年的评价结果进行比较发现，风险管理能力排名入围前10的中资保险公司基本在8家左右，说明中国保险公司的风险管理能力建设取得了比较明显的进步，中资、外资保险公司风险管理能力建设方面基本保持了均衡。需要注意的是，在分出再保能力方面，中资保险公司还有许多需要学习和改进的地方。

5. 发展潜力方面

在发展潜力方面，与前几年不同的是，外资人身险公司发展势头较猛。在发展潜力排名前10位的公司中，有7家是中资人身保险公司，3家是外资保险公司。其中，友邦人寿、中信保诚和大都会人寿分别排名第4、第9和第10，得分分别是93.5分、89分和88.8分。中资人身险公司在市场拓展能力、资本运用充分率、分支机构数目等方面优势明显。

基于上述5个方面，66家人身保险公司中，中资保险公司的综合竞争力占有一定的优势。在排名前10位的人身险公司中有8家是中资保险公司，2家外资保险公司入围（友邦人寿，排名第7；大都会人寿，排名第8）；在排名前20位的人身险公司中，有5家外资保险公司，分别是（友邦人寿、大都会人寿、招商信诺、中信保诚、平安健康）。

第三节　2021年中国人身保险公司综合竞争力一级指标的评价结果与分析

根据定义，人身保险公司的综合竞争力评价含有盈利能力、资本管理能力、经营能力、风险管理能力和发展潜力5个一级指标。各一级指标下含有数量不等的二级指标。本节基于二级指标，运用主成分分析法对各公司一级指标的表现情况进行评价和分析。

一、2021年人身险公司盈利能力的排名与分析

在数据预处理后，本部分根据66家人身险公司盈利能力的10个二级指标数据，得到一个66×10数据矩阵。根据主成分分析法，选取5个主成分，其方差贡献解释率为88.29%，每个主成分都是这10个二级指标的线性组合（见表3-2）。

表3-2　　2021年人身险公司盈利能力竞争力得分与排名

公司名称	排名	得分	公司名称	排名	得分
泰康人寿	1	100.0	复星联合健康	34	71.6
友邦人寿	2	94.3	人保寿险	35	70.9
中国人寿	3	90.8	阳光人寿	36	70.3
大都会人寿	4	87.6	弘康人寿	37	70.2
东吴人寿	5	87.0	君龙人寿	38	67.6
平安人寿	6	85.1	中邮人寿	39	66.8
中宏人寿	7	85.0	渤海人寿	40	66.7
汇丰人寿	8	84.1	太平养老	41	66.6
同方全球	9	81.6	农银人寿	42	66.5
新华人寿	10	81.6	海保人寿	43	66.5
太保寿险	11	80.6	百年人寿	44	66.3
中德安联	12	80.5	太保健康	45	66.3
财信吉祥	13	80.2	英大人寿	46	65.8
幸福人寿	14	79.2	前海人寿	47	64.4
中意人寿	15	78.4	国富人寿	48	62.4
华贵人寿	16	78.3	瑞泰人寿	49	62.3
国联人寿	17	77.9	复星保德信	50	61.4
中信保诚	18	77.9	建信人寿	51	61.0
太平人寿	19	77.7	人保健康	52	60.9
信美人寿	20	77.6	中荷人寿	53	59.7
中英人寿	21	76.9	泰康养老	54	58.9
中华人寿	22	76.1	信泰人寿	55	55.3
华泰人寿	23	75.8	北京人寿	56	54.6
横琴人寿	24	75.4	长城人寿	57	53.6
交银康联	25	75.3	利安人寿	58	51.6
招商信诺	26	75.0	招商仁和	59	50.0
国宝人寿	27	75.0	中韩人寿	60	49.4
陆家嘴国泰	28	74.3	和泰人寿	61	49.3
国华人寿	29	73.7	平安养老	62	49.2
工银安盛	30	73.5	爱心人寿	63	48.5
光大永明	31	73.1	合众人寿	64	43.7
平安健康	32	72.4	三峡人寿	65	43.6
恒安标准	33	72.3	中银三星	66	40.0

从表 3－2 可以看出，2021 年人身险市场中盈利能力排名前 3 位的依次是泰康人寿、友邦人寿和中国人寿，在百分制基准下，其得分分别为 100.0 分、94.3 分和 90.8 分。

在参评的 66 家人身险公司中，盈利能力得分最高的为泰康人寿（100.0 分），得分最低的为中银三星（40.0 分），平均得分为 69.6 分，得分高于平均分（含）的人身险公司有 37 家，占比为 56.1%。其中，得分在 90 分以上的人身险公司有 3 家，得分在 80～90 分的人身险公司有 10 家，得分在 70～80 分的人身险公司有 24 家，得分在 60～70 分的人身险公司有 15 家，得分在 60 分以下的人身险公司有 14 家。

图 3－2 显示了盈利能力排名前 10 位的人身险公司，依次是泰康人寿、友邦人寿、中国人寿、大都会人寿、东吴人寿、平安人寿、中宏人寿、汇丰人寿、同方全球人寿和新华人寿。

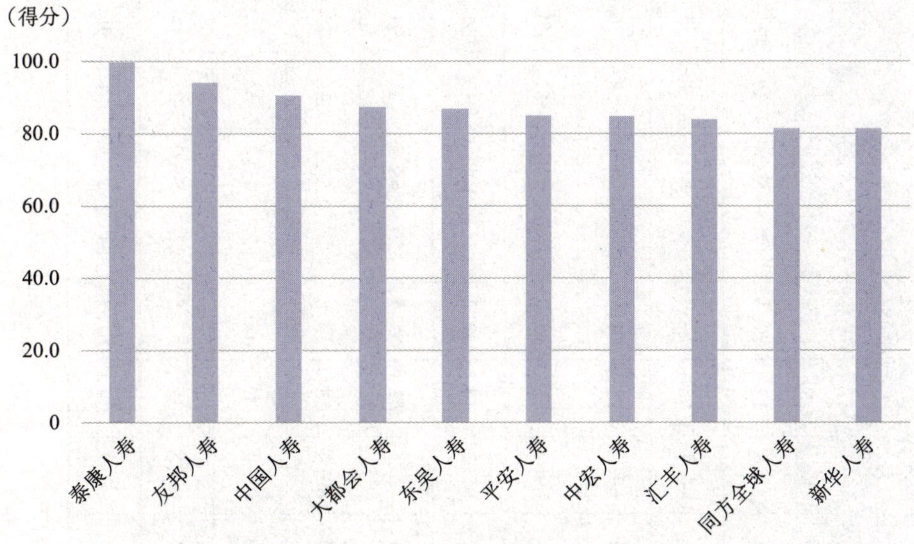

图 3－2　盈利能力排名前 10 位的人身险公司及其得分

总体来看，排名前 10 位的人身险公司得分相差不大，分布比较均衡，说明其盈利能力没有明显差别。

（一）盈利能力排名前 10 位的人身险公司二级指标的排名与得分

盈利能力是反映保险公司竞争力的一项重要指标，表 3－3 具体分析了盈利能力排名前 10 位的人身险公司的盈利能力二级指标的情况，给出了盈利能力体系下的 10 个二级指标的得分和排名。此表格为分析这 10 家人身险公司的盈利情况提供了一个可以进行比较分析的平台。

表 3-3 盈利能力排名前 10 位的人身险公司二级指标的表现

公司名称	总资产收益率		净资产收益率		投资收益率		净投资收益率		承保利润率		投资资产占总资产的比率		净利润		净利润增长率		人均净利润		综合收益率	
	排名	得分	排名	得分	排名	得分	排名	得分	排名	得分	排名	得分	排名	得分	排名	得分	排名	得分	排名	得分
泰康人寿	3	95.7	2	99.2	17	84.8	13	87.6	17	59.4	39	71.5	3	99.3	23	80.3	2	99.2	18	82.7
友邦人寿	2	99.8	1	100.0	23	74.7	53	54.7	12	61.9	9	93.7	7	74.0	3	83.1	1	100.0	26	69.5
中国人寿	21	81.5	18	80.3	30	69.8	22	71.8	51	50.1	35	76.0	1	100.0	42	80.1	13	84.9	24	73.2
大都会人寿	1	100.0	3	97.4	29	69.9	7	95.7	10	62.4	61	44.4	18	46.3	21	80.4	22	76.3	33	64.5
东吴人寿	32	70.5	41	65.1	6	95.2	15	82.2	1	100.0	43	65.1	40	43.4	20	80.4	40	62.6	10	88.7
平安人寿	11	85.4	8	90.3	64	42.5	51	55.5	5	68.5	8	94.8	2	100.0	57	79.7	12	85.3	55	51.8
中宏人寿	5	90.5	15	82.1	10	89.0	59	50.8	35	53.5	36	75.0	16	46.9	46	80.0	10	86.6	12	85.9
汇丰人寿	25	77.4	34	68.1	4	98.9	1	100.0	62	45.3	64	40.2	44	43.1	5	82.0	37	64.5	2	99.8
同方全球	12	85.3	19	79.8	12	88.5	45	57.5	27	56.0	23	84.5	31	44.0	54	79.8	29	68.4	7	93.5
新华人寿	13	85.1	11	85.1	38	63.9	37	61.7	53	49.5	6	96.3	5	89.7	36	80.1	8	89.0	42	61.2

泰康人寿在盈利能力排名中位列第1名，主要是因为其盈利能力的大多数指标得分均处于中上游水平，并且部分指标表现优异。在其各项指标中，总资产收益率、净资产收益率、净利润、人均净利润4项指标均位于66家人身险公司中的前2名、前3名。并且除了投资资产占总资产的比率指标，其余指标都排在30名之前，总体表现较好。

友邦人寿在盈利能力排名中位列第2名，主要是因为其在净资产收益率、人均净利润（两项指标均是排名第1，得分100.0分）、净利润增长率、总资产收益率、净利润（均位列前10名）等指标上的优秀表现。友邦人寿在净投资收益率上还有较大的发展空间。

中国人寿在盈利能力排名中位列第3名，主要是因为其在净利润这一规模指标上的突出表现，除了指标净利润增长率、承保利润率、投资资产占总资产比这3项指标排名比较靠后外，其他指标全都位于前30名，总体表现良好。

从整体上看，这些盈利能力排名前10位的人身险公司在总资产收益率、净资产收益率、投资收益率、净投资收益率、人均净利润和综合收益率等指标上的表现都比较优良，多数进入排名的前20位。说明这10家公司的投资能力和经营水平总体上相当不错。但其中部分指标存在两极分化现象，如净投资收益率、承保利润率指标、投资资产占总资产的比率，多数公司表现优异而少数1~2家公司得分落入后10名。

在投资资产占总资产的比率这一指标上，10家公司的表现差别较大，盈利能力排名前10位的公司中，得分最高的新华人寿（第6名，96.3分）与得分最低的汇丰人寿（第64名，40.2分）相差56.1分。在承保利润率指标上，10家公司的表现也参差不齐，其中得分最高的为东吴人寿（第1名，100.0分），最低的为汇丰人寿（第62名，45.3分）。

（二）盈利能力各二级指标排名前10位的人身险公司的情况

表3-4反映了盈利能力各二级指标排名前10位的人身险公司及其得分情况。

由表3-4可以看出，投资资产占总资产的比率排名前10位的人身险公司得分在93.4~100.0分，说明这些人身险公司在该指标上尽管有差别，但差异并不明显。

2021年，中国各家人身险公司的盈利能力差距比较明显。差异较大的指标主要是承保利润率（从东吴人寿的100.0分至大都会人寿的62.4分）和净利润（从中国人寿的100.0分至中信保诚的53.7分）两项指标，表明这两项指标对各家人身险公司盈利能力的排名影响较大；友邦人寿在净资产收益率、人均净利润两项指标上均领先于其他各家公司。

表3-4 盈利能力各二级指标排名前10位的人身险公司及其得分情况

二级指标 / 排名	总资产收益率	净资产收益率	投资收益率	净投资收益率	承保利润率	投资资产占总资产的比率	净利润	净利润增长率	人均净利润	综合收益率
	公司名称（得分）	公司名称（得分）	公司名称（得分）	公司名称（得分）	公司名称（得分）	公司名称（得分）	公司名称（得分）	公司名称（得分）	公司名称（得分）	公司名称（得分）
1	大都会人寿（100.0）	友邦人寿（100.0）	国联人寿（100.0）	汇丰人寿（100.0）	东吴人寿（100.0）	太保寿险（100.0）	中国人寿（100.0）	信美人寿（100.0）	友邦人寿（100.0）	中华人寿（100.0）
2	友邦人寿（99.8）	泰康人寿（99.2）	中华人寿（99.9）	国联人寿（99.9）	弘康人寿（100.0）	人保寿险（98.3）	平安人寿（100.0）	人保健康（84.0）	泰康人寿（99.2）	汇丰人寿（99.8）
3	泰康人寿（95.7）	大都会人寿（97.4）	君龙人寿（99.5）	渤海人寿（99.2）	国华人寿（94.3）	农银人寿（98.2）	泰康人寿（99.3）	友邦人寿（83.1）	中德安联（94.4）	君龙人寿（99.7）
4	中德安联（91.5）	中信保诚（93.6）	汇丰人寿（98.9）	复兴保德信（98.6）	农银人寿（74.9）	阳光人寿（97.7）	太保寿险（95.9）	幸福人寿（83.0）	交银康联（94.0）	国联人寿（99.6）
5	中宏人寿（90.5）	中德安联（91.9）	复兴保德信（96.7）	中华人寿（98.5）	平安人寿（68.5）	幸福人寿（97.1）	新华人寿（89.7）	汇丰人寿（82.0）	信美人寿（92.7）	复兴保德信（96.9）
6	中信保诚（90.2）	太保寿险（91.7）	东吴人寿（95.2）	平安养老（95.9）	国宝人寿（67.2）	新华人寿（96.3）	太平人寿（77.7）	光大永明（81.7）	中邮人寿（91.9）	横琴人寿（95.2）
7	太平养老（89.9）	陆家嘴国泰（91.2）	国富人寿（91.3）	大都会人寿（95.7）	人保人寿（65.0）	陆家嘴国泰（95.8）	友邦人寿（74.0）	国华人寿（81.1）	招商信诺（89.2）	同方全球（93.5）
8	中英人寿（88.8）	平安人寿（90.3）	华贵人寿（90.2）	国宝人寿（93.5）	海保人寿（64.0）	平安人寿（94.8）	阳光人寿（60.3）	华贵人寿（81.1）	新华人寿（89.0）	渤海人寿（92.8）
9	陆家嘴国泰（88.3）	信美人寿（88.7）	横琴人寿（89.6）	横琴人寿（91.5）	幸福人寿（62.9）	友邦人寿（93.7）	人保寿险（58.8）	复兴联合健康（80.9）	陆家嘴国泰（86.7）	国富人寿（92.3）
10	恒安标准（88.2）	太平人寿（87.7）	中宏人寿（89.0）	君龙人寿（90.9）	大都会人寿（62.4）	中邮人寿（93.4）	中信保诚（53.7）	信泰人寿（80.9）	中宏人寿（86.6）	东吴人寿（88.7）

（三）盈利能力结构的模糊聚类分析

聚类分析是数理统计中的一种多元分析方法，它是用数学方法定量地确定研究对象的亲疏关系，从而客观地划分类型以及度量研究对象之间的相似程度。事物之间的界限，有些是确切的，有些则是模糊的。当聚类涉及事物之间的模糊界限时，就需运用模糊聚类分析方法。

本部分根据人身险公司在盈利能力二级指标上的得分，运用模糊聚类方法分析各人身险公司之间的相似程度，为各公司之间的盈利能力比较提供一个新的方法和视角。模糊聚类分析是基于“物以类聚、人以群分”的观念比较分析各人身险公司之间经营结构上的近似程度，不是优劣评价。

由表 3－5 可以看出，处于主对角线上的值均为 1.00，显然，各家人身险公司和自己的相似与贴近程度为 100%。盈利能力排名前 10 位的人身险公司之间各项指标的相似性差别很大，介于 0.13～1.00，相似度的最低值同比有所下降，最高值同比有所升高。

表 3－5　　盈利能力排名前 10 位的人身险公司的模糊聚类等价分析矩阵

	泰康人寿	友邦人寿	中国人寿	大都会	东吴人寿	平安人寿	中宏人寿	汇丰人寿	同方全球	新华人寿
泰康人寿	1.00	0.15	0.14	0.14	0.14	0.14	0.14	0.13	0.13	0.13
友邦人寿	0.15	1.00	0.98	0.98	0.74	0.97	0.46	0.94	0.95	0.94
中国人寿	0.14	0.98	1.00	1.00	0.73	1.00	0.45	0.96	0.96	0.96
大都会	0.14	0.98	1.00	1.00	0.73	1.00	0.45	0.96	0.96	0.96
东吴人寿	0.14	0.74	0.73	0.73	1.00	0.73	0.56	0.71	0.71	0.71
平安人寿	0.14	0.97	1.00	1.00	0.73	1.00	0.45	0.96	0.96	0.96
中宏人寿	0.14	0.46	0.45	0.45	0.56	0.45	1.00	0.44	0.44	0.44
汇丰人寿	0.13	0.94	0.96	0.96	0.71	0.96	0.44	1.00	0.99	1.00
同方全球	0.13	0.95	0.96	0.96	0.71	0.96	0.44	0.99	1.00	0.99
新华人寿	0.13	0.94	0.96	0.96	0.71	0.96	0.44	1.00	0.99	1.00

盈利能力指标表现相似程度较高的是中国人寿、平安人寿和大都会人寿，以及新华人寿和汇丰人寿，这几家公司之间的相似度均为 1.00，说明这几家公司的盈利能力和模式具有较高的相似性和对标性。

比较有特点的公司是泰康人寿，它与其余 9 家排名进入前 10 位的人身险公司的相似度介于 0.13～0.15，位于矩阵中的最低分数段，说明该公司与其他 9 家人身险公司的盈利能力对标性不强。这是一个值得进一步关注和研究的现象。

从表 3－5 的数据来看，各家人身险公司的盈利能力和模式对标性差距较大，这也从另一个方面说明中国人身险公司的盈利能力和水平仍需进一步提高。在国际经济危机和国内经济结构调整的过程中，中国寿险企业如何提升自身的盈利能力，在市场中发现和挖掘盈利模式，仍然是中国寿险业面临的一个严峻的问题。

二、2021 年人身险公司资本管理能力的排名分析

在数据预处理后，本部分根据参评的66家人身险公司资本管理能力的15个二级指标数据，得到一个66×15数据矩阵；根据主成分分析法，选取了8个主成分，其方差贡献解释率为86.96%，每个主成分都是这15个二级指标的线性组合（见表3－6）。

表3－6　2021年人身险公司资本管理能力得分与排名

公司名称	排名	得分	公司名称	排名	得分
中国人寿	1	100.0	利安人寿	34	72.8
信泰人寿	2	96.4	交银康联	35	72.7
弘康人寿	3	96.3	幸福人寿	36	72.6
百年人寿	4	95.8	中荷人寿	37	72.3
平安人寿	5	95.7	平安养老	38	72.3
爱心人寿	6	93.5	阳光人寿	39	72.0
信美人寿	7	92.0	招商仁和	40	71.8
复星联合健康	8	91.6	工银安盛	41	71.7
华贵人寿	9	89.9	北京人寿	42	71.6
中华人寿	10	88.6	同方全球	43	70.8
合众人寿	11	88.4	陆家嘴国泰	44	70.7
太保寿险	12	87.8	东吴人寿	45	70.6
横琴人寿	13	87.7	中意人寿	46	70.6
太平人寿	14	87.2	中宏人寿	47	70.5
国宝人寿	15	84.7	君龙人寿	48	69.2
前海人寿	16	84.2	中英人寿	49	68.9
平安健康	17	84.1	友邦人寿	50	68.9
泰康人寿	18	83.6	国联人寿	51	68.8
大都会人寿	19	83.5	长城人寿	52	67.3
中银三星	20	82.5	中德安联	53	66.8
农银人寿	21	82.1	国富人寿	54	66.6
新华人寿	22	81.6	复星保德信	55	66.5
人保寿险	23	81.1	华泰人寿	56	66.1
中邮人寿	24	81.0	和泰人寿	57	65.1
英大人寿	25	80.9	三峡人寿	58	65.1
光大永明	26	79.7	平安养老	59	65.0
建信人寿	27	78.5	泰康养老	60	64.4
人保健康	28	78.2	恒安标准	61	64.2
渤海人寿	29	76.5	汇丰人寿	62	64.2
中信保诚	30	74.2	海保人寿	63	62.6
太保健康	31	73.4	瑞泰人寿	64	58.6
财信吉祥	32	73.3	中韩人寿	65	49.1
国华人寿	33	72.9	招商信诺	66	40.0

由表 3－6 可以看出，2021 年中国人身险市场上资本管理能力排名前 3 位的保险公司依次是中国人寿、信泰人寿和弘康人寿。在百分制基准下，它们的得分分别为 100.0 分、96.4 分和 96.3 分。

在参评的 66 家人身险公司中，资本管理能力得分最高的是中国人寿（100.0 分），得分最低的是招商信诺（40.0 分），平均得分为 76.0 分，得分高于平均分的人身险公司共有 29 家，占比约为 43.9%。得分在 90 分以上的人身险公司有 8 家，得分在 80～90 分的人身险公司有 17 家，得分在 70～80 分的人身险公司有 22 家，得分在 60～70 分的人身险公司有 16 家，60 分以下的人身险公司有 3 家。

图 3－3 显示了资本管理能力排名前 10 位的人身险公司，它们依次是中国人寿、信泰人寿、弘康人寿、百年人寿、平安人寿、爱心人寿、信美人寿、复星联合健康、华贵人寿、中华人寿。其中，第 1 名中国人寿的得分为 100.0 分；第 2 名信泰人寿的得分为 96.4 分；第 3 名弘康人寿的得分为 96.3 分；第 4 名百年人寿的得分为 95.8 分；第 5 名平安人寿的得分为 95.7 分。资本管理能力排名前 5 位的优势比较明显，第 6 名（爱心人寿，93.5 分）至第 10 名（中华人寿，88.6 分）分差并不显著。

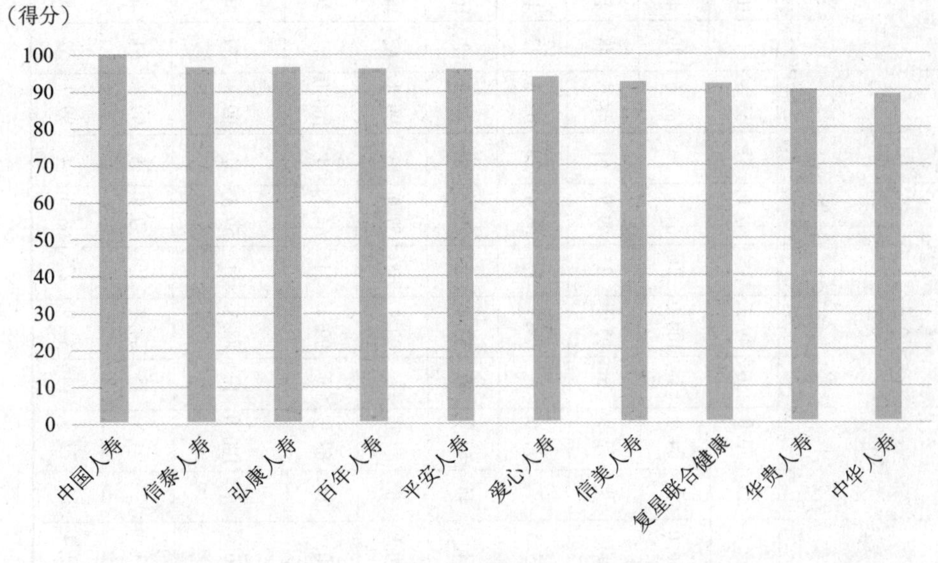

图 3－3 资本管理能力排名前 10 位的人身险公司

（一）资本管理能力排名前 10 位的人身险公司二级指标的排名与得分

表 3－7 列明了资本管理能力排名前 10 位的人身险公司的情况，即这些人身险公司在资本管理能力 14 项二级指标中的具体得分及排名。

表 3－7　　资本管理能力排名前 10 位的人身险公司二级指标的表现

公司名称	资本管理系数		认可资产负债率		资产认可率		资本利用率		资金成本率		认可资产增长率		所有者权益		准备金保费比率		资产杠杆系数		资本运用率		资本回报率		风险调整资本利润率		风险调整资本回报率		资本管理绩效增长率	
	排名	得分	排名	得分	排名	得分	排名	得分	排名	得分	排名	得分	排名	得分	排名	得分	排名	得分	排名	得分	排名	得分	排名	得分	排名	得分	排名	得分
中国人寿	1	100.0	44	69.6	15	70.0	56	49.3	35	62.0	51	52.8	1	100.0	24	71.2	1	100.0	56	49.3	52	58.1	17	41.8	13	98.3	32	67.8
信泰人寿	1	100.0	20	86.6	3	84.9	1	100.0	20	64.7	13	80.6	29	43.3	16	81.5	1	100.0	1	100.0	51	58.2	41	41.4	39	97.8	47	67.1
弘康人寿	1	100.0	1	100.0	9	72.9	6	95.3	2	99.9	61	48.4	48	41.0	49	48.1	1	100.0	6	95.3	66	40.0	44	41.4	55	97.3	29	67.9
百年人寿	1	100.0	11	89.5	7	75.6	3	99.9	13	66.8	29	63.7	22	44.2	8	93.7	1	100.0	3	99.9	55	55.7	39	41.5	29	98.0	12	69.1
平安人寿	1	100.0	57	54.3	45	68.3	49	53.4	8	70.2	64	44.3	2	100.0	5	96.5	1	100.0	49	53.4	64	40.3	20	41.7	9	98.4	8	69.5
爱心人寿	1	100.0	9	90.9	6	77.0	2	99.9	58	57.0	3	99.8	62	40.3	65	41.2	1	100.0	2	99.9	35	71.3	61	40.9	57	97.2	5	72.2
信美人寿	1	100.0	3	90.5	24	68.9	5	99.4	21	64.1	1	100.0	57	40.5	40	57.2	1	100.0	5	99.4	49	62.4	9	41.9	49	97.4	55	66.4
复星联合健康	1	100.0	64	40.8	1	100.0	10	88.8	51	59.3	2	99.8	59	40.5	33	62.4	1	100.0	10	88.8	54	56.3	45	41.4	37	97.8	63	58.7
华贵人寿	1	100.0	6	93.0	2	93.8	15	84.7	50	59.9	5	99.5	61	40.3	56	44.8	1	100.0	15	84.7	43	67.8	30	41.6	61	96.9	62	60.4
中华人寿	1	100.0	7	92.4	10	72.3	14	84.9	27	63.0	4	99.7	52	40.7	57	44.3	1	100.0	14	84.9	40	68.3	56	41.2	54	97.3	14	68.9

中国人寿的资本管理能力列第 1 名（100.0 分），主要得益于其在资本管理系数（第 1 名，100.0 分）、所有者权益（第 1 名，100.0 分）、风险调整资本利润率（第 17 名，41.8 分）、风险调整资本回报率（第 13 名，98.3 分）方面的优异表现。该公司在资产利用率（第 56 名）、认可资产增长率（第 51 名）、资本运用率（第 56 名）、资本回报率（第 52 名）方面还有很大的发展空间。

信泰人寿的资本管理能力列第 2 名（96.4 分），主要是因为该公司在资本管理系数（第 1 名，100.0 分）、资本利用率（第 1 名，100.0 分）、资产认可率（第 3 名，84.9 分）、资本运用率（第 1 名，100.0 分）方面的优异表现。该公司在资本回报率（第 51 名）、风险调整资本利润率（第 41 名）、资本管理绩效增长率（第 47 名）方面还有很大的发展空间。

弘康人寿的资本管理能力列第 3 名（96.3 分），主要得益于其在资本管理系数（第 1 名，100.0 分）、认可资产负债率（第 1 名，100.0 分）、资金成本率（第 2 名，99.9 分）、资本利用率（第 6 名，95.3 分）、资本运用率（第 6 名，95.3 分）方面的优异表现。该公司在所有者权益（第 48 名）、准备金保费比率（第 49 名）、认可资产增长率（第 61 名）、资本回报率（第 66 名）方面还有很大发展空间。

整体来看，资本管理能力排名前 10 位的人身险公司在资本管理系数、资产认可率、资本利用率、资本运用率指标上的表现都比较优秀，大部分指标处于参评的 66 家人身险公司的中上游水平。

在资金成本率、所有者权益、准备金保费比率和资本管理绩效增长率指标中，除个别公司以外，这 10 家人身险公司排名普遍靠后，得分也普遍偏低。这 10 家人身险公司在这些指标方面仍有待提高。

（二）资本管理能力各二级指标排名前 10 位的人身险公司情况

表 3-8 列出了资本管理能力各二级指标排名前 10 位的人身险公司及其得分情况。

资本管理能力各二级指标排名前 10 位的人身险公司在资本管理系数和资产杠杆系数指标上的表现没有差别，得分均为满分 100.0 分。参与评估的 66 家人身险公司中，资本管理系数指标得分为 100.0 分的人身险公司有 62 家，分别为中国人寿、太保寿险、平安人寿、新华人寿、泰康人寿、太平人寿等。资本管理系数的计算是基于公司偿付能力充足率，这 62 家公司的资本管理系数得到 100.0 分，说明这些公司在资本管理上既满足了偿付能力充足率的要求，也充分利用了公司的资本，没有对公司的资本资源造成浪费。

表 3-8　资本管理能力各二级指标排名前10位的人身险公司的得分情况

二级指标	资本管理系数	认可资产负债率	资产认可率	资本利用率	资金成本率	认可资产增长率	所有者权益	准备金保费比率	资产杠杆系数	资本运用率	资本回报率	风险调整资本利润率	风险调整资本回报率	资本管理绩效增长率
	公司名称（得分）	公司名称（得分）	公司名称（得分）	公司名称（得分）	公司名称（得分）	公司名称（得分）	公司名称（得分）	公司名称（得分）	公司名称（得分）	公司名称（得分）	公司名称（得分）	公司名称（得分）	公司名称（得分）	公司名称（得分）
1	中国人寿（100.0）	弘康人寿（100.0）	复星联合健康（100.0）	信泰人寿（100.0）	东吴人寿（100.0）	信美人寿（100.0）	中国人寿（100.0）	太平人寿（100.0）	平安养老（100.0）	信泰人寿（100.0）	太保健康（100.0）	招商信诺（100.0）	太保健康（100.0）	国宝人寿（100.0）
2	太保寿险（100.0）	中银三星（97.9）	华贵人寿（93.8）	爱心人寿（99.9）	弘康人寿（99.9）	复星联合健康（99.8）	平安人寿（100.0）	友邦人寿（99.9）	太平养老（100.0）	爱心人寿（99.9）	东吴人寿（98.8）	大都会人寿（42.8）	东吴人寿（99.8）	渤海人寿（100.0）
3	平安人寿（100.0）	信美人寿（95.0）	信泰人寿（84.9）	百年人寿（99.9）	国华人寿（87.3）	爱心人寿（99.8）	新华人寿（89.0）	中信保诚（99.0）	国华人寿（100.0）	百年人寿（99.9）	友邦人寿（98.1）	友邦人寿（42.6）	友邦人寿（98.7）	横琴人寿（78.1）
4	新华人寿（100.0）	前海人寿（93.5）	横琴人寿（79.8）	合众人寿（99.5）	大都会人寿（77.2）	中华人寿（99.7）	太保寿险（87.9）	招商信诺（98.2）	泰康养老（100.0）	合众人寿（99.5）	中韩人寿（93.9）	泰康人寿（42.2）	中韩人寿（98.6）	前海人寿（73.0）
5	泰康人寿（100.0）	平安健康（93.1）	友邦人寿（78.0）	信美人寿（99.4）	农银人寿（76.7）	华贵人寿（99.5）	泰康人寿（79.7）	平安人寿（96.5）	阳光人寿（100.0）	信美人寿（99.4）	汇丰人寿（91.6）	中德安联（42.2）	泰康人寿（98.5）	爱心人寿（72.2）
6	太平人寿（100.0）	华贵人寿（93.0）	爱心人寿（77.0）	弘康人寿（95.3）	国宝人寿（74.8）	北京人寿（95.1）	太平人寿（70.3）	大都会人寿（96.0）	利安人寿（100.0）	弘康人寿（95.3）	华泰人寿（88.4）	陆家嘴国泰（42.0）	泰康养老（98.5）	招商仁和（70.3）
7	建信人寿（100.0）	中华人寿（92.4）	百年人寿（75.6）	人保健康（95.2）	海保人寿（70.8）	国富人寿（93.8）	人保寿险（66.7）	合众人寿（95.2）	东吴人寿（100.0）	人保健康（95.2）	恒安标准（88.1）	太平养老（42.0）	工银安盛（98.4）	泰康养老（69.5）
8	光大永明（100.0）	中邮人寿（91.8）	利安人寿（74.5）	平安健康（92.7）	平安人寿（70.2）	平安健康（86.0）	阳光人寿（60.1）	百年人寿（93.7）	财信吉祥（100.0）	平安健康（92.7）	工银安盛（87.9）	中信保诚（42.0）	中信保诚（98.4）	平安人寿（69.5）
9	平安养老（100.0）	爱心人寿（90.9）	弘康人寿（72.9）	太保健康（90.9）	人保寿险（69.1）	国宝人寿（85.8）	国华人寿（55.7）	前海人寿（93.5）	渤海人寿（100.0）	弘康人寿（72.9）	国联人寿（87.6）	信美人寿（41.9）	平安人寿（98.4）	华泰人寿（69.5）
10	合众人寿（100.0）	建信人寿（90.4）	中华人寿（72.3）	复星联合健康（88.8）	平安养老（68.2）	汇丰人寿（85.3）	前海人寿（55.5）	泰康人寿（93.4）	国联人寿（100.0）	中华人寿（72.3）	瑞泰人寿（86.9）	中英人寿（41.9）	太保寿险（98.4）	招商信诺（69.1）

资产杠杆系数指标得分为 100.0 分的人身险公司有 31 家，分别为平安养老、太平养老、国华人寿、泰康养老、阳光人寿、利安人寿、东吴人寿、财信吉祥等。

资本管理系数和资产杠杆系数指标反映了公司财务状况的稳定性。上述结果表明，这些公司在这两项指标上的差别并不明显，没有能力和水平上的差距。

在所有者权益和风险调整资本利润率指标中，第 1 名分别为中国人寿（100.0 分）、平安人寿（100.0 分）和招商信诺（100.0 分），第 2～10 名在这两项指标中的得分分别介于 55.5～89.0 分、41.9～42.8 分，说明它们在所有者权益和风险调整资本利润率方面差距明显。

（三）资本管理能力的模糊聚类分析

本部分根据人身险公司在资本管理能力指标上的指标得分，运用模糊聚类方法分析各人身险公司之间的相似程度，为各公司之间的盈利能力比较提供一个新的方法和视角（见表 3－9）。同时，它体现的是"物以类聚、人以群分"的观念，实现的是对人身险公司资本管理能力结构的相似性分析，得分高低并不意味着资本管理能力的水平高低。

表 3－9　资本管理能力排名前 10 位的人身险公司的模糊聚类等价分析矩阵

	中国人寿	信泰人寿	弘康人寿	百年人寿	平安人寿	爱心人寿	信美人寿	复星联合健康	华贵人寿	中华人寿
中国人寿	1.00	0.51	0.50	0.50	0.48	0.47	0.45	0.44	0.44	0.44
信泰人寿	0.51	1.00	0.97	0.99	0.85	0.96	0.82	0.86	0.85	0.86
弘康人寿	0.50	0.97	1.00	0.97	0.85	0.97	0.83	0.87	0.86	0.87
百年人寿	0.50	0.99	0.97	1.00	0.85	0.96	0.82	0.86	0.86	0.86
平安人寿	0.48	0.85	0.85	0.85	1.00	0.85	0.88	0.86	0.86	0.85
爱心人寿	0.47	0.96	0.97	0.96	0.85	1.00	0.84	0.88	0.88	0.88
信美人寿	0.45	0.82	0.83	0.82	0.88	0.84	1.00	0.91	0.91	0.91
复星联合健康	0.44	0.86	0.87	0.86	0.86	0.88	0.91	1.00	0.98	0.97
华贵人寿	0.44	0.85	0.86	0.86	0.86	0.88	0.91	0.98	1.00	0.97
中华人寿	0.44	0.86	0.87	0.86	0.85	0.88	0.91	0.97	0.97	1.00

由表 3－9 可以看出，处于主对角线上的值均为 1.00。显然各家人身险公司和自己的相似与贴近程度为 100%。

由此等价矩阵可以看出，各家人身险公司之间的相似度差别较大，最高能达到 0.98，最低仅为 0.44。

值得关注的是，在资本管理能力方面列第 1 名的中国人寿与前 10 位中其余 9 家人身险公司的相似程度均不高，介于 0.44～0.51，可见中国人寿与其他人身险公司之间的对标性一般。

整体来看，除中国人寿之外，资本管理能力排名前 10 位的其余 9 家人身险公司之间的近似性与对标性都较高。其中，资本管理能力方面对标性最强的是华贵人寿与复星联合健康，相似度能达到0.98，以及华贵人寿与中华人寿，相似度达到0.97。

三、2021 年人身险公司经营能力的排名分析

在数据预处理后，本部分根据参评的66家人身险公司的12个二级指标数据得到一个66×12数据矩阵。根据主成分分析法，本部分选取8个主成分，其方差贡献解释率为85.54%，每个主成分都是这12个二级指标的线性组合（见表3-10）。

表3-10 2021年人身险公司经营能力得分及排名

公司名称	排名	得分	公司名称	排名	得分
中国人寿	1	100.0	华泰人寿	34	70.4
平安人寿	2	95.6	工银安盛	35	70.3
太保寿险	3	92.5	中银三星	36	70.2
东吴人寿	4	89.1	国宝人寿	37	69.8
财信吉祥	5	88.5	恒安标准	38	69.3
平安健康	6	88.5	中邮人寿	39	69.0
友邦人寿	7	87.4	君龙人寿	40	68.9
泰康人寿	8	86.2	招商仁和	41	68.3
新华健康	9	84.1	瑞泰人寿	42	68.1
建信人寿	10	83.4	国富人寿	43	67.8
泰康养老	11	83.0	幸福人寿	44	67.8
合众人寿	12	81.4	招商信诺	45	67.5
人保健康	13	81.1	华贵人寿	46	67.2
太平人寿	14	80.3	信泰人寿	47	67.2
英大人寿	15	79.2	同方全球	48	67.0
农银人寿	16	77.8	光大永明	49	66.2
中英人寿	17	77.8	中宏人寿	50	66.1
和泰人寿	18	77.6	前海人寿	51	66.1
中信保诚	19	77.0	中德安联	52	65.5
弘康人寿	20	76.3	中华人寿	53	65.1
中意人寿	21	76.1	长城人寿	54	65.0
大都会人寿	22	76.0	平安养老	55	62.9
人保寿险	23	75.5	三峡人寿	56	62.1
国联人寿	24	75.2	海保人寿	57	59.2
交银康联	25	74.7	横琴人寿	58	58.3
阳光人寿	26	74.6	太保健康	59	57.8
中荷人寿	27	74.1	国华人寿	60	54.0
复星联合健康	28	74.0	信美人寿	61	52.0
百年人寿	29	73.8	复星保德信	62	51.6
北京人寿	30	73.8	汇丰人寿	63	51.5
利安人寿	31	72.0	渤海人寿	64	51.4
太平养老	32	70.7	爱心人寿	65	45.4
陆家嘴国寿	33	70.6	中韩人寿	66	40.0

由表3－10可以看出，2021年中国人身险市场上经营能力排名前3位的保险公司依次是中国人寿、平安人寿和太保寿险。在百分制基准下，它们的得分分别为100.0分、95.6分和92.5分。

在参评的66家人身险公司中，经营能力得分最高的是中国人寿（100.0分），得分最低的是中韩人寿（40.0分），平均得分为71.5分，得分高于平均分的人身险公司有31家，占比47.0%。得分在80分以上的人身险公司有14家，得分在70～80分的人身险公司有22家，得分在60～70分的人身险公司有20家，得分在60分以下的人身险公司有10家。

图3－4显示了经营能力排名前10位的保险公司，它们依次是中国人寿、平安人寿、太保寿险、东吴人寿、财信吉祥人寿、平安健康、友邦人寿、泰康人寿、新华人寿、建信人寿。

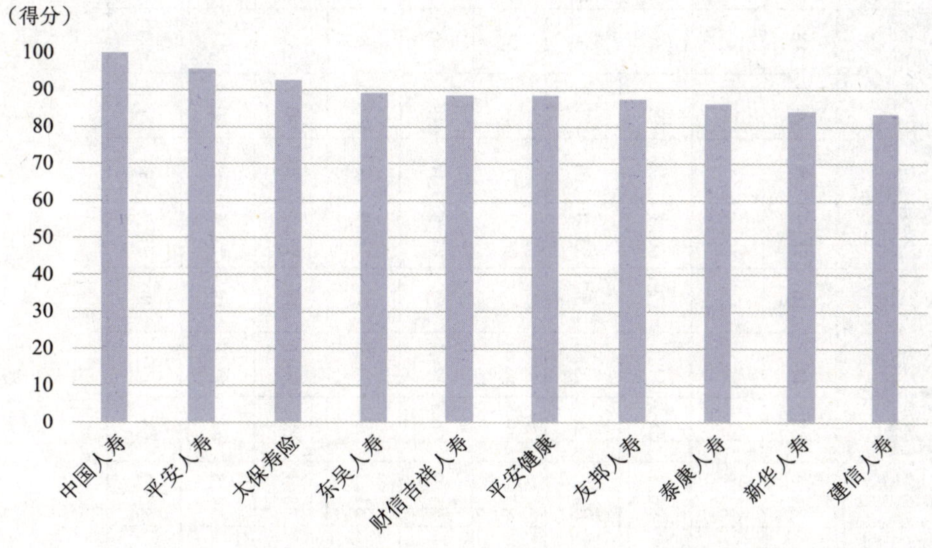

图3－4　经营能力排名前10位的人身险公司的得分

由图3－4可以看出，中国人寿的经营能力列第1名（100.0分），并且优势明显。经营能力排名前10位的人身险公司除友邦人寿外均为中资保险公司。总体来看，中资人身险公司的经营能力相对较强。

（一）经营能力排名前10位的人身险公司二级指标的排名与得分

经营能力是反映保险公司竞争力的一项重要指标，表3－11具体分析了经营能力排名前10位的人身险公司12个二级指标的得分和排名。其中逆向评价指标已逆向化处理。

表 3－11　　经营能力排名前 10 位的人身险公司二级指标的表现

公司名称	可运用资金收益率		净资产周转率		总资产周转率		综合费用率		综合赔付率		综合费用率的增长率		险种集中度系数		退保率		报告期营业收入		保险业务收入增长率		净利润赔付支出覆盖率		保费收入费用增长比	
	排名	得分	排名	得分	排名	得分	排名	得分	排名	得分	排名	得分	排名	得分	排名	得分	排名	得分	排名	得分	排名	得分	排名	得分
中国人寿	37	61.0	50	53.2	59	51.6	16	84.5	57	41.7	16	78.9	5	98.3	18	80.5	1	100.0	51	54.2	15	79.9	51	63.0
平安人寿	55	50.9	41	59.0	63	49.9	25	83.9	15	57.1	21	77.6	1	100.0	50	71.8	2	100.0	58	52.3	5	88.1	60	60.0
太保寿险	22	73.0	23	68.3	60	50.9	11	86.1	58	41.6	12	80.1	25	88.1	36	76.3	3	96.2	54	53.7	12	81.1	53	62.6
东吴人寿	16	82.6	55	50.5	18	75.3	1	100.0	2	99.6	5	85.0	61	47.1	1	100.0	43	42.0	5	84.5	55	65.0	4	82.9
财信吉祥	7	93.6	29	65.9	19	74.5	29	83.3	39	46.0	3	91.2	3	99.1	55	61.1	41	42.0	2	99.9	29	74.3	5	81.9
平安健康	49	52.6	5	96.6	10	85.1	12	85.9	50	43.7	7	83.5	16	91.5	16	81.0	32	44.1	4	86.0	41	69.4	8	78.9
友邦人寿	57	50.3	15	79.1	38	60.9	40	81.1	19	54.0	17	78.9	8	97.5	8	84.7	14	54.1	1	100.0	2	96.2	25	69.7
泰康人寿	17	80.3	21	69.1	54	54.2	30	83.1	27	50.6	41	73.4	20	90.2	35	76.3	4	90.7	37	57.8	3	92.1	34	67.5
新华人寿	35	63.3	42	57.3	53	54.4	14	84.8	61	41.0	19	78.6	18	90.9	44	74.1	5	90.2	48	54.8	14	80.5	44	64.4
建信人寿	27	68.8	33	64.5	43	60.0	9	86.2	55	42.2	9	81.7	50	71.4	33	76.5	13	55.1	32	58.3	39	69.9	6	80.1

中国人寿在经营能力方面列第1名，主要原因在于其在部分二级指标表现优异。其中，报告期营业收入指标列第1名，险种集中度系数指标列第5名。但是，中国人寿在总资产周转率指标上的表现（第59名，51.6分）较差，资产周转效率有待加强。

总资产周转率和净资产周转率是考察企业资产运营效率的重要指标，能够反映企业对其全部资产的管理质量及利用效率。中国人寿、平安人寿、太保寿险、泰康人寿、新华人寿的总资产周转率分别列第59名、第63名、第60名、第54名、第53名。中国人寿在净资产周转率指标中的表现一般，仅列第50名，处于下游水平。在经营能力排名前10位的人身险公司中只有平安健康（第5名，96.6分）在净资产周转率指标的排名进入前10位，一定程度上说明这些公司需要提升它们的资产经营能力。

从整体上看，经营能力排名前10位的人身险公司在综合费用率、综合费用率的增长率、险种集中度系数、报告期营业收入、保费收入费用增长比和净利润赔付支出覆盖率等指标上的表现都较为良好。除个别公司外，几乎都处于参评的66家人身险公司的中上游水平，部分公司还进入了前10位。说明这10家公司在业务拓展方面的表现都较为不错，从而取得了经营能力总体评价的高分。

但也应该看到，这10家公司在可运用资金收益率、总资产周转率、综合赔付率3项指标上表现平平，相当一部分人身险公司处于中下游水平。特别是综合赔付率指标，有4家公司处于参评的66家人身险公司的中下游。以上指标的表现在一定程度上说明这些公司的经营能力在某些方面（如产品结构、保单服务、费用管控等）仍存在短板。中国人身险公司可以有针对性地加以改进，以进一步提高其综合经营能力。

（二）经营能力各二级指标排名前10位的人身险公司的情况

表3－12反映了经营能力各项二级指标排名前10位的人身险公司的得分情况，从中可以对人身险公司经营能力的整体表现有一个基本的了解。其中的逆向指标已经过逆向化处理。

由表3－12可以看出，各家人身险公司在经营能力各项二级指标上的表现存在一定差距。净资产周转率和总资产周转率反映了公司资产的管理质量和利用效率，在这两项指标下，平安健康、太保健康表现优异，均入围了前10位。

在综合费用率的增长率指标下，排名前10位的人身险公司得分差距较小，整

表 3－12　　经营能力各二级指标排名前 10 位的人身险公司的得分情况

二级指标	可运用资金收益率	净资产周转率	总资产周转率	综合费用率	综合赔付率	综合费用率的增长率	险种集中度系数	退保率	报告期营业收入	保险业务收入增长率	净利润赔付支出覆盖率	保费收入费用增长比
	公司名称（得分）	公司名称（得分）	公司名称（得分）	公司名称（得分）	公司名称（得分）	公司名称（得分）	公司名称（得分）	公司名称（得分）	公司名称（得分）	公司名称（得分）	公司名称（得分）	公司名称（得分）
1	汇丰人寿（100.0）	弘康人寿（100.0）	复星联合健康（100.0）	东吴人寿（100.0）	爱心人寿（100.0）	和泰人寿（100.0）	平安人寿（100.0）	东吴人寿（100.0）	中国人寿（100.0）	友邦人寿（100.0）	信美人寿（100.0）	中英人寿（100.0）
2	国宝人寿（99.5）	百年人寿（99.9）	大都会人寿（99.9）	中邮人寿（87.2）	东吴人寿（99.6）	弘康人寿（97.9）	中英人寿（99.7）	太保健康（88.8）	平安人寿（100.0）	财信吉祥（99.9）	友邦人寿（96.2）	农银人寿（91.4）
3	海保人寿（97.0）	合众人寿（99.6）	太保健康（99.2）	交银康联（87.1）	弘康人寿（88.2）	财信吉祥（91.2）	财信吉祥（99.1）	平安养老（88.4）	太保寿险（96.2）	信美人寿（88.5）	泰康人寿（92.1）	合众人寿（88.5）
4	复星保德信（96.3）	信泰人寿（99.5）	人保健康（95.8）	前海人寿（87.0）	中华人寿（88.2）	中华人寿（88.5）	平安养老（98.3）	大都会人寿（85.3）	泰康人寿（90.7）	平安健康（86.0）	大都会人寿（88.9）	东吴人寿（82.9）
5	华泰人寿（94.2）	平安健康（96.6）	国宝人寿（95.3）	工银安盛（87.0）	信美人寿（82.3）	东吴人寿（85.0）	中国人寿（98.3）	泰康养老（85.3）	新华人寿（90.2）	东吴人寿（84.5）	平安人寿（88.1）	财信吉祥（81.9）
6	国联人寿（93.9）	英大人寿（92.4）	太平养老（93.8）	农银人寿（86.7）	国华人寿（79.3）	三峡人寿（84.3）	中德安联（97.7）	太平养老（85.1）	太平人寿（85.8）	北京人寿（82.8）	中德安联（86.3）	建信人寿（80.1）
7	财信吉祥（93.6）	人保健康（91.8）	北京人寿（92.3）	国华人寿（86.6）	大都会人寿（70.6）	平安健康（83.5）	陆家嘴国泰（97.6）	中银三星（85.0）	人保寿险（72.2）	国联人寿（82.0）	中信保诚（83.6）	中意人寿（79.5）
8	北京人寿（93.4）	中银三星（91.1）	和泰人寿（91.7）	英大人寿（86.4）	太保健康（68.7）	合众人寿（81.9）	友邦人寿（97.5）	友邦人寿（84.7）	中邮人寿（67.0）	泰康养老（78.8）	中宏人寿（83.0）	平安健康（78.9）
9	国富人寿（93.2）	横琴人寿（90.4）	国联人寿（90.5）	建信人寿（86.2）	海保人寿（61.5）	建信人寿（81.7）	太平人寿（97.5）	英大人寿（82.9）	前海人寿（61.4）	中华人寿（77.1）	中英人寿（82.8）	中信保诚（78.3）
10	光大永明（92.9）	太保健康（85.3）	平安健康（85.1）	弘康人寿（86.1）	平安养老（59.8）	复星联合健康（81.2）	信泰人寿（95.9）	君龙人寿（82.1）	阳光人寿（60.1）	复星联合健康（74.7）	爱心人寿（82.6）	英大人寿（77.2）

体表现较好。经营能力排名前10位的人身险公司得分差距较小的二级指标还有可运用资金收益率和险种集中度系数。这两项指标上第1名与第10名的分差均在10分以内。

险种集中度系数反映了公司保费收入来源的产品险种的集中程度，能够反映公司产品开发及市场拓展的能力。由于此项指标已经过逆向化处理，因此指标得分越高，表明公司的保费收入越分散。此项指标排名前3位的人身险公司分别为平安人寿（100.0分）、中英人寿（99.7分）、财信吉祥（99.1分）。

退保率指标能够较为全面地反映公司的经营能力和应对退保的风险准备能力。由于此指标已经过逆向化处理，因此该指标得分越高的保险公司退保率越低，说明公司的风险管理能力较强并且业务经营较为稳定。此项指标排名前3位的人身险公司分别为东吴人寿（100.0分）、太保健康（88.8分）、平安养老（88.4分）。

综合赔付率与人身险公司的产品特点和服务管理水平相关。由于该指标已经过逆向化处理，因此指标排名越高，说明公司赔付率水平越低。该指标列前3位的人身险公司分别为爱心人寿（100.0分）、东吴人寿（99.6分）、弘康人寿（88.2分）。

此外，报告期营业收入指标排名前10位的人身险公司得分差距较大。报告期营业收入前3位的人身险公司分别为中国人寿（100.0分）、平安人寿（100.0分）、太保寿险（96.2分）。

（三）经营能力的模糊聚类分析

本部分根据人身险公司在经营能力指标上的得分，运用模糊聚类方法分析各家人身险公司之间的相似程度，为比较各家人身险公司的盈利能力提供一个新的方法和视角。模糊聚类方法体现的是一种“物以类聚、人以群分”的观念，是对公司经营能力结构的相似性分析。矩阵中的取值评价的是公司之间经营能力结构的相似性，是对保险公司经营能力的一种分类，是满足自反性、对称性和传递性的等价分类。

由表3-13可以看出，处于主对角线上的值均为1.00。显然各家人身险公司和自己的相似与贴近程度为100%。在此模糊聚类等价矩阵中，各项得分相差较大，相似度最高为0.97，最低为0.39，表明各家人身险公司经营能力的对标性差别很大。

表3-13　经营能力排名前10位的人身险公司的模糊聚类等价矩阵

公司名称	中国人寿	平安人寿	太保寿险	东吴人寿	财信吉祥	平安健康	友邦人寿	泰康人寿	新华人寿	建信人寿
中国人寿	1.00	0.50	0.49	0.45	0.43	0.42	0.41	0.39	0.39	0.39
平安人寿	0.50	1.00	0.96	0.82	0.82	0.80	0.83	0.88	0.88	0.81
太保寿险	0.49	0.96	1.00	0.84	0.83	0.82	0.84	0.89	0.88	0.83
东吴人寿	0.45	0.82	0.84	1.00	0.92	0.93	0.85	0.83	0.82	0.90
财信吉祥	0.43	0.82	0.83	0.92	1.00	0.96	0.85	0.83	0.82	0.91
平安健康	0.42	0.80	0.82	0.93	0.96	1.00	0.85	0.82	0.81	0.90
友邦人寿	0.41	0.83	0.84	0.85	0.85	0.85	1.00	0.88	0.88	0.90
泰康人寿	0.39	0.88	0.89	0.83	0.83	0.82	0.88	1.00	0.97	0.85
新华人寿	0.39	0.88	0.88	0.82	0.82	0.81	0.88	0.97	1.00	0.86
建信人寿	0.39	0.81	0.83	0.90	0.91	0.90	0.90	0.85	0.86	1.00

中国人寿与其他9家排名前10位的人身险公司之间的相似度得分均在0.50以下，处于矩阵中较低的分值范围，说明该公司的经营能力和经营模式与其他9家公司不具有对标性，具有进一步分析讨论的价值。

在此矩阵中，相似度最高的两组是新华人寿与泰康人寿之间的0.97、平安人寿与太保人寿之间的0.96，说明这几家公司之间在经营能力各项指标下具有很高的对标性。

整体而言，经营能力排名前10位的人身险公司，除中国人寿之外，其余9家人身险公司之间的近似性与对标性均较高。表明经营能力排名前10位的公司之间的对标性很强，经营能力和水平也较为相似。

四、2021年人身险公司风险管理能力的排名分析

在数据预处理后，本部分根据参评的66家人身险公司的11个二级指标数据得到一个66×11数据矩阵。根据主成分分析法，选取7个主成分，其方差贡献解释率为89.98%，每个主成分都是这11个二级指标的线性组合（见表3-14）。

由表3-14可以看出，2021年中国人身险市场风险管理能力排名前3位的保险公司依次是复星联合健康、大都会人寿、太平养老。在百分制基准下，它们的得分分别为100.0分、99.0分和97.4分。

在参评的66家人身险公司中，风险管理能力得分最高的是复星联合健康（100.0分），得分最低的是中韩人寿（40.0分），平均得分为75.3分，得分高于平均分的人身险公司有28家，占比约为42.4%。得分在80分以上的人身险公司有20家，得分在70~80分的人身险公司有24家，得分在60~70分的人身险公司有17家，得分在60分以下的人身险公司有5家。

表 3－14 2021 年人身险公司风险管理能力的得分及排名

公司名称	排名	得分	公司名称	排名	得分
复星联合健康	1	100.0	友邦人寿	34	74.1
大都会人寿	2	99.0	农银人寿	35	74.0
太平养老	3	97.4	中国人寿	36	73.8
国富人寿	4	96.6	幸福人寿	37	73.3
平安养老	5	96.4	建信人寿	38	73.3
弘康人寿	6	93.1	泰康人寿	39	73.1
东吴人寿	7	93.1	新华人寿	40	72.6
太保健康	8	92.8	财信吉祥	41	71.6
中荷人寿	9	91.3	平安健康	42	71.2
中华人寿	10	90.6	君龙人寿	43	70.9
中宏人寿	11	88.4	阳光人寿	44	70.7
国宝人寿	12	88.3	信美人寿	45	69.6
汇丰人寿	13	86.9	信泰人寿	46	69.4
海保人寿	14	86.6	中德安联	47	68.2
泰康养老	15	86.3	中银三星	48	68.0
人保健康	16	85.6	长城人寿	49	67.6
国联人寿	17	84.9	交银康联	50	67.3
同方全球	18	84.2	复星保德信	51	67.1
瑞泰人寿	19	81.1	和泰人寿	52	67.1
恒安标准	20	80.7	平安人寿	53	67.0
横琴人寿	21	79.5	中英人寿	54	65.1
光大永明	22	78.9	太保寿险	55	64.4
北京人寿	23	78.6	太平人寿	56	63.4
招商信诺	24	78.0	百年人寿	57	62.5
陆家嘴国泰	25	77.7	利安人寿	58	62.5
渤海人寿	26	77.3	中信保诚	59	62.0
华泰人寿	27	76.8	中意人寿	60	61.5
人保寿险	28	75.8	爱心人寿	61	61.4
招商仁和	29	75.0	工银安盛	62	59.8
国华人寿	30	74.8	合众人寿	63	56.5
华贵人寿	31	74.8	前海人寿	64	54.5
英大人寿	32	74.7	三峡人寿	65	46.8
中邮人寿	33	74.1	中韩人寿	66	40.0

图3-5显示了风险管理能力排名前10位的人身险公司，它们依次是复星联合健康、大都会人寿、太平养老、国富人寿、平安养老、弘康人寿、东吴人寿、太保健康、中荷人寿、中华人寿。

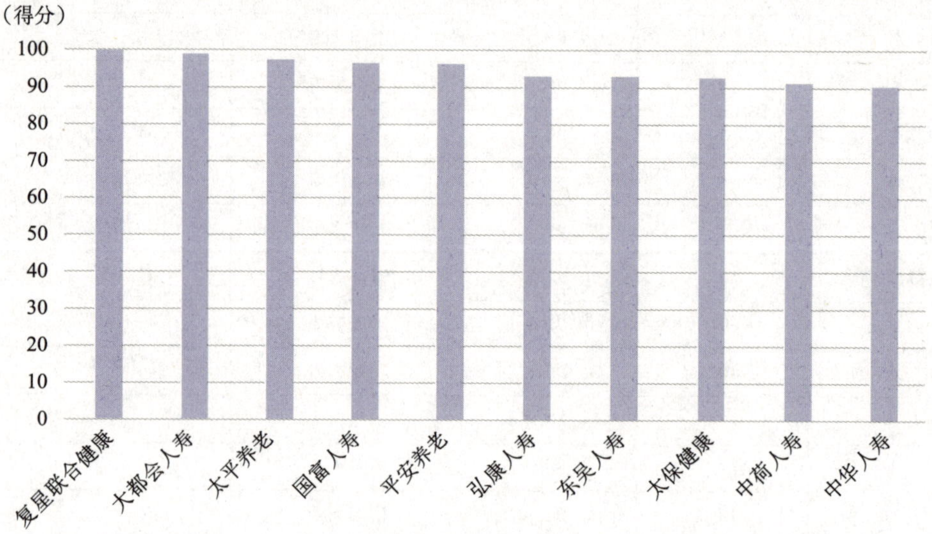

图3-5 风险管理能力排名前10的人身险公司

由图3-5可以看出，风险管理能力排名前10位的人身险公司的得分总体呈逐一下降趋势，但整体差距并不明显。第1名（100.0分）与第10名（90.6分）得分差距仅9.4分，且各名次之间的分差均不大。

（一）风险管理能力排名前10位的人身险公司二级指标的排名与得分

复星联合健康在风险管理能力指标上列第1名，主要是由于其在风险管理能力各项二级指标的优异表现。复星联合健康的准备金安全率和资产杠杆率均列第1名，得分为100.0分，并且还有其他3项风险管理能力二级指标排名进入前20位。总体来看，复星联合健康具备较强的风险管理能力。

大都会人寿在风险管理能力指标上列第2名，其在流动性比率、自留保费占净资产的比率、准备金安全率和保险负债占总资产的比率指标上表现出色，但在自留保费增长率、现金盈余保障倍数和收现比3项指标上的表现劣势明显。

总体来看，风险管理能力排名前10位的人身险公司在流动性比率、自留保费率、准备金安全率、保险负债占总资产的比率、付现比、资金杠杆率6项指标上表现较为良好，它们中的大多数处于参评的66家公司的中上游水平。这说明绝大多数人身险公司都具有稳健经营的能力。

表 3－15　　风险管理能力排名前 10 位的人身险公司二级指标的表现

公司名称	偿付能力充足率		流动性比率		自留保费率		自留保费占净资产的比率		自留保费增长率		准备金安全率		保险负债占总资产的比率		现金盈余保障倍数		收现比		付现比		资产杠杆率	
	排名	得分	排名	得分	排名	得分	排名	得分	排名	得分	排名	得分	排名	得分	排名	得分	排名	得分	排名	得分	排名	得分
复兴联合健康	52	54.6	28	79.5	8	78.4	48	53.3	53	47.6	1	100.0	8	96.7	11	53.1	47	46.0	20	85.6	1	100.0
大都会人寿	23	73.9	4	97.7	15	73.4	7	94.8	51	47.7	8	69.1	5	98.1	62	41.5	53	44.9	15	86.0	11	94.8
太平养老	10	91.2	26	80.1	18	70.9	37	61.6	39	48.0	11	64.7	3	99.0	43	42.5	59	44.6	5	86.8	9	95.2
国富人寿	3	98.6	10	90.4	7	83.4	58	48.0	16	48.3	5	72.5	10	89.8	48	42.3	11	64.4	54	72.5	3	99.5
平安养老	25	69.2	27	79.8	6	89.4	56	49.6	4	49.1	3	86.8	11	89.6	63	41.4	29	49.8	36	82.9	18	89.3
弘康人寿	53	54.6	40	60.7	2	99.9	64	44.5	1	100.0	62	44.2	2	99.7	5	69.0	9	73.2	57	62.9	65	40.0
东吴人寿	13	87.7	13	88.4	50	65.5	54	51.0	61	46.9	6	71.0	18	79.5	28	44.7	46	47.0	21	84.6	5	98.8
太保健康	59	49.3	23	83.4	9	77.4	10	90.3	29	48.1	10	66.5	7	97.5	66	44.0	64	43.2	2	92.6	16	90.5
中荷人寿	34	62.4	11	89.9	40	66.0	17	75.1	50	47.8	46	47.0	43	53.2	3	98.8	60	44.5	7	86.7	38	77.1
中华人寿	51	54.8	52	50.0	3	99.1	59	47.7	63	46.1	4	76.7	1	100.0	15	49.7	15	56.6	1	100.0	55	61.3

风险管理能力排名前10位的人身险公司在现金盈余保障倍数指标上的表现则呈现出较为明显的两级分化。在现金盈余保障倍数指标上表现出色的有中荷人寿（第3名，98.8分）、弘康人寿（第5名，69.0分）、复星联合健康（第11名，53.1分）、中华人寿（第15名，49.7分），其余6家人身险公司则均处于中游或下游水平。

此外，各家人身险公司在付现比、资产杠杆率等指标上分化也较为明显，分布在总体中的各个水平。

风险管理能力的二级指标得分分化较为明显，在一定程度上说明了各家人身险公司在风险管理意识及具体的风险管理控制策略选择上存在较大差异。

（二）风险管理能力各二级指标排名前10位的人身险公司的情况

表3-16列示了风险管理能力各项二级指标排名前10位的人身险公司及其得分，反映了2021年中国人身险公司风险管理能力的整体状况。

流动性比率是衡量人身险公司财务安全状况和短期偿债能力的重要指标。在参评的66家人身险公司中，流动性比率得分较高的是三峡人寿（100.0分）、泰康养老（99.4分）、英大人寿（99.1分）。可以看出，各家人身险公司在流动性比率指标上的得分差距不大。流动性比率排名前10位的人身险公司的指标数据在整体上较2020年有明显提高，且各家人身险公司的差距显著缩小，流动性比率指标得分均在90分以上。

在偿付能力充足率指标排名前10位的人身险公司中，友邦人寿列第1名（100.0分），陆家嘴国泰列第2名（99.9分）、国富人寿列第3名（98.6分）。同时，第4~10名在偿付能力充足率指标上的分差也不大（91.2~97.2分），在10分以内。

在准备金安全率指标上，除爱心人寿（第1名，100.0分）、复星联合健康（第2名，100.0分）、平安养老（第3名，86.8分）表现优良外，其他参评人身险公司的准备金安全状况不佳。这说明除少数公司外，很多人身险公司的准备金安全风险保障能力仍有所欠缺。

风险管理能力排名前10位的人身险公司的分差较大的二级指标有自留保费增长率、准备金安全率、现金盈余保障倍数。这在一定程度上再次印证了各家人身险公司的风险管理能力和风险管理策略存在较大不同。

表 3-16 风险管理能力各二级指标排名前 10 位的人身险公司的得分情况

二级指标	偿付能力充足率	流动性比率	自留保费率	自留保费占净资产的比率	自留保费增长率	准备金安全率	保险负债占总资产的比率	现金盈余保障倍数	收现比	付现比	资产杠杆率
	公司名称（得分）	公司名称（得分）	公司名称（得分）	公司名称（得分）	公司名称（得分）	公司名称（得分）	公司名称（得分）	公司名称（得分）	公司名称（得分）	公司名称（得分）	公司名称（得分）
1	友邦人寿（100.0）	三峡人寿（100.0）	爱心人寿（100.0）	百年人寿（100.0）	弘康人寿（100.0）	爱心人寿（100.0）	中华人寿（100.0）	国宝人寿（100.0）	中英人寿（100.0）	中华人寿（100.0）	复星联合健康（100.0）
2	陆家嘴国泰（99.9）	泰康养老（99.4）	弘康人寿（99.9）	信泰人寿（99.9）	和泰人寿（63.6）	复星联合健康（100.0）	弘康人寿（99.7）	国联人寿（100.0）	百年人寿（100.0）	太保健康（92.6）	汇丰人寿（99.9）
3	国富人寿（98.6）	英大人寿（99.1）	中华人寿（99.1）	合众人寿（99.9）	华贵人寿（49.2）	平安养老（86.8）	太平养老（99.0）	中荷人寿（98.8）	三峡人寿（99.9）	英大人寿（87.8）	国富人寿（99.5）
4	汇丰人寿（97.2）	大都会人寿（97.7）	信美人寿（98.4）	平安健康（98.8）	平安养老（49.1）	中华人寿（76.7）	中信保诚（98.4）	横琴人寿（93.6）	中意人寿（90.7）	农银人寿（86.9）	海保人寿（99.1）
5	中英人寿（95.3）	同方全球（97.5）	华贵人寿（98.4）	人保健康（97.0）	三峡人寿（49.1）	国富人寿（72.5）	大都会人寿（98.1）	弘康人寿（69.0）	中信保诚（90.2）	太平养老（86.8）	东吴人寿（98.8）
6	中国人寿（92.6）	信泰人寿（97.2）	平安养老（89.4）	英大人寿（95.1）	海保人寿（48.9）	东吴人寿（71.0）	瑞泰人寿（97.8）	前海人寿（65.8）	爱心人寿（79.4）	泰康养老（86.8）	华泰人寿（96.0）
7	中信保诚（92.4）	交银康联（96.9）	国富人寿（83.4）	大都会人寿（94.8）	汇丰人寿（48.9）	海保人寿（70.5）	太保健康（97.5）	瑞泰人寿（63.8）	前海人寿（79.1）	中荷人寿（86.7）	三峡人寿（95.5）
8	泰康人寿（92.1）	中意人寿（95.1）	复星联合健康（78.4）	横琴人寿（92.9）	爱心人寿（48.8）	大都会人寿（69.1）	复星联合健康（96.7）	渤海人寿（62.2）	交易康联（74.7）	人保健康（86.5）	渤海人寿（95.3）
9	中宏人寿（91.9）	平安健康（91.6）	太保健康（77.4）	中银三星（92.3）	前海人寿（48.6）	北京人寿（68.4）	三峡人寿（91.8）	信泰人寿（60.7）	弘康人寿（73.2）	中宏人寿（86.5）	太平养老（95.2）
10	太平养老（91.2）	国富人寿（90.4）	人保健康（74.2）	太保健康（90.3）	中德安联（48.4）	太保健康（66.5）	国富人寿（89.8）	平安健康（57.5）	利安人寿（70.1）	陆家嘴国泰（86.3）	恒安标准（95.0）

（三）风险管理能力的模糊聚类分析

本部分根据人身险公司在风险管理能力二级指标上的得分，运用模糊聚类方法分析各家人身险公司的相似程度，为比较各家人身险公司的风险管理能力提供了一个新的方法和视角。模糊聚类分析是一种基于“物以类聚、人以群分”的观念进行各公司之间经营结构上近似程度的比较分析，不是优劣评价。

表3－17中的模糊聚类等价矩阵是对风险管理能力排名前10位的人身险公司的一个等价分类，满足自反性、对称性与传递性。

表3－17　风险管理能力排名前10位的人身险公司的模糊聚类等价矩阵

公司名称	复星联合健康	大都会人寿	太平养老	国富人寿	平安养老	弘康人寿	东吴人寿	太保健康	中荷人寿	中华人寿
复星联合健康	1.00	0.55	0.54	0.53	0.52	0.48	0.45	0.44	0.43	0.43
大都会人寿	0.55	1.00	0.99	0.96	0.93	0.73	0.77	0.84	0.76	0.77
太平养老	0.54	0.99	1.00	0.96	0.93	0.73	0.77	0.84	0.76	0.77
国富人寿	0.53	0.96	0.96	1.00	0.95	0.73	0.79	0.85	0.76	0.78
平安养老	0.52	0.93	0.93	0.95	1.00	0.74	0.81	0.87	0.78	0.80
弘康人寿	0.48	0.73	0.73	0.73	0.74	1.00	0.77	0.74	0.80	0.78
东吴人寿	0.45	0.77	0.77	0.79	0.81	0.77	1.00	0.91	0.91	0.93
太保健康	0.44	0.84	0.84	0.85	0.87	0.74	0.91	1.00	0.85	0.87
中荷人寿	0.43	0.76	0.76	0.76	0.78	0.80	0.91	0.85	1.00	0.94
中华人寿	0.43	0.77	0.77	0.78	0.80	0.78	0.93	0.87	0.94	1.00

由表3－17可以看出，处于主对角线上的值均为1.00。显然，各家人身险公司和自己的相似与贴近程度为100％。除了主对角线线上的元素外，此等价矩阵的取值介于0.43～0.99，说明这10家人身险公司的风险管理能力和水平具有较大的差异性。这主要因为：第一，外资保险公司与中资保险公司的风险管理能力和理念差别较大；第二，中资保险公司之间以及外资保险公司之间的再保能力和风险管理能力水平差别很大。因此，保险公司之间风险管理能力的对标性较差。

在此矩阵中，太平养老和大都会人寿这组之间的相似程度最高，为0.99，说明这两家公司的风险管理能力具有一定的对标性。

风险管理能力列第1名的复星联合健康与列第10名的中华人寿之间的相似度为0.43。

复星联合健康与其他9家公司之间的相似度介于0.43～0.55，是矩阵中较低的分值范围，说明复星联合健康的风险管理业务结构与管理模式与其他9家排名进入前10位的人身险公司之间不具有对标性，相似程度较低。

由表3－17可以看出，尽管这些公司的风险管理能力排名是前10名，但是各家保险公司的风险管理能力和水平等差别还是很大，这有多方面的原因，也是中资保险公司需要多加注意和学习的地方。

五、2021 年人身险公司发展潜力的排名分析

在数据预处理后，本部分根据参评的66 家人身险公司发展潜力的11 个二级指标数据得到一个66×11 的数据矩阵。根据主成分分析法，选取了7 个主成分，其方差贡献解释率为90.41%，每个主成分都是这11 个二级指标的线性组合（见表3－18）。

表3－18　　2021 年人身险公司发展潜力的得分及排名

公司名称	排名	得分	公司名称	排名	得分
国华人寿	1	100.0	中英人寿	34	73.9
泰康人寿	2	95.1	弘康人寿	35	71.5
中国人寿	3	94.9	国富人寿	36	69.8
友邦人寿	4	93.5	财信吉祥	37	68.9
太保寿险	5	92.5	英大人寿	38	68.9
中邮人寿	6	90.9	东吴人寿	39	68.0
泰康养老	7	90.4	百年人寿	40	68.0
太平养老	8	89.2	利安人寿	41	68.0
中信保诚	9	89.0	信泰人寿	42	67.8
大都会人寿	10	88.8	华贵人寿	43	67.4
平安健康	11	87.4	中意人寿	44	67.3
横琴人寿	12	87.3	华泰人寿	45	67.0
新华人寿	13	86.8	中华人寿	46	66.5
建信人寿	14	86.1	合众人寿	47	66.4
平安人寿	15	85.5	恒安标准	48	64.4
人保健康	16	84.7	招商仁和	49	64.3
光大永明	17	84.2	中银三星	50	64.3
农银人寿	18	83.3	君龙人寿	51	64.1
交银康联	19	83.1	国联人寿	52	63.8
招商信诺	20	82.2	国宝人寿	53	63.5
平安养老	21	81.7	太保健康	54	63.1
幸福人寿	22	80.7	信美人寿	55	63.0
前海人寿	23	79.8	长城人寿	56	61.4
人保寿险	24	78.4	复星联合健康	57	60.3
中宏人寿	25	78.2	渤海人寿	58	60.0
中德安联	26	78.1	和泰人寿	59	59.3
太平人寿	27	77.8	海保人寿	60	58.4
中荷人寿	28	77.4	北京人寿	61	56.0
汇丰人寿	29	77.3	瑞泰人寿	62	53.4
同方全球	30	76.4	爱心人寿	63	49.2
陆家嘴国泰	31	76.1	中韩人寿	64	46.9
阳光人寿	32	75.7	三峡人寿	65	46.1
工银安盛	33	74.1	复星保德信	66	40.0

由表3－18可以看出，2021年中国人身险市场上发展潜力排名前3位的保险公司依次是国华人寿、泰康人寿、中国人寿。在百分制基准下，它们的得分分别为100.0分、95.1分和94.9分。

在参评的66家人身险公司中，发展潜力得分最高的为国华人寿（100.0分），得分最低的为复星保德信（40.0分），平均得分为73.4分，得分高于平均分的公司有34家，占比约为51.5%。得分在80分以上的保险公司有22家，得分在70～80分的保险公司有13家，得分在60～70分的保险公司有23家，得分在60分以下的保险公司有8家。

图3－6显示了发展潜力排名前10位的人身险公司，它们依次是国华人寿、泰康人寿、中国人寿、友邦人寿、太保寿险、中邮人寿、泰康养老、太平养老、中信保诚、大都会人寿。

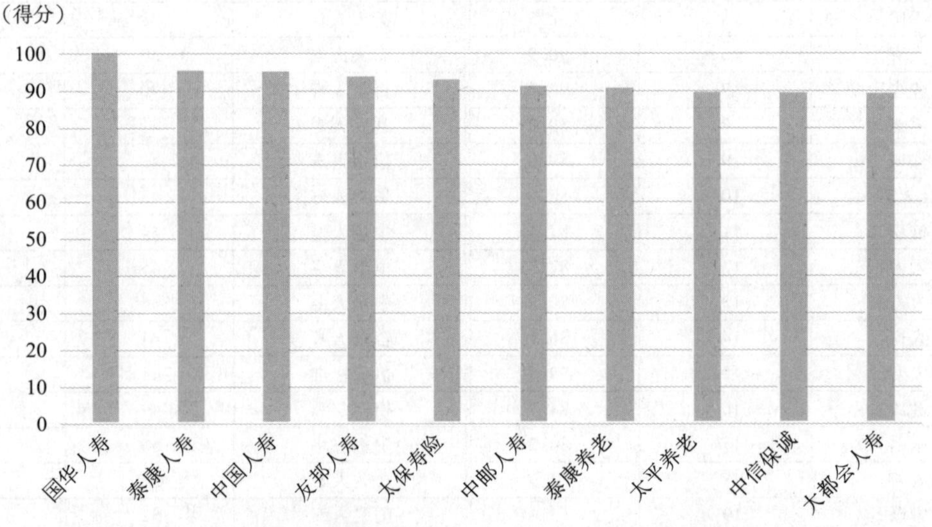

图3－6 发展潜力排名前10位的人身险公司的得分比较

由图3－6可以看到，在发展潜力排名前10位的人身险公司中列第1名的国华人寿（100.0分）占有比较明显的优势，比第2名泰康人寿（95.1分）高出4.9分；而第2名与第10名大都会人寿（88.8分）相差6.3分，这8家公司的平均分差为0.8分左右，较不明显。观察其余人身险公司发展潜力情况，可以发现得分表现出了缓慢下降的趋势，整体差异不大。

（一）发展潜力排名前10位的人身险公司二级指标的排名与得分

表3－19列示了发展潜力排名前10位的人身险公司二级指标的表现。

表 3-19 发展潜力排名前 10 位的人身险公司二级指标的表现

公司名称	发展系数		综合收益增长率		总资产增长率		净资产增长率		市场拓展能力		人均产能		分支机构数目		万张保单投诉量		应收保费周转率		保险业务收入增长率		SARMRA 得分	
	排名	得分	排名	得分	排名	得分	排名	得分	排名	得分	排名	得分	排名	得分	排名	得分	排名	得分	排名	得分	排名	得分
国华人寿	28	60.0	1	100.0	57	50.3	22	71.6	14	65.1	5	87.9	25	75.1	8	96.9	17	92.2	27	60.3	35	74.5
泰康人寿	42	56.4	25	70.2	48	55.7	29	68.4	2	100.0	22	59.4	3	99.6	20	90.8	34	91.9	37	57.8	5	97.7
中国人寿	53	53.9	28	69.7	51	53.9	32	68.0	4	96.2	28	55.5	2	99.6	7	97.0	49	91.7	51	54.2	3	98.8
友邦人寿	1	100.0	5	76.4	50	54.3	2	100.0	7	78.4	13	71.3	48	48.5	10	95.9	1	100.0	1	100.0	7	94.9
太保寿险	55	53.8	27	70.0	58	49.9	25	69.5	3	98.2	52	48.9	5	99.0	16	93.5	52	91.7	54	53.7	8	94.8
中邮人寿	46	55.4	24	70.3	15	82.4	35	66.7	29	52.2	2	99.7	20	79.7	2	98.6	40	91.8	45	55.6	45	66.8
泰康养老	8	78.6	48	67.3	17	81.3	52	58.0	25	54.6	3	95.1	10	99.0	15	94.1	8	92.8	8	78.8	20	85.5
太平养老	33	58.9	16	71.0	29	65.7	18	74.6	45	46.5	47	49.9	4	99.6	4	97.8	27	92.0	31	59.2	11	91.8
中信保诚	30	59.4	20	70.7	18	74.2	9	82.0	8	76.5	42	50.7	21	79.7	30	78.1	26	92.0	28	59.7	1	100.0
大都会人寿	26	62.5	9	72.6	13	82.6	7	87.2	23	57.5	54	48.5	37	60.7	3	97.9	15	92.3	25	62.9	12	91.5

国华人寿在参评的66家人身险公司中发展潜力列第1名，反映了该公司较为良好的发展前景。国华人寿在发展潜力上的优异表现，得益于其在综合收益增长率（第1名，100.0分）、人均产能（第5名，87.9分）、万张保单投诉量（第8名，96.9分）3项二级指标上的优异表现。除总资产增长率（第57名，50.3分）外，国华人寿的其余发展潜力二级指标排名均处于中上游水平。

泰康人寿的发展潜力列第2名，主要由于该公司在发展潜力各项二级指标上稳定且优秀的表现。泰康人寿在市场拓展能力（第2名，100.0分）、分支机构数目（第3名，99.6分）、SARMRA得分（第5名，97.7分,）指标上表现优秀。

中国人寿的发展潜力列第3名，主要由于该公司市场拓展能力（第4名，96.2分）、分支机构数目（第2名，99.6分）、万张保单投诉量（第7名，97.0分），以及SARMRA得分（第3名，98.8分）等指标上都有着不错的表现。但是，其在发展系数（第53名，53.9分）、总资产增长率（第51名，53.9分）和保险业务收入增长率（第51名，54.2分）指标上表现较弱。

计算发展潜力得分前10位的人身险公司各项二级指标的平均值，可以看出在各指标下前10位人身保险公司的整体情况。总体来看，发展潜力排名前10位的人身险公司，在综合收益率增长率（第7名，73.8分①）、市场拓展能力（第9名，72.5分②）、应收保费周转率（第9名，92.8分③）等指标上的表现都较为良好，均处于整体的上游水平。

（二）发展潜力各二级指标排名前10位的人身险公司的情况

表3－20列示了发展潜力各项二级指标排名前10位的人身险公司及其得分，反映了人身险公司在发展潜力各项二级指标的整体表现和分布情况。

由表3－20可以看出，各项指标排名前10位的人身险公司在分支机构数目和万张保单投诉量2项指标上的差异不大。前者从第1名的100.0分（人保寿险）到第10名的99.0分（泰康养老），后者从第1名的100.0分（中银三星）到第10名的95.9分（友邦人寿）。

---

① 计算前10家公司各项二级指标的平均值，可以得到该平均值在66家人身险公司中的排名。
② 计算前10家公司各项二级指标的平均值，可以得到该平均值在66家人身险公司中的排名。
③ 计算前10家公司各项二级指标的平均值，可以得到该平均值在66家人身险公司中的排名。

表 3-20 发展潜力各二级指标排名前 10 位的人身险公司的得分情况

二级指标	发展系数	综合收益增长率	总资产增长率	净资产增长率	市场拓展能力	人均产能	分支机构数目	万张保单投诉量	应收保费周转率	保险业务收入增长率	SARMRA得分
	公司名称（得分）	公司名称（得分）	公司名称（得分）	公司名称（得分）	公司名称（得分）	公司名称（得分）	公司名称（得分）	公司名称（得分）	公司名称（得分）	公司名称（得分）	公司名称（得分）
1	友邦人寿（100.0）	国华人寿（100.0）	信美人寿（100.0）	汇丰人寿（100.0）	新华人寿（100.0）	弘康人寿（100.0）	人保寿险（100.0）	中银三星（100.0）	友邦人寿（100.0）	友邦人寿（100.0）	中信保诚（100.0）
2	财信吉祥（99.9）	横琴人寿（90.3）	中华人寿（99.8）	友邦人寿（100.0）	泰康人寿（100.0）	中邮人寿（99.7）	中国人寿（99.6）	中邮人寿（98.6）	财信吉祥（95.9）	财信吉祥（99.9）	平安人寿（99.8）
3	信美人寿（88.4）	幸福人寿（79.7）	爱心人寿（99.4）	东吴人寿（98.2）	太保寿险（98.2）	泰康养老（95.1）	泰康人寿（99.6）	大都会人寿（97.9）	中华人寿（93.9）	信美人寿（88.5）	中国人寿（98.8）
4	平安健康（85.9）	光大永明（78.0）	华贵人寿（99.2）	中德安联（91.5）	中国人寿（96.2）	前海人寿（89.6）	太平养老（99.6）	太平养老（97.8）	平安健康（93.6）	平安健康（86.0）	中英人寿（98.0）
5	东吴人寿（84.4）	友邦人寿（76.4）	北京人寿（96.8）	同方全球（90.6）	太平人寿（85.6）	国华人寿（87.9）	太保寿险（99.0）	建信人寿（97.3）	东吴人寿（93.1）	东吴人寿（84.5）	泰康人寿（97.7）
6	北京人寿（83.6）	平安健康（74.5）	国富人寿（95.0）	国富人寿（90.5）	平安人寿（82.5）	渤海人寿（85.6）	平安人寿（99.0）	平安养老（97.1）	北京人寿（93.1）	北京人寿（82.8）	太平人寿（95.4）
7	国联人寿（81.8）	中德安联（73.4）	汇丰人寿（90.4）	大都会人寿（87.2）	友邦人寿（78.4）	交银康联（77.7）	新华人寿（99.0）	中国人寿（97.0）	国联人寿（93.0）	国联人寿（82.0）	友邦人寿（94.9）
8	泰康养老（78.6）	陆家嘴国泰（73.2）	平安健康（89.4）	幸福人寿（83.2）	中信保诚（76.5）	北京人寿（75.7）	太平人寿（99.0）	国华人寿（96.9）	泰康养老（92.8）	泰康养老（78.8）	太保寿险（94.8）
9	中华人寿（76.9）	大都会人寿（72.6）	国宝人寿（88.5）	中信保诚（82.0）	农银人寿（72.2）	信泰人寿（75.5）	平安养老（99.0）	前海人寿（96.3）	瑞泰人寿（92.6）	中华人寿（77.1）	平安养老（92.7）
10	复星联合健康（74.7）	人保健康（71.8）	招商仁和（87.6）	中宏人寿（81.8）	信泰人寿（71.7）	平安健康（74.7）	泰康养老（99.0）	友邦人寿（95.9）	合众人寿（92.6）	复星联合健康（74.7）	工银安盛（92.3）

但各家人身险公司在综合收益增长率（71.8～100.0分）和市场拓展能力（71.7～100.0分）指标上差距十分明显。在发展潜力二级指标中，排名前2位或3位以后的大多数人身险公司的指标得分会出现显著下降，并且分差十分明显。

（三）发展潜力指标结构的模糊聚类分析

本部分根据人身险公司在发展潜力二级指标上的得分，运用模糊聚类方法分析各家人身险公司之间发展潜力的相似程度，为比较各家人身险公司的发展潜力提供了一个新的方法和视角。模糊聚类分析是基于“物以类聚、人以群分”的观念进行的近似程度的比较分析，不是优劣评价。

表3－21中的模糊聚类等价矩阵是对发展潜力排名前10位的人身险公司的一个等价分类，满足自反性、对称性与传递性。

表3－21　发展潜力排名前10位的人身险公司的模糊聚类等价矩阵

公司名称	国华人寿	泰康人寿	中国人寿	友邦人寿	太保寿险	中邮人寿	泰康养老	太平养老	中信保诚	大都会人寿
国华人寿	1.00	0.56	0.56	0.53	0.52	0.52	0.49	0.47	0.47	0.47
泰康人寿	0.56	1.00	1.00	0.90	0.96	0.89	0.80	0.85	0.85	0.84
中国人寿	0.56	1.00	1.00	0.90	0.96	0.89	0.80	0.85	0.85	0.84
友邦人寿	0.53	0.90	0.90	1.00	0.92	0.97	0.83	0.88	0.88	0.87
太保寿险	0.52	0.96	0.96	0.92	1.00	0.91	0.81	0.86	0.86	0.85
中邮人寿	0.52	0.89	0.89	0.97	0.91	1.00	0.83	0.89	0.89	0.88
泰康养老	0.49	0.80	0.80	0.83	0.81	0.83	1.00	0.88	0.88	0.89
太平养老	0.47	0.85	0.85	0.88	0.86	0.89	0.88	1.00	0.97	0.96
中信保诚	0.47	0.85	0.85	0.88	0.86	0.89	0.88	0.97	1.00	0.98
大都会人寿	0.47	0.84	0.84	0.87	0.85	0.88	0.89	0.96	0.98	1.00

由表3－21可以看出，处于主对角线上的值均为1.00。显然，各家人身险公司和自己的相似与贴近程度为100%。此模糊聚类等价矩阵里分值差距较大，介于0.47～1.00。这说明各家人身险公司在发展潜力上的差别较大。

从矩阵中还可以发现，发展潜力列第2名的泰康人寿与列第3名的中国人寿发展潜力相似度最高，达1.00。这表明两家人身险公司的发展潜力表现形式和模式都具有较高的对标性和相似性。

而发展潜力列第1名的国华人寿与发展潜力排名前10位的其余9家人身险公司相似度都很低，分值介于0.47～0.56，处于矩阵中较低的分值范围。

综上所属，除国华人寿之外，发展潜力排名前10位的其余9家人身险公司在发展潜力的模式、观念上差别较小，在各项指标得分上近似度很高，对标性和借鉴性较高。

第四节 2021年中国人身保险公司综合竞争力评价结果的稳健性检验

一、稳健性分析的必要性

在对保险公司的竞争力评价研究中，需要对反映事物的多个变量进行大量的观测，收集大量数据以便进行分析、寻找规律。多变量、大样本无疑会为科学研究提供丰富的信息，主成分分析法的降维特点使其在处理大量信息时显示出优越性。主成分分析法给出了全面衡量保险公司竞争力的一个渠道，然而正是基于其处理信息的大量性，其稳健性才显得愈发的重要。

同时，保险公司在现实的经营中有其自身的发展轨道和趋势，也拥有其自身在市场中地位的连续性即稳健性，市场微小波动，如某个小规模公司进入或者退出市场，对于其他在市场中已经拥有规模优势及占据大量市场的公司来说其相对位置冲击应该不大。如果市场微小波动，导致所有公司排名发生颠覆性变化，那么这个结果就有悖于市场和现实，也就失去了其指导现实的客观性；主成分分析法基于选择代表保险公司竞争力特征的指标来为保险公司“打分”，如果某个指标的微小波动就导致保险公司竞争力排名的剧烈波动，那么主成分分析法也是不稳健的。假设这样一个市场，仅仅由于某个保险公司增开了一家分支机构，该公司本身甚至整个行业的竞争力都发生重大变化，这种情况在现实中也是不可能存在的，所以稳健性分析对于方法的适用性很重要。

稳健性分析对于运用定量分析方法研究保险公司的竞争力评价非常重要，这也是课题组的一个创新性应用研究成果。

二、稳健性的定义与步骤

稳健性（robust）检验的是实证结果是否随着参数设定的改变而发生变化，如果改变参数设定以后，发现结果的顺序等没有发生显著性改变，就说明结果是稳健的；相反，如果结果发生了显著性改变，说明结果不是稳健的，需要寻找问题的所在。

一般根据所要检验问题的具体情况选择稳健性检验的内容。本部分根据保险公司综合竞争力评价结果的影响因素，分两种情况对评价结果进行稳健性检验：

（1）从公司出发，根据一定的标准去掉部分公司后，检验剩余公司的评价结果是否与原来一致。

（2）从指标出发，根据一定的标准去掉部分指标后，重新进行竞争力评价，检验保险公司的评价结果是否与原来一致。

三、2021年人身险公司综合竞争力评价结果的稳健性检验

主要基于两种思路进行人身险公司的稳健性检验。

一是剔除部分公司进行稳健性检验。首先利用聚类分析，将保险公司分为两类。在剔除掉一类公司（公司数目较少的一类）后，对另一类公司仍然运用主成分分析法进行竞争力评价的排名和计分，与这些公司在原来情况下的排名进行比较分析，从而得到保险公司竞争力评价结果的稳健性检验。

二是剔除部分指标进行稳健性检验。利用聚类分析方法对评价指标进行分类，并剔除指标较少的类别后，运用余下的指标对保险公司竞争力进行主成分分析，并将得到的排名与原来的排名进行对比，从而完成稳健性分析。

1. 剔除部分公司后，保险公司竞争力评价的稳健性分析

为了便于剔除公司和提高稳健性分析结果的有效性，运用聚类分析法将66家人身险公司分为4类。根据前述方法，结果见表3－22。

根据聚类分析的原理，如果进行聚类分析时，类别越多，每个类别内的距离最近，则类内的相似度最高。根据以往的经验，我们将这66家公司分为4类。由表3－22可知，弘康人寿、信美人寿、爱心人寿、招商信诺、中韩人寿分别属于类别2、类别3、类别4。剔除这5家公司后，再对剩余的61家公司进行竞争力评价，通过对比前后结果并进行威尔克森符号秩检验，从而对2021年人身险公司综合竞争力的评价结果进行稳健性检验。

首先，重新对剔除5家公司后的61家人身险公司运用主成分分析法进行综合竞争力评价，重新得到61家人身险公司的综合竞争力评价排序，并对前后结果进行比较，其评价排名见表3－23。

表 3-22 运用聚类分析法对人身险公司进行分类

公司名称	类别 4	类别 3	类别 2	公司名称	类别 4	类别 3	类别 2
中国人寿	1	1	1	复星联合健康	1	1	1
太保寿险	1	1	1	信美人寿	2	1	1
平安人寿	1	1	1	华贵人寿	1	1	1
新华人寿	1	1	1	爱心人寿	2	2	1
泰康人寿	1	1	1	和泰人寿	1	1	1
太平人寿	1	1	1	招商仁和	1	1	1
建信人寿	1	1	1	三峡人寿	1	1	1
光大永明	1	1	1	北京人寿	1	1	1
平安养老	1	1	1	海保人寿	1	1	1
合众人寿	1	1	1	国富人寿	1	1	1
太平养老	1	1	1	国宝人寿	1	1	1
人保健康	1	1	1	中宏人寿	1	1	1
信泰人寿	1	1	1	中德安联	1	1	1
农银人寿	1	1	1	工银安盛	1	1	1
长城人寿	1	1	1	中信保诚	1	1	1
人保寿险	1	1	1	交银康联	1	1	1
国华人寿	1	1	1	中意人寿	1	1	1
英大人寿	1	1	1	友邦人寿	1	1	1
泰康养老	1	1	1	中荷人寿	1	1	1
幸福人寿	1	1	1	中英人寿	1	1	1
阳光人寿	1	1	1	同方全球	1	1	1
百年人寿	1	1	1	招商信诺	3	3	1
中邮人寿	1	1	1	恒安标准	1	1	1
利安人寿	1	1	1	瑞泰人寿	1	1	1
前海人寿	1	1	1	华泰人寿	1	1	1
东吴人寿	1	1	1	陆家嘴国泰	1	1	1
弘康人寿	2	2	2	大都会人寿	1	1	1
财信吉祥	1	1	1	平安健康	1	1	1
渤海人寿	1	1	1	中银三星	1	1	1
国联人寿	1	1	1	汇丰人寿	1	1	1
太保健康	1	1	1	君龙人寿	1	1	1
中华人寿	1	1	1	复星保德信	1	1	1
横琴人寿	1	1	1	中韩人寿	4	1	1

表3－23 2021年人身险公司综合竞争力评价结果的前后排名对比（剔除部分公司）

公司	新排名	原排名	原排名－新排名	公司	新排名	原排名	原排名－新排名
中国人寿	1	1	0	泰康养老	32	14	－18
泰康人寿	2	3	1	中银三星	33	60	27
平安人寿	3	2	－1	工银安盛	34	38	4
大都会人寿	4	8	4	前海人寿	35	16	－19
友邦人寿	5	7	2	建信人寿	36	23	－13
太保寿险	6	4	－2	幸福人寿	37	40	3
中华人寿	7	37	30	中邮人寿	38	10	－28
复星联合健康	8	21	13	国富人寿	39	58	19
太平人寿	9	6	－3	中意人寿	40	30	－10
东吴人寿	10	20	10	阳光人寿	41	22	－19
新华人寿	11	5	－6	中英人寿	42	29	－13
平安健康	12	15	3	交银康联	43	19	－24
横琴人寿	13	31	18	平安养老	44	28	－16
中信保诚	14	11	－3	中荷人寿	45	42	－3
国联人寿	15	48	33	汇丰人寿	46	53	7
信泰人寿	16	13	－3	北京人寿	47	51	4
百年人寿	17	9	－8	国华人寿	48	12	－36
人保健康	18	18	0	恒安标准	49	46	－3
财信吉祥	19	34	15	华泰人寿	50	49	－1
华贵人寿	20	36	16	君龙人寿	51	57	6
中宏人寿	21	26	5	中德安联	52	33	－19
合众人寿	22	43	21	利安人寿	53	47	－6
太保健康	23	25	2	瑞泰人寿	54	54	0
英大人寿	24	35	11	招商仁和	55	45	－10
农银人寿	25	24	－1	复星保德信	56	61	5
人保寿险	26	17	－9	渤海人寿	57	50	－7
同方全球	27	41	14	长城人寿	58	52	－6
陆家嘴国泰	28	39	11	海保人寿	59	55	－4
光大永明	29	44	15	和泰人寿	60	56	－4
国宝人寿	30	27	－3	三峡人寿	61	59	－2
太平养老	31	32	1				

在表3－23中，“原排名”列显示的是剔除5家公司后剩余的61家公司在原来综合竞争力评价结果中的排名；“新排名”列显示的是剔除掉5家公司后剩余的61家公司在重新运用主成分分析法后进行评价的综合竞争力评价结果。

其次，对人身险公司的新旧排名进行对比，基本分析情况见表3-24。

表3-24 描述统计（描述性统计资料）

	N	平均数	标准偏差	最小值	最大值
新排名	61	31.0000	17.75293	1.00	61.00
原排名	61	31.0000	17.75293	1.00	61.00

最后，根据表3-24的结果，运用威尔科克森（Wilcoxon）符号秩检验进行稳健性分析。见表3-25。

表3-25 威尔科克森（Wilcoxon）符号秩检验（等级）

		N	平均等级	等级总和
原排名-新排名	负等级	31[a]	28.02	868.50
	正等级	27[b]	31.20	842.50
	等值结	3[c]		
	总计	61		

注：a. 原排名 < 新排名；b. 原排名 > 新排名；c. 原排名 = 新排名。

结果显示，使用“渐进”方法计算的双侧显著性水平Z值为0.920，远大于0.05，所以新旧排名的差异不显著（见表3-26）。也就是说，两个样本来自同一总体，具有相同的总体分布。

表3-26 检验统计结果（检定统计资料[a]）

	原排名-新排名
Z	-0.101[b]
渐近显著性（双尾）	0.920

注：a. Wilcoxon符号等级检定；b. 根据正等级。

运用主成分分析法对2021年人身险公司综合竞争力评价结果的检验在0.05的显著性水平下具有稳健性。即根据聚类分析的结果，剔除部分公司后建立的指标体系，运用主成分分析法对其余公司竞争力的评价结果的影响不显著，通过了稳健性检验。

2. 剔除部分指标后，保险公司竞争力评价的稳健性分析

指标体系应该尽可能地反映保险公司竞争力各方面的信息，显然部分指标的缺失或波动对保险公司竞争力的评价结果有影响。此部分通过聚类分析，剔除部分表

现“特殊”的指标后，再对保险公司竞争力进行评价。通过剔除部分指标对评价结果的影响来进行稳健性检验。

首先，利用聚类分析将所有指标进行分类（见表3－27）。

表3－27　对人身险公司综合竞争力评价二级指标的聚类分析

指标名称	分类5	分类4	分类3	分类2
总资产收益率	1	1	1	1
净资产收益率	1	1	1	1
投资收益率	1	1	1	1
净投资收益率	1	1	1	1
承保利润率	1	1	1	1
投资资产占总资产的比率	2	2	2	1
净利润	1	1	1	1
人均利润	1	1	1	1
净利润增长率	1	1	1	1
综合收益率	1	1	1	1
资本管理系数	1	1	1	1
认可资产负债率	1	1	1	1
资产认可率	1	1	1	1
资本利用率	1	1	1	1
资金成本率	1	1	1	1
准备金保费比率	1	1	1	1
认可资产增长率	1	1	1	1
所有者权益	1	1	1	1
资产杠杆系数	1	1	1	1
资本运用率	1	1	1	1
资本回报率	3	3	1	1
风险调整资本利润率	1	1	1	1
风险调整资本回报率	1	1	1	1
资本管理绩效增长率	1	1	1	1
可运用资金收益率	1	1	1	1
净资产周转率	1	1	1	1
总资产周转率	1	1	1	1
综合费用率	1	1	1	1
综合赔付率	1	1	1	1

续表

指标名称	分类5	分类4	分类3	分类2
综合费用率的增长率	1	1	1	1
险种集中度系数	1	1	1	1
退保率	1	1	1	1
报告期营业收入	1	1	1	1
保险业务收入增长率	1	1	1	1
净利润赔付支出覆盖率	1	1	1	1
保费收入费用增长比	1	1	1	1
万人次投诉量	4	1	1	1
偿付能力充足率	1	1	1	1
流动性比率	5	4	3	2
自留保费率	1	1	1	1
自留保费占净资产的比率	1	1	1	1
自留保费增长率	1	1	1	1
准备金安全率	1	1	1	1
保险负债占总资产的比率	1	1	1	1
现金盈余保障倍数	1	1	1	1
收现比	1	1	1	1
付现比（逆向）	1	1	1	1
资产杠杆率（逆向）	1	1	1	1
发展系数	1	1	1	1
综合收益增长率	1	1	1	1
总资产增长率	1	1	1	1
净资产增长率	1	1	1	1
市场拓展能力	1	1	1	1
人均产能	1	1	1	1
分支机构数目	1	1	1	1
万张保单投诉量	4	1	1	1
应收保费周转率	1	1	1	1
保险业务收入增长率	1	1	1	1
SARMRA 得分	1	1	1	1

其次，根据聚类结果，由表3－27可以看出，对指标进行聚类分析，投资资产占总资产的比率、资本回报率、万人次投诉量、流动性比率、万张保单投诉量这5

项指标特殊，剔除后重新对保险公司进行竞争力评价，将其评价结果与原评价结果进步比较（见表3－28）。

表3－28　　人身险公司综合竞争力评价结果的对比（剔除5项指标后）

公司	新排名	原排名	原排名－新排名	公司	新排名	原排名	原排名－新排名
中国人寿	1	1	0	陆家嘴国泰	34	43	9
泰康人寿	2	3	1	国华人寿	35	15	－20
平安人寿	3	2	－1	泰康养老	36	17	－19
友邦人寿	4	7	3	幸福人寿	37	44	7
大都会人寿	5	8	3	阳光人寿	38	25	－13
太保寿险	6	4	－2	工银安盛	39	41	2
弘康人寿	7	13	6	中意人寿	40	33	－7
新华人寿	8	5	－3	建信人寿	41	26	－15
太平人寿	9	6	－3	太平养老	42	35	－7
复星联合健康	10	24	14	中荷人寿	43	46	3
东吴人寿	11	23	12	前海人寿	44	19	－25
信美人寿	12	11	－1	交银康联	45	22	－23
平安健康	13	18	5	中英人寿	46	32	－14
中华人寿	14	40	26	国富人寿	47	62	15
横琴人寿	15	34	19	中德安联	48	36	－12
信泰人寿	16	16	0	汇丰人寿	49	57	8
华贵人寿	17	39	22	北京人寿	50	55	5
国宝人寿	18	30	12	平安养老	51	31	－20
人保健康	19	21	2	恒安标准	52	50	－2
财信吉祥	20	37	17	华泰人寿	53	53	0
百年人寿	21	9	－12	中银三星	54	64	10
国联人寿	22	52	30	君龙人寿	55	61	6
中宏人寿	23	29	6	利安人寿	56	51	－5
中信保诚	24	14	－10	渤海人寿	57	54	－3
农银人寿	25	27	2	招商信诺	58	12	－46
英大人寿	26	38	12	招商仁和	59	49	－10
人保寿险	27	20	－7	瑞泰人寿	60	58	－2
同方全球	28	45	17	长城人寿	61	56	－5
中邮人寿	29	10	－19	海保人寿	62	59	－3
光大永明	30	48	18	和泰人寿	63	60	－3
爱心人寿	31	42	11	复星保德信	64	65	1
太保健康	32	28	－4	三峡人寿	65	63	－2
合众人寿	33	47	14	中韩人寿	66	66	0

最后，根据表3－28的结果，运用威尔科克森（Wilcoxon）符号秩检验，进行稳健性分析。主要结论见表3－29、表3－30、表3－31。

表3－29 原排名与新排名的基本情况（描述性统计资料）

	N	平均数	标准偏差	最小值	最大值
新排名	66	33.5000	19.19635	1.00	66.00
原排名	66	33.5000	19.19635	1.00	66.00

表3－30 指标的威尔科克森（Wilcoxon）符号秩检验（等级）

		N	平均等级	等级总和
原排名－新排名	负等级	31[a]	30.63	949.50
	正等级	31[b]	32.37	1 003.50
	等值结	4[c]		
	总计	66		

注：a. 原排名<新排名；b. 原排名>新排名；c. 原排名＝新排名。

表3－31 威尔科克森（Wilcoxon）符号秩检验结果（检定统计资料[a]）

	原排名－新排名
Z	－0.189[b]
渐近显著性（双尾）	0.850

注：a. Wilcoxon符号等级检定；b. 根据负等级。

表3－31列出了统计检验结果。结果显示，使用“渐进”方法计算的双侧渐进显著性水平Z值为0.850，远大于0.05，两组排名的差异不显著。剔除部分特殊指标后，采用剩余的指标进行竞争力评价与没有剔除这些指标下的评价结果差异不显著。也就是说，两个样本来自同一总体，具有相同的总体分布，即认为主成分分析法对于指标的变化具有统计上的稳健性，通过了稳健性检验。

3. 结论及建议

由以上一系列的分析可知，利用主成分分析法进行保险公司竞争力评价研究时，剔除少部分公司或者指标后，对于保险公司竞争力评价的最后结果影响有限，即评价结果具有统计上的稳健性。

但是，从评价结果看，通过聚类分析方法，剔除少部分公司的评价结果比剔除少部分指标的评价结果更具有稳健性。这一定程度上说明，部分公司的进入或者退出对最后结果的影响没有指标的选择对评价结果的影响大，所以选择比较客观、全面和科学的指标，对于保险公司竞争力的评价结果尤为关键。同时，从得到的个别结果来看，某些公司的排名波动较大，可以考虑在对公司进行最终的排名前设计一种过滤方法，将对主成分排名法最终排名结果影响较大的因子予以剔除，或者运用最优化方法选择使得最终竞争力排名的结果波动最小的因子（这与主成分分析法中寻找方差占比最大的综合因子并不矛盾，因为它们所指的对象并不一样）。而这些因子从理论上说最能够代表保险公司竞争力的本质，但是这是一个不断探索和优化的过程，甚至需要对其选择标准进行数理化的设定，有待进一步的研究。

第四章
中国财产保险公司竞争力评价分析

保险公司竞争力评价研究都是基于公开、客观和科学的原则，即研究方法、评价指标、数据来源等坚持公开、客观和科学的原则。

本报告坚持评价过程和目标要客观有效，避免或者尽量减少人为主观因素的干扰；考虑到结果的敏感性，在有可能使用定量分析的地方，使用定量分析；尽量避免或者减少涉及权重选择等主观性问题的评价方法。

一、信息来源说明

保险公司竞争力评价研究的数据主要来源于各家保险公司的年度信息披露报告，少部分数据来源于历年的《中国保险年鉴》和原中国保监会、中国保险学会、中国保险行业协会以及各公司自己的网站信息，即全部数据都来源于公开渠道。

保险公司的 2021 年年报信息披露报告主要包括以下 5 个方面内容：公司简介、年度财务报告及其附注、风险管理状况、产品信息、偿付能力信息。本研究主要从以上报表获取数据进行研究。

二、研究对象

根据中国银保监会网站，截至 2021 年 12 月 31 日，中国财产险公司共有 87 家，其中，中资公司 66 家，外资保险公司共有 21 家①。

截至 2022 年 5 月 31 日，在这 66 家公司中，未披露 2021 年年度信息披露报告或者年度信息披露报告不完整的有 7 家公司，分别为：出口信用、瑞再企商、大家财险、天安财险、东海航运、易安财险、长江财险。

此外，披露的部分数据不能满足保险公司竞争力评价的需要或者部分指标数据异常

① 2020 年 6 月 30 日，获中国银保监会批准（银保监复〔2020〕394 号），由信利保险（中国）有限公司变更为信利再保险（中国）有限公司，并于 2020 年 7 月 3 日完成公司名称以及经营范围的工商变更登记，在中国境内从事非寿险再保险业务。

的保险公司主要有劳合社、渤海财险、太平科技、安心财险、华海财险、浙商财险。

公司的部分指标数据异常或特殊，并不意味着公司经营绩效的“优”或“劣”。为了避免少数公司的部分指标异常对其他公司的评价结果产生重大、异常的影响，从而使得评价结果不合常理，本章采用主成分分析法、因子分析法进行竞争力运算，进行必要的前期数据处理。

上述 13 家公司，如果有任何问题、建议或者意见，请与保险公司竞争力评价研究课题组联系。

课题组共对 74 家财产保险公司进行竞争力评价。

三、特别说明

（1）本章的分析都是采用公开发布的披露数据进行分析，并根据实质重于形式的原则对发现的个别公司披露数据存在错误或异样的年报信息进行调整，或者在涉及该指标时进行批注说明。

（2）本章的分析采用的数据皆来源于已公开的资料或课题组成员的个人分析，但不保证上述信息的完整与准确性，中国精算研究院不因使用本报告而产生的一切后果承担责任，只以此作为学术研究以及学界和业界的信息交流与参考。同时本报告中的分析为课题组成员的个人观点，并不代表中国精算研究院的观点。有关问题的来源、讨论或争议，请与本课题组联系。

（3）在本章的评价指标中，有的指标取值越大越好，称为正向指标；有的指标取值越小越好，称为逆向指标；有的指标取值位于中间的某个值为好。对于逆向指标，本报告均已进行逆向化处理，即逆向化后的指标数据的取值也是越大越好。对于取值位于中间某个值为好的指标，本章通过构建系数的方式对此类指标进行处理，经过系数化后的指标取值也是越大越好。

第一节　财产保险公司竞争力指标体系的构建

一、评价指标体系说明

目前，国内外还没有一个比较明确的、被广泛接受的“保险公司竞争力”的定义。本报告综合国内外相关研究，结合课题组成员的经验和理解，给出保险公司竞争力的定义：保险公司竞争力是保险公司根据行业和自身特点，在市场经济环境中，综合运用其人力、物力、财力等各种资源，获得相对于竞争对手表现出来的更强的生存能力、创新能力和持续发展能力的总和，是公司综合能力的体现。同时，竞争力也是一个相对的概念，强调的是保险行业内竞争者之间的比较。

本报告进行的保险公司竞争力评价研究是以保险公司为出发点和落脚点，建立保险公司的盈利能力、资本管理能力、经营能力、风险管理能力和发展潜力 5 个一级指标，以反映保险公司竞争力的不同方面。首先，在每个一级指标下建立个数不等的二级指标（如果不特别说明，二级指标均为正向指标）；其次，通过对二级指标定量分析得到保险公司一级指标的评价结果；最后，对全部二级指标进行定量分析，得到保险公司竞争力的综合评价结果。

二、指标体系构建

（一）盈利能力指标

盈利能力指标共有 10 个二级指标，包括比率、结构分析指标和规模指标。

1. 总资产收益率

$$\text{总资产收益率} = \text{报告期净利润} \div \frac{\text{期初总资产} + \text{期末总资产}}{2} \times 100\%$$

2. 净资产收益率

$$\text{净资产收益率} = \frac{\text{净利润}}{\text{平均净资产}} \times 100\%$$

3. 投资收益率

$$\text{投资收益率} = \frac{\text{投资收益总额}}{\text{（期初投资资产} + \text{期末投资资产）的均值}} \times 100\%$$

4. 净投资收益率

$$\text{净投资收益率} = \frac{\text{利润表中的投资收益} + \text{其他业务收入}}{\text{（期初投资资产} + \text{期末投资资产）的均值}} \times 100\%$$

5. 承保利润率

$$\text{承保利润率} = \frac{\text{承保利润}}{\text{已赚保费}} \times 100\%$$

6. 投资资产占总资产比率

$$\text{投资资产占总资产比率} = \frac{\text{平均投资资产}}{\text{平均总资产}} \times 100\%$$

7. 净利润增长率

$$\text{净利润增长率} = \frac{\text{当年净利润} - \text{上一年净利润}}{\text{上一年净利润的绝对值}} \times 100\%$$

8. 人均利润

$$人均利润=\frac{利润总额}{公司职工人数}$$

9. 净利润

10. 综合收益率

综合收益率=（利息收入+投资收益+交易类公允价值变动+可供出售类公允价值变动-交易费用及税金+其他综合收益）÷两年平均投资资产×100%

（二）资本管理能力指标

资本管理能力包含12个二级指标，包括1个规模指标和11个比率、结构性分析指标。

1. 资本管理系数

偿付能力充足率（x）=实际资本÷最低资本×100%

$$资本管理系数=\begin{cases}\dfrac{x-100\%+50\%}{50\%}, & 50\%\leqslant x\leqslant 100\%\\ 1, & 100\%<x\leqslant 300\%\\ \dfrac{300\%+2\,000\%-x}{2\,000\%}, & 300\%<x\leqslant 300\%+2\,000\%\\ 0, & 其他\end{cases}$$

2. 认可资产负债率

$$认可资产负债率=\frac{认可负债}{认可资产}\times 100\%$$

3. 资产认可率

$$资产认可率=\frac{认可资产}{总资产}\times 100\%$$

4. 认可资产增长率

$$认可资产增长率=\frac{期末认可资产-期初认可资产}{期初认可资产}\times 100\%$$

5. 资本利用率

$$资本利用率=\frac{保险业务收入}{所有者权益}\times 100\%$$

6. 准备金保费比率

准备金保费比率=两年的（未到期责任准备金+未决赔款准备金+保险保障基金+寿险责任准备金+长期健康险责任准备金-应收分保未到期责任准备金-应

收分保未决赔款准备金 - 应收分保寿险责任准备金 - 应收分保长期健康险责任准备金）均值 ÷ 两年的原保费收入的均值 ×100%

7. 资产保费比

$$资产保费比 = \frac{报告期期末总资产}{报告期保险业务收入} \times 100\%$$

8. 所有者权益（净资产）

9. 资产报酬率

$$资产报酬率 = \frac{股东权益合计 + 利润总额}{平均资产总额} \times 100\%$$

10. 风险调整资本回报率

风险调整资本回报率 = （综合收益 - 保险业务营业税金及附加 - 业务及管理费 - 手续费及佣金 - 报告期退保金额）÷ 最低资本 ×100%

11. 资本管理绩效增长率

$$资本管理绩效增长率 = \frac{当年净利润}{最低资本} \div \frac{上一年净利润}{最低资本} \times 100\%$$

（三）经营能力指标

经营能力指标由 13 个指标构成，包括 12 个比率或结构性指标，1 个规模指标。

1. 净资产周转率

$$净资产周转率 = 报告期营业收入合计 \div \frac{期初股东权益 + 期末股东权益}{2} \times 100\%$$

2. 总资产周转率

$$总资产周转率 = 报告期营业收入合计 \div \frac{期初总资产 + 期末总资产}{2} \times 100\%$$

3. 综合赔付率

综合赔付率 = （赔付支出 - 摊回赔付支出 + 提取未决赔款准备金 - 摊回未决赔款准备金 + 保费准备金）÷ 已赚保费 ×100%

4. 综合费用率

综合费用率 = （业务及管理费 + 手续费及佣金 + 分保费用 + 保险业务营业税金及附加 - 摊回分保费用）÷ 已赚保费 ×100%

5. 综合成本率的变化率

$$综合成本率的变化率 = \frac{期末综合成本率 - 期初综合成本率}{期初综合成本率} \times 100\%$$

6. 险种集中度系数

$$险种集中度系数 = \sum_{i=1}^{5}(前\,i\,种产品的各自保费收入)^2 \div (前5种产品保费总收入)^2$$

7. 报告期营业收入

8. 营业收入增长率

$$营业收入增长率 = \frac{期末营业收入 - 期初营业收入}{期初营业收入} \times 100\%$$

9. 净利润赔付支出覆盖率

净利润赔付支出覆盖率 = 总利润 ÷ （赔付支出 - 摊回赔付支出 + 提取未决赔款准备金 - 摊回未决赔款准备金） ×100%

10. 应收分保率

$$应收分保率 = \frac{(期初应收分保账款 + 期末应收分保账款)}{(期初分出保费 + 期末分出保费)} \times 100\%$$

11. 车险保费占比

$$车险保费占比 = \frac{车险保费收入}{公司保费收入} \times 100\%$$

12. 保费收入费用增长比

$$保费收入费用增长比 = \frac{当期原保费收入 - 上一期原保费收入}{当期综合费用 - 上一期综合费用} \times 100\%$$

13. 再保险亏损率

再保险亏损率 = （分出保费 - 摊回赔付支出 - 摊回保险责任准备金 - 摊回分保费用） ÷分出保费 ×100%

（四）风险管理能力指标

风险管理能力由11个比率、结构性分析指标构成。

1. 偿付能力充足率

$$偿付能力充足率 = \frac{实际资本}{最低资本} \times 100\%$$

2. 流动性比率

$$流动性比率 = \frac{流动性资产余额}{流动性负债余额} \times 100\%$$

3. 自留比率

$$自留比率 = \frac{自留保费}{保险业务收入} \times 100\%$$

4. 未决赔款准备金充足率

$$未决赔款准备金充足率=\frac{近两年的提取未决赔款准备金的均值}{近两年赔付支出的均值}\times 100\%$$

5. 自留保费占净资产的比率（肯尼系数）

$$自留保费占净资产的比率=\frac{自留保费}{（期初所有者权益+期末所有者权益）的均值}\times 100\%$$

6. 应收保费率

应收保费率=（期初应收保费+期末应收保费）÷（期初保险业务收入+期末保险业务收入）×100%

7. 保险负债占总资产比

$$保险负债占总资产比=\frac{保险负债}{总资产}\times 100\%$$

8. 收现比

收现比=（经营活动、投资活动、筹资活动的现金流入合计+汇率变动对现金及现金等价物的影响额）÷营业收入合计

9. 付现比

付现比=（经营活动、投资活动、筹资活动的现金流出合计+汇率变动对现金及现金等价物的影响额）÷营业支出合计

10. 现金盈余保障倍数

$$现金盈余保障倍数=\frac{经营活动净现金流}{净利润的绝对值}$$

11. 负债权益比率

$$负债权益比率=\frac{总负债}{股东权益}\times 100\%$$

（五）发展潜力指标

发展潜力指标由11个指标构成，包括9个比率、结构性分析指标和两个规模指标。

1. 发展系数

$$发展系数=\frac{公司的原保费收入增量市场份额}{公司的原保费收入市场份额}\times 100\%$$

2. 保险业务收入增长率

$$保险业务收入增长率=\frac{公司当年保险业务收入-公司上一年保险业务收入}{公司上一年保险业务收入}\times 100\%$$

3. 总资产增长率

$$总资产增长率=报告期营业收入合计\div\frac{期初总资产+期末总资产}{2}\times100\%$$

4. 净资产增长率

$$净资产增长率=\frac{期末所有者权益-期初所有者权益}{期初所有者权益}\times100\%$$

5. 资本运营充分率

$$资本运营充分率=\frac{公司原保费收入}{实收资本或股本+资本公积}\times100\%$$

6. 人均产能

$$人均产能=\frac{保险业务收入}{公司职工人数}$$

7. 人均产能增长率

$$人均产能增长率=\frac{期末人均产能-期初人均产能}{期初人均产能}\times100\%$$

8. 承保潜力

承保潜力=4-自留保费÷（实收资本+资本公积+盈余公积）

9. 亿元保费投诉量

10. 分支机构数目

11. 单位最低资本利润增长率

$$单位最低资本利润增长率=\frac{期末净利润-期初净利润}{平均最低资本}\times100\%$$

第二节　2021年中国财产保险公司综合竞争力评价结果与分析

为了保证对保险公司竞争力评价的客观性和科学性，首先，本报告根据指标的正向和逆向进行数据的预处理、统一，使处理后的全部指标数据为正向，即其数据越大越好；其次，指标数据中有些是比率指标，有些是数值指标，为了避免“以大欺小”以及指标单位对评价结果的影响，本报告对全部数据进行归一化处理，即全部指标数据取值都在0~1；最后，本报告运用主成分分析法，对全部56个二级指标数据进行计算（并对部分指标进行了加权处理），得到综合竞争力评价结果。此外，在对一级指标（如盈利能力、资本管理能力等）进行竞争力评价时，是对一级指标下的二级指标进行主成分分析。因此，综合竞争力的评价结果并不是对一级指标的评价结果的简单加权处理，二级指标与一级指标的隶属关系不影响对综合竞争力的评价结果。

为了便于对保险公司的业绩进行比较，以下披露的各家保险公司的二级指标数据均进行了逆向化处理，即得分高着意味着对一级指标具有更大的“正向”作用，得分低者对于一级指标具有较低的“负向”作用。同时，根据综合运用主成分分析、因子分析得到的对保险公司综合竞争力以及一级指标的评价结果，设定最高分不超过 100 分，最低分不低于 40 分。

一、2021 年财产保险公司综合竞争力的得分与排名

在数据预处理后，本报告得到 74 家财产险公司的 56 个二级指标数据。为了更好地反映保险公司竞争力的实际情况，根据保险业发展阶段和课题组对于保险公司发展规律的认识，课题组对部分指标进行了加权处理，得到一个 74×60 的数据矩阵；运用主成分分析法，本报告共选取 15 个主成分，其累计解释率为 86.2%，其中每个主成分都是这些二级指标的线性组合（见图 4－1）。

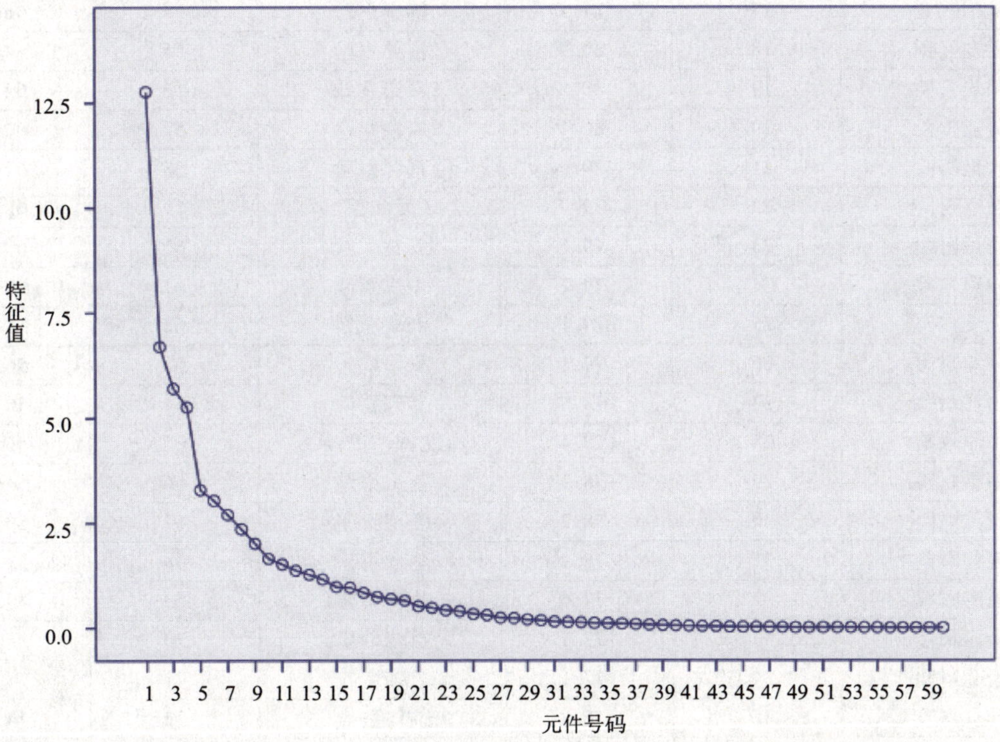

图 4－1　财产险公司综合竞争力分析的陡坡图（碎石图）

选取这15个主成分后，就可得到中国财产险公司综合竞争力的评价得分与排名（见表4-1）。

表4-1　　2021年中国财产险公司综合竞争力评价得分与排名

公司	排名	百分制	公司	排名	百分制
人保财险	1	100.0	凯本财险	38	75.7
平安财险	2	95.1	燕赵财险	39	73.8
太保财险	3	94.4	苏黎世保险	40	72.9
英大财险	4	93.5	永安财险	41	71.8
中石油专属保险	5	92.3	东京海上	42	71.8
众安财险	6	92.3	建信财险	43	71.1
黄河财险	7	91.9	阳光财险	44	70.3
鼎和财险	8	90.5	泰山财险	45	70.2
诚泰财险	9	88.4	中华联合	46	69.8
铁路自保	10	87.2	中航安盟	47	69.0
久隆财险	11	85.4	三井住友	48	68.2
中远海运自保	12	84.9	中意财险	49	68.1
恒邦财险	13	84.8	国泰财险	50	67.7
安信农险	14	83.5	太平财险	51	67.3
华泰财险	15	83.3	史带财产	52	67.3
广东能源自保	16	82.2	永诚财险	53	67.2
日本兴亚	17	81.7	锦泰财险	54	66.4
汇友互助	18	80.9	富德财险	55	64.8
阳光农险	19	80.8	泰康在线	56	64.3
美亚保险	20	80.1	安联财险	57	62.6
大地财险	21	79.9	都邦财险	58	62.5
融盛财险	22	79.7	爱和谊	59	62.2
安诚财险	23	79.6	安达保险	60	60.5
中路财险	24	79.2	中煤财险	61	60.4
鑫安汽车	25	79.1	海峡金桥	62	57.7
日本财险	26	79.1	安华农险	63	56.9
国任财险	27	78.8	富邦财险	64	56.7
中原农险	28	78.4	北部湾财险	65	56.1
中银财险	29	78.3	亚太财险	66	54.1
三星财险	30	78.2	安盛天平	67	53.0
现代财险	31	78.1	华农财险	68	52.7
国寿财险	32	77.6	华安财险	69	49.1
众惠相互	33	77.1	珠峰财险	70	48.5
紫金财险	34	77.1	长安责任	71	48.3
合众财险	35	76.8	前海联合	72	44.9
众诚财险	36	76.5	利宝互助	73	40.5
国元农险	37	75.7	阳光信用	74	40.0

二、结论与分析

本报告根据中国保险业的发展状况，修改和完善了财产险公司竞争力评价指标体系，并进一步明确了当前中国财产险公司行业发展与保险市场建设以及保险公司应关注的关键指标。根据保险公司竞争力的定义和相应的评价指标体系，运用主成分分析法对中国财产险公司的竞争力进行了评价分析。

课题组的研究表明，国际经济金融危机对中国保险业发展的影响开始逐渐减小，中国财产险公司的管理能力和技术不断提高。中国财产险公司在注重规模的同时开始注重效益，并且中资保险公司的竞争力普遍高于外资保险公司。本报告的主要结论如下。

1. 综合竞争力方面

由 2021 年中国财产险公司的综合竞争力评价结果可以看出，综合竞争力排名前 10 位的公司全部是中资保险公司。其中，人保财险、平安财险、太保财险占据参评的全部 74 家公司中的前 3 位。整体来看，得益于国家的经济发展、政策监管的不断完善和保险公司资本、管理、技术的不断提高，中国财产保险公司的竞争力不断得到加强，但是，在风险管理能力和产品开发能力方面还有待加强。

2. 盈利能力方面

2021 年，以承保为利润主要来源的财产保险行业取得了不菲的业绩，财产保险公司的盈利能力普遍提高。盈利能力竞争力排名前 10 位的财产险公司中，9 家为中资保险公司，说明中资保险公司的盈利能力与外资保险公司相比，具有比较明显的优势；2021 年盈利能力竞争力排名前 10 位的财产险公司中，仍然没有一家农业保险公司入围，说明随着政策性农业保险业务的放开和相关业务的激烈竞争，政策性农业保险业务对财产险公司盈利水平的贡献将越来越不明显。同时，盈利能力排名前 10 位的公司中，有两家是专业自保公司，分别是中石油专属保险（排名第 4 位）、中铁自保（排名第 10 位），此外，广东能源自保排名第 11 位，中远海运自保排名第 15 位，即我国内地 4 家专业自保公司在盈利能力方面都取得了优秀的成绩。

专业自保公司作为我国新兴的保险组织形式，为母公司带来了更高水平的盈利能力和保障水平。同时我们也应该看到，许多传统商业财产保险公司在新增车险需求疲弱的环境下，如何拓展业务能力、寻找优势项目以及提高公司的产品开发能力等，都遇到了一个发展的瓶颈，专业自保公司的快速发展和优秀表现也许给予业界、学界和政府监管部门更多的启示。

3. 资本管理能力方面

在资本管理能力方面排名前10位的财产险公司中，中资保险公司与外资保险公司可以说是“平分秋色”。根据评价结果，资本管理能力排名前10位的财产保险公司中，有4家是外资保险公司，分别是爱和谊（排名第1位）、苏黎世保险（排名第5位）、史带财产（排名第7位）和三星财险（排名第8位），其余6家均为中资保险公司，值得注意的是爱和谊连续4年的资本管理能力排名前10位。

4. 经营能力方面

2021年，财产保险公司经营能力评价结果排名前10位的保险公司全部为中资保险公司，可以说中资保险公司的经营管理能力占有绝对优势。此前连续两年（2019年、2020年）有两家外资保险公司入围经营能力得分排名前10位，在疫情影响下，中资保险公司在经营能力竞争力方面的优势扩大。

根据经营能力评价指标可以看出，中资财产险公司在总资产周转率和净资产周转率方面排名靠前（意味着经营得比较辛苦），在综合费用成本控制方面比较严格（综合费用率较低）；外资保险公司在综合赔付的成本控制方面比较严格（综合赔付比较低）、分保能力强、保费收入的来源比较均衡稳定。

由于股东背景、公司管理能力和策略的不同，中资财产险公司在经营管理能力方面还有许多有待改进和学习的地方。

5. 风险管理能力方面

在风险管理能力方面，2021年的评价结果与往年相比大相径庭。在风险管理能力评价中，一是我国内地4家专业自保公司全部进入风险管理能力排名前10位；二是与往年外资保险公司的风险管理能力占有比较明显优势的情况不同，2021年风险管理能力排名前10位的公司中，仅有两家外资保险公司入围（日本兴亚，排名第9位；凯本财险，排名第10位）；三是汇友互助排名第1位，这样传统商业财产保险公司仅有3家公司（众诚保险，排名第3位；融盛保险，排名第5位；合众财险，排名第6位）入围风险管理能力排名前10位。

在2020年风险管理能力排名前10位的财产保险公司中，有3家专业自保公司入围，分别是中石油专属保险（排名第1位）、中远海运自保（排名第2位）和铁路自保（排名第5位）。截至2021年底，注册地在内地的中国专业自保公司只有4家，连续两年中国专业自保公司在风险管理能力方面表现突出，说明专业自保公司在风险管理能力方面比传统商业财产保险公司具有得天独厚的先天优势和基因。专业自保公司也许会成为很多大型国有企业或者国有集团组织进行风险管理的比较新颖的方式和组织形式。

6. 发展潜力方面

发展潜力竞争力排名前10位的公司全部为中资保险公司，没有外资保险公司。这说明中资保险公司在发展潜力方面具有比较明显的优势。同时，外资保险公司在保险理念、技术、资本等方面有许多中资保险公司需要学习的地方。

结合近些年的研究结论，说明中资保险公司竞争力取得了飞速发展，中资保险公司的竞争力低于外资保险公司的论断并不成立。通过研究分析，我们对中国保险公司的竞争力现状有了一个基本的了解。

针对中国财产险公司竞争力评价的结论，为了更好地提高财产险公司的竞争力，建议如下：

第一，财产险公司应该加强企业的风险管理。在中国经济结构转型升级，以及国际金融危机尚未得到解决甚至有所深化的国内外环境下，如何控制资本市场的风险、产品创新风险等，是保险公司面临的诸多挑战，严重的可能会导致偿付能力不足的风险。因此，高标准地开展承保业务和保持充足的资本是财产险公司管理风险的关键。在中国财产险市场迅速发展的过程中，相对于外资保险公司，中资保险公司只有相对较低的资本实力和偿付能力充足率，这是一个很清楚的警示信号：财产险公司要注重内部的全面风险管理。

同时，我国专业自保公司的快速发展也许能为我国财产保险产业的发展提供一个新的思路和借鉴。在国家和社会越来越重视风险管理能力建设，要求保险产业“保险姓保”、保险服务实体经济、保险服务“一带一路”建设等方面，相较于传统商业保险公司，专业自保公司的治理结构、轻量化管理和经营思路等方面的特点和优势都应该引起业界、学界和政府监管部门的重视和研究。

第二，在现阶段，整体比较而言，中国财产保险公司要想提高竞争力，必须实现规模、效益、风险的统一，确保机构数达到20～25家，保费规模达到100亿元以上，注册资本50亿元以上，总资产达到300亿元以上。

第三，2022年，财产险市场竞争的激烈程度将进一步提高，市场格局的转变速度将不断加快，规模化经营与互联网金融的快速发展给实力不强的中小财产险公司带来巨大的生存压力和突破空间。因金融、保险市场的不断发展，政府监管力度、质量的不断提高，预计2022年财产保险行业承保利润和投资收益的竞争将更加激烈。

第四，加大政府和中国保险监督管理委员会对保险公司的支持力度。随着第二代偿付能力建设，以及费率市场化、利率市场化的改革，财产险公司需要继续推进渠道转型，需要更注重电销、网销和交叉销售，增强产品开发能力，满足不同层次消费者的需求，提高行业的服务管理水平。

第五，探讨外资保险公司竞争力普遍低于中资保险公司的原因并予以改进。这方面既有股东背景和资金实力的问题，也有综合费用与综合赔付的成本管理策略和分保再保的技术策略等问题，需要财产险公司根据自己的实际情况和定位进行具体分析。

第六，我国经济由高速增长阶段转向高质量发展阶段，需要更好发挥保险作用。党的十九大做出了我国经济由高速增长阶段转向高质量发展阶段的重大判断，这一过程要求坚持市场化改革，更好发挥市场配置资源的决定性作用。在我国经济由高速增长阶段转向高质量发展阶段这一历史进程中，通过商业保险市场化手段解决转型过程中可能出现的风险问题，可以有效促进社会和谐稳定。

总而言之，随着国家经济实力和保险意识的增强，我们的研究所得到的中国财产险公司竞争力排名，向中国的财产险公司发出了强烈而积极的信号：中国财产险业有着光明的发展前景。

第三节　2021年中国财产保险公司综合竞争力一级指标的评价结果与分析

根据定义，财产保险公司的综合竞争力评价含有盈利能力、资本管理能力、经营能力、风险管理能力和发展潜力5个一级指标。各一级指标下含有数量不等的二级指标。本节基于二级指标，运用主成分分析法，对74家财产险公司的一级指标的表现情况进行评价和分析。

一、2021年财产险公司盈利能力的排名与分析

盈利能力共包含10个相关二级指标。经过数据预处理后，本报告得到一个74×10的数据矩阵。运用主成分分析法，本报告共选取了5个主成分，其累计解释率为88.55%，其中，每个主成分都是这10个二级指标的线性组合。将主成分分析得分按照最低分40、最高分100进行标准化，得到各公司盈利能力的百分制得分（见表4-2）。

表 4-2 财产险公司盈利能力竞争力排名与得分

公司	排名	百分制	公司	排名	百分制
众安财险	1	100.0	东京海上	38	66.0
人保财险	2	92.2	紫金财险	39	65.0
平安财险	3	88.7	合众财险	40	64.4
中石油专属保险	4	85.3	阳光财险	41	64.4
久隆财险	5	84.4	三井住友	42	64.4
富邦财险	6	83.4	阳光农险	43	63.8
太保财险	7	81.5	苏黎世保险	44	63.7
华泰财险	8	80.8	美亚保险	45	62.9
永安财险	9	80.8	华安财险	46	62.8
铁路自保	10	80.5	太平财险	47	62.3
广东能源自保	11	79.4	永诚财险	48	61.9
国泰财险	12	78.5	安华农险	49	61.6
英大财险	13	78.2	凯本财险	50	60.9
众惠相互	14	77.6	建信财险	51	60.9
中远海运自保	15	76.7	大地财险	52	60.8
中华联合	16	76.2	华农财险	53	60.6
黄河财险	17	75.7	燕赵财险	54	60.6
鼎和财险	18	75.2	爱和谊	55	60.3
国任财险	19	75.2	中意财险	56	60.2
锦泰财险	20	74.5	北部湾财险	57	59.9
诚泰财险	21	74.5	三星财险	58	59.6
安诚财险	22	72.5	富德财险	59	59.3
中路财险	23	72.5	安联财险	60	59.0
鑫安汽车	24	71.9	中原农险	61	58.8
泰山财险	25	71.5	日本兴亚	62	58.1
众诚财险	26	69.9	安盛天平	63	57.3
融盛财险	27	69.9	史带财产	64	56.9
中银财险	28	69.7	珠峰财险	65	56.5
恒邦财险	29	69.5	中航安盟	66	55.4
安信农险	30	69.5	安达保险	67	55.4
泰康在线	31	68.7	亚太财险	68	54.2
国元农险	32	68.6	利宝互助	69	52.0
汇友互助	33	68.6	前海联合	70	50.7
日本财险	34	68.5	都邦财险	71	50.4
国寿财险	35	68.5	海峡金桥	72	50.4
长安责任	36	68.4	现代财险	73	49.0
中煤财险	37	68.2	阳光信用	74	40.0

由表 4-2 可以看出，中国财产险市场中盈利能力排名前 3 位的保险公司依次是众安财险、人保财险、平安财险。在百分制基准下，它们的盈利能力得分分别为 100 分、92.2 分、88.7 分。

在参评的 74 家财产保险公司中，盈利能力的得分最高的为众安财险（100.0 分），得分最低的为阳光信用（40.0 分），平均得分为 67.4 分，得分高于平均分的保险公司有 37 家，占比 50.0%。得分在 90 分以上的保险公司有 2 家，得分在80～90 分的保险公司有 8 家，得分在 70～80 分的保险公司有 15 家，得分在 60～70 分的保险公司有 31 家，得分在 60 分以下的保险公司有 18 家。

图 4-2 显示了盈利能力排名前 10 位的财产险公司，它们依次是众安财险、人保财险、平安财险、中石油专属保险、久隆财险、富邦财险、太保财险、华泰财险、永安财险、铁路自保。

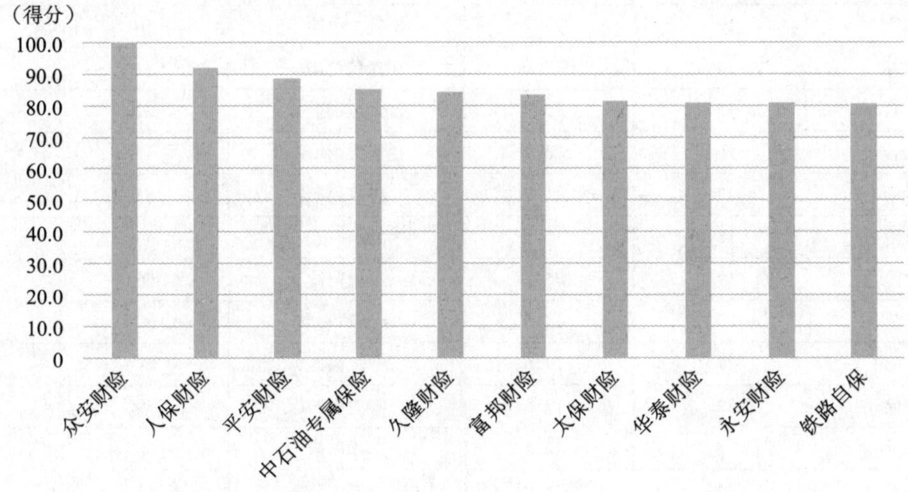

图 4-2 盈利能力排名前 10 位的财产险公司

从图 4-2 可以看出，盈利能力排名前两位的众安财险和人保财险得分均在 90 分以上，尤其是众安财险的盈利能力得分较为显著地高于其他财产险公司，超过第 2 名人保财险 7.8 分。排名第 3～10 位的财产险公司得分较为紧凑，得分集中在 80～89 分，分差平均值不超过 2 分。与此同时，盈利能力排名前 10 位的财产险公司全部为中资公司。由此可见，中资财产险公司在盈利能力上较外资财产险公司有明显优势。

（一）盈利能力排名前 10 位的财产险公司二级指标的表现

表 4-3 主要反映了盈利能力排名前 10 位的财产险公司的各项二级指标的表现情况。

表 4－3　　盈利能力排名前 10 位的财产险公司二级指标的排名与得分

公司名称	总资产收益率		净资产收益率		投资收益率		净投资收益率		承保利润率		投资资产占总资产的比率		净利润增长率		人均利润		净利润		综合收益率	
	排名	得分	排名	得分	排名	得分	排名	得分	排名	得分	排名	得分	排名	得分	排名	得分	排名	得分	排名	得分
众安财险	1	100.0	5	95.1	11	89.6	16	86.7	22	76.6	11	92.1	3	95.6	5	91.1	4	75.0	11	88.4
人保财险	11	89.1	12	88.4	28	70.9	39	63.8	19	77.5	14	90.0	37	75.7	24	61.4	1	100.0	30	66.8
平安财险	10	89.8	8	92.8	35	67.9	31	72.0	15	77.9	42	66.3	41	75.3	18	62.8	2	100.0	28	67.2
中石油专属保险	14	88.2	25	78.3	57	58.9	62	49.0	18	77.6	2	99.9	36	75.7	1	100.0	10	49.9	57	53.0
久隆财险	8	91.7	26	76.8	2	100.0	64	48.1	7	79.9	74	40.0	50	74.2	2	99.8	32	45.9	2	100.0
富邦财险	12	88.9	3	99.2	1	100.0	1	100.0	65	71.8	70	43.2	8	84.6	31	60.0	28	46.1	1	100.0
太保财险	15	88.1	11	90.9	22	77.2	28	74.6	21	76.8	32	72.9	32	76.5	21	62.6	3	95.7	24	71.4
华泰财险	13	88.4	14	83.7	7	93.5	8	94.1	44	74.8	66	46.8	46	74.9	23	61.9	8	50.6	8	92.8
永安财险	29	76.4	34	72.9	4	99.1	6	97.8	37	75.2	48	59.6	53	73.4	32	59.5	17	47.4	4	99.8
铁路自保	9	90.6	23	79.2	48	61.3	52	54.0	6	80.0	15	89.3	29	76.9	4	96.3	18	47.4	51	55.2

由表4-3可以看出，众安财险的盈利能力排名第1位，主要是由于该公司的总资产收益率排名第1位（100.0分）、净利润排名第4位（75.0分），虽然其承保利润率（第22名，76.6分）表现一般，但其他二级指标表现优秀，并且在总资产收益率得分上有压倒性优势。众安财险作为国内首家互联网保险公司，在市场上保持着强劲的竞争力。

人保财险在盈利能力一级指标中排名第2位，主要是由于该公司的净利润排名第1位（100.0分）。除净投资收益率（第39名，63.8分）和净利润增长率（第37名，75.7分）两项指标外，人保财险的其余二级指标排名均在前30名以内，综合盈利能力表现优异。

平安财险在盈利能力一级指标中排名第3位，其二级指标总资产收益率（第10名，89.8分）、净资产收益率（第8名，92.8分）、净利润（第2名，100.0分）表现优秀。除投资资产占总资产的比率和净利润增长率两项指标外，平安财险的其余各项指标均不低于前40名，处于中上游水平。

从整体来看，盈利能力排名前10位的财产险公司的各项二级指标排名均位于市场中上游水平，并且都有个别表现拔尖的二级指标。说明这10家保险公司具有较强的获取投资和利润的能力。

（二）盈利能力各项二级指标排名与得分前10位的财产险公司情况

表4-4列明了盈利能力指标各项二级指标排名前10位的财产险公司及其得分，反映了财产险公司盈利能力的整体情况。

由表4-4可以看出，人均利润指标中，中石油专属保险（第1名，100.0分）、中远海运自保（第3名，98.0分）、铁路自保（第4名，96.3分）这3家专业自保公司名列前茅，并且相较后5名（69.0~76.7分）的得分具有比较明显的优势，说明这3家专业自保公司在盈利能力方面比普通商业保险公司具有更为得天独厚的优势。中石油专属保险公司在人均利润指标方面的表现最为突出。

在净利润指标中，排名前3位的财产险公司分别是人保财险、平安财险和太保财险。其中，人保财险与平安财险的优势最为明显。这3家实力雄厚的财产保险公司与第4~10名（49.9~75.0分）相比较，优势较大。净利润指标的波动范围大主要是因为排名前3位的人保财险、平安财险和太保财险在企业规模、盈利管理能力水平上具有较为明显的优势。净利润作为规模性指标，排名靠前的公司与后面的公司差距较大是符合客观情况的。

表 4-4　盈利能力各项二级指标中排名前 10 位的财产险公司及其得分

二级指标 / 排名	总资产收益率	净资产收益率	投资收益率	净投资收益率	承保利润率	投资资产占总资产的比率	净利润增长率	人均利润	净利润	综合收益率
	公司名称（得分）	公司名称（得分）	公司名称（得分）	公司名称（得分）	公司名称（得分）	公司名称（得分）	公司名称（得分）	公司名称（得分）	公司名称（得分）	公司名称（得分）
1	众安财险（100.0）	中煤财险（100.0）	富邦财险（100.0）	富邦财险（100.0）	中远海运自保（100.0）	利宝互助（100.0）	安诚财险（100.0）	中石油专属保险（100.0）	人保财险（100.0）	富邦财险（100.0）
2	鼎和财险（99.7）	鼎和财险（99.7）	久隆财险（100.0）	中华联合（100.0）	美亚保险（85.9）	中石油专属保险（99.9）	恒邦财险（96.8）	久隆财险（99.8）	平安财险（100.0）	久隆财险（100.0）
3	美亚保险（97.6）	富邦财险（99.2）	众惠相互（99.7）	泰山财险（99.3）	鼎和财险（80.9）	汇友互助（98.5）	众安财险（95.6）	中远海运自保（98.0）	太保财险（95.7）	众惠相互（99.9）
4	英大财险（94.9）	英大财险（96.0）	永安财险（99.1）	众惠相互（98.6）	鑫安汽车（80.2）	紫金财险（97.6）	凯本财险（90.1）	铁路自保（96.3）	众安财险（75.0）	永安财险（99.8）
5	东京海上（93.5）	众安财险（95.1）	融盛财险（96.9）	安诚财险（98.1）	苏黎世保险（80.0）	爱和谊（97.1）	中煤财险（87.1）	众安财险（91.1）	鼎和财险（56.6）	融盛财险（98.8）
6	日本财险（93.2）	东京海上（93.1）	黄河财险（95.3）	永安财险（97.8）	铁路自保（80.0）	海峡金桥（96.2）	安达保险（86.8）	鑫安汽车（76.7）	英大财险（56.6）	中华联合（97.8）
7	鑫安汽车（92.4）	国元农险（93.0）	华泰财险（93.5）	长安责任（97.2）	久隆财险（79.9）	富德财险（95.5）	众诚财险（85.0）	日本财险（73.5）	国寿财险（52.0）	黄河财险（96.0）
8	久隆财险（91.7）	平安财险（92.8）	泰山财险（92.4）	华泰财险（94.1）	前海联合（79.9）	建信财险（95.4）	富邦财险（84.6）	苏黎世保险（72.0）	华泰财险（50.6）	华泰财险（92.8）
9	铁路自保（90.6）	日本财险（92.7）	中路财险（91.5）	黄河财险（94.0）	日本财险（79.7）	诚泰财险（95.2）	众惠相互（82.1）	广东能源自保（71.9）	阳光财险（50.2）	泰山财险（89.2）
10	平安财险（89.8）	美亚保险（92.4）	国泰财险（90.9）	亚太财险（93.8）	安达保险（79.6）	众诚财险（94.3）	黄河财险（81.7）	美亚保险（69.0）	中石油专属保险（49.9）	合众财险（89.0）

另外，盈利能力指标的其余几个二级指标排名前10位的得分波动范围较小。尤其是投资资产占总资产的比率指标，第1名（利宝互助，100.0分）和第10名（众诚财险，94.3分）得分差距仅有5.7分。

值得注意的是，投资收益率、综合收益率、净利润3项指标的得分排名前10位的均为中资公司。这表明，中资公司在盈利能力，尤其是投资收益方面是优于外资公司的。这可能是由于外资公司在投资时相对保守。人均利润指标排名前4位的财产险公司中有3名均为自保公司，可见，自保公司在人员与创造利润方面的平衡优于大部分保险公司。

（三）盈利能力的模糊聚类等价分析

聚类分析是数理统计中的一种多元分析方法，它用数学方法定量地确定研究对象的亲疏关系，从而客观地划分类型并度量研究对象之间的相似程度。事物之间的界限，有些是确切的，有些则是模糊的。当聚类涉及事物之间的模糊界限时，需运用模糊聚类分析方法。模糊聚类分析是一种基于“物以类聚、人以群分”的观念进行各公司之间经营结构上近似程度的比较分析，不是优劣评价。

本部分试图根据财产险公司在盈利能力二级指标上的得分，运用模糊聚类方法分析各家财产险公司的相似程度，为比较各家财产险公司的盈利能力提供一种新的方法和视角（见表4-5）。

表4-5　盈利能力排名前10位的财产公司的模糊聚类等价矩阵

	众安财险	人保财险	平安财险	中石油专属保险	久隆财险	富邦财险	太保财险	华泰财险	永安财险	铁路自保
众安财险	1.00	0.21	0.20	0.20	0.20	0.19	0.13	0.13	0.13	0.12
人保财险	0.21	1.00	0.96	0.96	0.72	0.95	0.21	0.91	0.92	0.91
平安财险	0.20	0.96	1.00	0.99	0.70	0.99	0.20	0.93	0.94	0.93
中石油专属保险	0.20	0.96	0.99	1.00	0.70	0.99	0.20	0.93	0.94	0.93
久隆财险	0.20	0.72	0.70	0.70	1.00	0.70	0.28	0.67	0.67	0.67
富邦财险	0.19	0.95	0.99	0.99	0.70	1.00	0.20	0.93	0.94	0.93
太保财险	0.13	0.21	0.20	0.20	0.28	0.20	1.00	0.24	0.25	0.26
华泰财险	0.13	0.91	0.93	0.93	0.67	0.93	0.24	1.00	0.97	0.99
永安财险	0.13	0.92	0.94	0.94	0.67	0.94	0.25	0.97	1.00	0.97
铁路自保	0.12	0.91	0.93	0.93	0.67	0.93	0.26	0.99	0.97	1.00

由表 4-5 可以看出，处于主对角线上的值均为 1.00。显然，各家财产险公司和自己的相似与贴近程度为 100%。盈利能力排名前 10 位的财产险公司之间的矩阵相似度介于 0.12~0.99，表明各家财产险公司之间的盈利能力、业务结构具有很大的差异性。本报告重点关注那些盈利能力、业务结构明显较高或明显较低的公司之间的比较分析，因为即使是盈利能力排名前 10 位的公司，它们的盈利模式、经营能力和管理水平也有很多需要进一步分析研究的地方。

众安财险的盈利能力居第 1 名，它与其他 9 家盈利能力排名前 10 位的财产险公司之间的相似度介于 0.12~0.21，相似度很低，处于矩阵中较低的分值范围。这从定量分析的角度说明了众安财险的盈利能力和模式与其他财产险公司的相似性较低，众安财险在盈利模式方面有其独到的地方，与其他公司的盈利能力对标性不高。

值得注意的是，盈利能力排名第 4 位的中石油专属保险与除众安财险和太保财险之外的其他 7 家盈利能力排名前 10 位的财产险公司相似度均很高。说明这家在境内成立最早的专业自保公司与其他财产险公司的盈利能力对标性较高，盈利能力较低的财产险公司可以尝试借鉴学习。

综上所述，这 10 家盈利能力排名靠前的财产险公司在业务结构、盈利模式等方面存在一定的差异性。

二、2021 年财产险公司资本管理能力的排名与分析

资本管理能力共包含 11 个相关二级指标，经过数据预处理后，得到一个 74×11 的数据矩阵。根据主成分分析法，本部分选取了 6 个累计解释率为 88.01% 的主成分，其中每个主成分都是这 11 个资本管理能力二级指标的线性组合。将主成分分析得分按照最低 40 分、最高 100 分进行标准化，得到各公司资本管理能力的百分制得分（见表 4-6）。

由表 4-6 可以看出，资本管理能力排名前 3 位的财产险公司依次是爱和谊、人保财险和平安财险。在百分制基准下，它们的得分分别为 100.0 分、95.8 分、91 分。

在参评的 74 家财产险公司中，资本管理能力得分最高的是爱和谊（100.0 分），得分最低的是融盛财险（40.0 分），平均得分为 67.5 分，得分高于平均分的公司有 41 家，占比约为 55.4%。得分在 80 分以上的财产险公司有 8 家，得分在 70~80 分的财产险公司有 25 家，得分在 60~70 分的财产险公司有 23 家，得分在 60 分以下的财产险公司有 18 家。

表 4-6　　财产险公司资本管理能力的排名及得分

公司	排名	得分	公司	排名	得分
爱和谊	1	100.0	前海联合	38	69.0
人保财险	2	95.8	阳光信用	39	68.5
平安财险	3	91.0	海峡金桥	40	68.2
太平财险	4	90.3	美亚保险	41	67.8
苏黎世保险	5	84.1	鑫安汽车	42	66.7
太保财险	6	83.7	中银财险	43	66.3
史带财产	7	82.0	中路财险	44	66.3
三星财险	8	81.4	华泰财险	45	65.3
国寿财险	9	78.9	中航安盟	46	65.3
都邦财险	10	78.2	建信财险	47	65.2
中意财险	11	78.2	利宝互助	48	64.8
鼎和财险	12	77.5	众安财险	49	64.7
中华联合	13	76.6	泰山财险	50	64.7
富邦财险	14	75.5	中原农险	51	64.4
东京海上	15	75.1	泰康在线	52	64.0
永诚财险	16	75.0	国泰财险	53	64.0
阳光财险	17	74.6	富德财险	54	63.8
长安责任	18	74.3	阳光农险	55	61.8
中石油专属保险	19	74.2	众惠相互	56	61.6
三井住友	20	74.2	安信农险	57	59.9
华安财险	21	73.7	亚太财险	58	59.0
安达保险	22	73.5	中远海运自保	59	58.9
华农财险	23	73.5	安诚财险	60	58.4
珠峰财险	24	73.4	紫金财险	61	56.6
安联财险	25	73.2	恒邦财险	62	55.3
大地财险	26	72.4	众诚财险	63	55.0
国任财险	27	72.1	燕赵财险	64	51.5
锦泰财险	28	71.9	铁路自保	65	50.7
日本财险	29	70.9	久隆财险	66	50.4
中煤财险	30	70.7	广东能源自保	67	49.7
国元农险	31	70.6	汇友互助	68	48.4
安盛天平	32	70.4	诚泰财险	69	47.8
永安财险	33	70.0	日本兴亚	70	44.9
英大财险	34	69.6	合众财险	71	44.7
北部湾财险	35	69.5	黄河财险	72	42.8
安华农险	36	69.1	现代财险	73	40.8
凯本财险	37	69.1	融盛财险	74	40.0

图4－3显示了资本管理能力排名前10位的财产险公司，它们依次是爱和谊、人保财险、平安财险、太平财险、苏黎世保险、太保财险、史带财产、三星财险、国寿财险、都邦财险。其中，前4位（爱和谊、人保财险、平安财险、太平财险）的得分均高于90分，远高于其他参评的财产险公司。第5～10名的得分差距较小，平均分差约为1.2分，走势平缓。

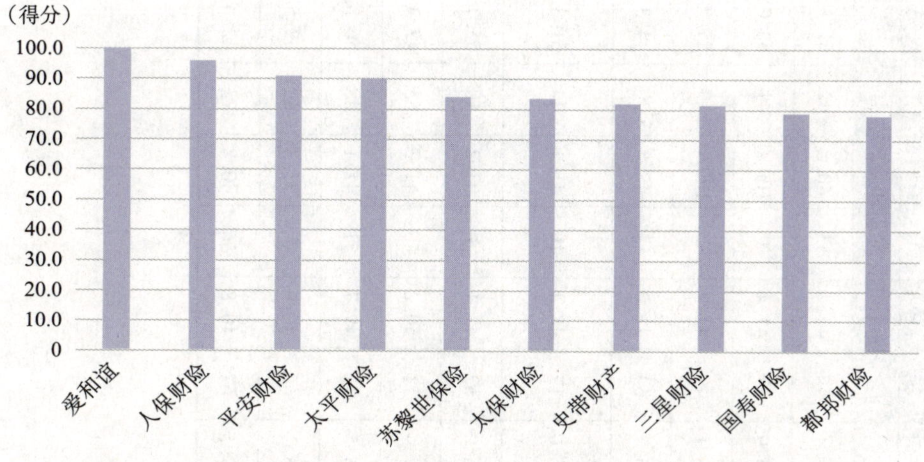

图4－3　资本管理能力排名前10位的财产险公司的得分比较

（一）资本管理能力排名前10位的财产险公司二级指标的排名与得分

表4－7列示了资本管理能力排名前10位的财产险公司的11项二级指标具体得分及排名，有助于比较分析这10家公司的资本管理能力。

在这10家财产险公司中，爱和谊的资本管理能力排名第1位，主要是因为其在资本管理系数（第1名，100.0分）、认可资产增长率（第1名，100.0分）、准备金保费比率（第2名，100.0分）、风险调整资本回报率（第7名，97.0分）4项指标上具有明显的优势。但爱和谊某些指标的得分及排名（例如，资产认可率居第68位，得分为58.7分）表现不佳。这说明爱和谊的资本管理能力还有需要提高的地方。

人保财险在资本管理能力排名中位列第2名，这主要由于其在资本管理系数（第1名，100.0分）、所有者权益（第1名，100.0分）这两项指标上表现优异。但人保财险其余指标的表现并不理想，11项指标中，有7项指标得分排名在中游，两项指标得分排名在下游（资产保费比居第57位，得分为41.4分；准备金保费比率居第52位，得分为45.9分），表明人保财险在资本管理方面仍有许多需要提升的地方。

表4-7 资本管理能力排名前10位的财产险公司二级指标的排名与得分

公司名称	资本管理系数		认可资产负债率		资产认可率		认可资产增长率		资本利用率		准备金保费比率		资产保费比		所有者权益		资产报酬率		风险调整资本回报率		资本管理绩效增长率	
	排名	得分	排名	得分	排名	得分	排名	得分	排名	得分	排名	得分	排名	得分	排名	得分	排名	得分	排名	得分	排名	得分
爱和谊	1	100.0	34	77.8	68	58.7	1	100.0	26	60.8	2	100.0	56	41.4	63	40.5	42	61.8	7	97.0	48	72.7
人保财险	1	100.0	33	79.4	38	68.8	37	59.8	25	61.0	52	45.9	57	41.4	1	100.0	41	63.0	28	79.2	32	75.6
平安财险	1	100.0	23	84.4	18	70.8	39	59.6	22	62.3	22	48.1	49	41.9	2	100.0	49	55.7	34	71.6	30	75.8
太平财险	1	100.0	18	86.2	29	69.9	59	58.0	6	76.7	56	45.7	64	41.0	13	48.8	70	44.3	61	52.1	74	40.0
苏黎世保险	1	100.0	28	81.3	12	71.5	34	60.0	55	58.4	6	56.0	17	48.4	49	41.1	44	61.3	4	97.9	6	89.0
太保财险	1	100.0	25	83.2	25	70.1	22	61.6	13	65.5	51	46.0	62	41.1	3	93.2	50	55.7	48	62.5	22	76.4
史带财产	1	100.0	10	92.5	20	70.6	29	61.0	50	58.5	5	57.4	11	50.2	45	41.3	63	47.4	15	93.6	57	70.1
三星财险	1	100.0	13	90.7	16	71.1	4	75.7	52	58.4	58	45.5	12	49.7	51	41.1	48	56.3	8	96.7	28	75.9
国寿财险	1	100.0	17	87.7	24	70.2	25	61.4	9	71.9	48	46.1	66	40.9	5	73.3	62	48.5	52	59.9	54	71.3
都邦财险	1	100.0	8	93.2	17	71.1	65	57.0	4	96.3	28	47.5	67	40.8	56	40.8	73	42.3	67	46.1	2	98.8

平安财险在资本管理能力排名中列第3名，其在资本管理系数（第1名，100.0分）、所有者权益（第2名，100.0分）上的表现优异。

太平财险在资本管理能力排名中列第4名，其在资本管理系数（第1名，100.0分）、资本利用率（第6名，76.7分）指标上表现优异。在资本管理能力的11项指标中，太平财险仅有这两项指标的排名进入前10位，有两项指标的排名在70位之后（资产报酬率居第70位，得分为44.3分；资本管理绩效增长率居第74位、得分为40.0分）。太平财险二级指标的得分排名的两极分化状态较为突出。

同时，不同财产险公司资本管理能力的某些指标得分分布也呈现两极分化的状态。例如，资本管理系数指标得分超过90分的财产险公司有48家，准备金保费比率指标得分超过70分的财产险公司只有3家。这说明不同财产险公司在资本管理的策略上存在较为极端的差异。

在资产保费比、资产报酬率两项指标上，这10家财产险公司表现普遍较差，均有超过半数的公司排名处于参评公司的中下游位置。进一步说明各家保险公司在资本管理能力方面发展并不均衡，没有各项指标均处于领先地位的财产险公司。

（二）资本管理能力各项二级指标排名与得分前10位的财产险公司情况

表4－8列出了资本管理能力各项二级指标排名前10位的财产险公司及其得分，反映了财产险公司资本管理能力的整体情况。

资本管理系数指标得分为100分的财产险公司共有37家。除表4－8中给出的10家财产险公司，另外27家财产险公司分别为安华农险、阳光财险、都邦财险、华农财险、国寿财险、长安责任、鼎和财险、中煤财险、英大财险、锦泰财险、北部湾财险、中路财险、前海联合、珠峰财险、建信财险、史带财产、美亚保险、安达保险、三星财险、安联财险、利宝互助、中航安盟、安盛天平、苏黎世保险、中意财险、爱和谊、富邦财险。在这37家财产险公司中，中资公司有26家，外资公司有11家。资本管理系数指标的计算是基于各公司的偿付能力充足率，资本管理系数得分100分表明在公司的资本管理过程中，公司经营管理层既保障了公司的偿付能力充足率，也充分利用了公司的资本，没有造成资本资源的浪费。当然，由于并列满分的财产险公司较多，导致这一指标对排名并列的财产险公司的影响被稀释。

表 4－8　　资本管理能力各项二级指标排名前 10 位的财产险公司的得分

二级指标 \ 排名	资本管理系数	认可资产负债率	资产认可率	认可资产增长率	资本利用率	准备金保费比率	资产保费比	所有者权益	资产报酬率	风险调整资本回报率	资本管理绩效增长率
	公司名称（得分）	公司名称（得分）	公司名称（得分）	公司名称（得分）	公司名称（得分）	公司名称（得分）	公司名称（得分）	公司名称（得分）	公司名称（得分）	公司名称（得分）	公司名称（得分）
1	人保财险（100.0）	富邦财险（100.0）	安华农险（100.0）	爱和谊（100.0）	长安责任（100.0）	阳光信用（100.0）	阳光信用（100.0）	人保财险（100.0）	诚泰财险（100.0）	中石油专属保险（100.0）	安诚财险（100.0）
2	中华联合（100.0）	安华农险（97.1）	安诚财险（85.8）	合众财险（91.3）	安华农险（99.8）	爱和谊（100.0）	广东能源自保（67.5）	平安财险（100.0）	久隆财险（99.9）	中远海运自保（99.2）	都邦财险（98.8）
3	太保财险（100.0）	长安责任（97.0）	众惠相互（82.9）	鼎和财险（76.0）	利宝互助（98.0）	中石油专属保险（74.9）	久隆财险（64.4）	太保财险（93.2）	合众财险（99.6）	久隆财险（98.1）	恒邦财险（98.0）
4	平安财险（100.0）	安联财险（94.8）	广东能源自保（76.8）	三星财险（75.7）	都邦财险（95.3）	三井住友（58.4）	铁路自保（57.4）	大地财险（75.0）	日本兴亚（97.9）	苏黎世保险（97.9）	凯本财险（93.9）
5	华安财险（100.0）	前海联合（94.8）	中航安盟（75.9）	中路财险（72.9）	前海联合（91.1）	史带财产（57.4）	安达保险（56.6）	国寿财险（73.3）	融盛财险（95.8）	凯本财险（97.8）	众安财险（91.7）
6	永安财险（100.0）	珠峰财险（93.5）	美亚保险（75.9）	国任财险（72.3）	太平财险（76.7）	苏黎世保险（56.0）	中石油专属保险（54.7）	众安财险（64.0）	铁路自保（95.6）	广东能源自保（97.3）	苏黎世保险（89.0）
7	太平财险（100.0）	永诚财险（93.3）	国泰财险（74.2）	安信农险（65.9）	安联财险（73.5）	中意财险（53.5）	中远海运自保（56.6）	中华联合（63.6）	汇友互助（95.4）	爱和谊（97.0）	中煤财险（86.9）
8	亚太财险（100.0）	都邦财险（93.2）	久隆财险（72.1）	阳光农险（65.6）	富邦财险（72.0）	日本兴亚（52.8）	日本兴亚（53.9）	阳光财险（59.4）	中远海运自保（94.6）	三星财险（96.7）	海峡金桥（85.2）
9	永诚财险（100.0）	中煤财险（92.8）	中石油专属保险（72.1）	国元农险（65.6）	国寿财险（71.9）	海峡金桥（51.7）	合众财险（50.9）	紫金财险（52.0）	广东能源自保（94.4）	鑫安汽车（96.6）	众诚财险（85.2）
10	国任财险（100.0）	史带财产（92.5）	铁路自保（72.1）	泰康在线（64.8）	华安财险（69.0）	东京海上（51.4）	诚泰财险（50.4）	诚泰财险（50.9）	安信农险（94.0）	铁路自保（96.3）	国泰财险（84.3）

认可资产负债率指标和风险调整资本回报率指标反映了公司的经营类别、经营观念和资产质量。这两项指标的第 1 名分别是富邦财险和中石油专属保险，得分均为 100.0 分，列第 10 名的分别是史带财产（92.5 分）和铁路自保（96.3 分）。这两项指标排名前 10 位的财产险公司分差均较小。同样的，资产报酬率指标排名前 10 位的分差也较小。

资本利用率表明公司利用资本获取收入的能力。列该指标第 1 名的长安责任得分为 100.0 分，第 10 名华安财险得分为 69.0 分。资本利用率指标排名前 10 位的财产险公司之间的分差较大。

准备金保费比率指标反映的是公司准备金占保费收入的比率。在对参评的各家财产险公司该指标进行比较后发现，爱和谊（并列第 1 名，100.0 分）的优势明显，其在该指标的排名连续 5 年保持第 1 名，并且 2021 年该指标列第 3 名的得分仅有 74.9 分，列第 10 名的东京海上得分仅为 51.4 分，第 1 名与第 10 名的分差达 48.6 分，差距非常大。该指标排名前 10 位的财产险公司中仅有两家中资公司（阳光信用和中石油专属保险），外资保险公司在准备金保费比率指标上占有明显优势。可见，外资公司在管理资本时更趋于保守，准备金占保费收入的比例较高，从而能够为公司提供更安全的运营环境。

（三）资本管理能力的模糊聚类等价分析

本部分试图根据财产险公司二级指标的得分，运用模糊聚类方法分析各家财产险公司的相似程度，为比较各家财产险公司的资本管理能力提供一种新的方法和视角（见表 4-9）。

表 4-9　资本管理能力排名前 10 位的财产险公司的模糊聚类等价矩阵

	爱和谊	人保财险	平安财险	太平财险	苏黎世保险	太保财险	史带财产	三星财险	国寿财险	都邦财险
爱和谊	1.00	0.55	0.55	0.53	0.52	0.51	0.49	0.48	0.48	0.47
人保财险	0.55	1.00	0.99	0.90	0.96	0.96	0.81	0.87	0.89	0.87
平安财险	0.55	0.99	1.00	0.90	0.96	0.96	0.81	0.87	0.89	0.87
太平财险	0.53	0.90	0.90	1.00	0.91	0.91	0.84	0.92	0.90	0.91
苏黎世保险	0.51	0.90	0.90	0.95	1.92	0.92	0.85	0.93	0.92	0.92
太保财险	0.51	0.96	0.96	0.91	0.59	1.00	0.83	0.89	0.90	0.89
史带财产	0.49	0.81	0.81	0.84	0.83	0.83	1.00	0.88	0.88	0.89
三星财险	0.48	0.87	0.87	0.92	0.89	0.89	0.88	1.00	0.95	0.97
国寿财险	0.48	0.89	0.89	0.90	0.90	0.90	0.88	0.95	1.00	0.95
都邦财险	0.47	0.87	0.87	0.91	0.89	0.89	0.89	0.97	0.95	1.00

由表4-9可以看出，处于主对角线上的值均为1.00。显然，各家财产险公司和自己的相似与贴近程度为100%。资本管理能力排名前10位的公司之间的相似度介于0.47~0.99，并且有多家财产险公司的相似度高于0.80。这说明多家财产险公司在资本管理能力方面的对标性较高，但也存在个别资本管理安排独特性较高的公司。

爱和谊的资本管理能力综合竞争力列第1名，但它与资本管理能力排名前10位的其余9家公司的相似度都不高，相似度集中在0.47~0.55，处于矩阵较低的分值范围。这说明爱和谊与其他9家资本管理能力进入前10位的财产险公司在资本管理能力和经营理念上相似性很低，其资本管理与经营模式是独特的存在。这一现象背后的逻辑值得仔细分析和思考。

值得注意的是，除爱和谊以外，资本管理能力排名前10位的其他几家外资保险公司（苏黎世保险、史带财产、三星寿险）与各财产险公司的相似度都不低，相似度介于0.81~0.97。这说明大多数外资公司和中资公司在资本管理能力方面的差异并不明显。

此矩阵中的相关结果是根据资本管理能力各项指标运算得到的。这对认识财产险公司在资本管理的模式、技术和意识方面是有所帮助的。对此感兴趣的读者可以对其进一步的分析和研究。

三、2021年财产险公司经营能力的排名与分析

经营能力共包含13个二级指标，经过数据预处理后，得到一个74×13的数据矩阵。运用主成分分析法，本部分共选取了7个主成分，其累计解释率为85.41%，其中，每个主成分都是这13个二级指标的线性组合。将主成分分析得分按照最低40分、最高100分进行标准化，得到各财产险公司经营能力的百分制得分（见表4-10）。

由表4-10可以看出，2021年中国财产险市场上经营能力排名前3位的保险公司依次是人保财险、太保财险和中华联合。在百分制基准下，它们的得分分别为100.0分、97.8分和93.0分。

在参评的74家财产险公司中，经营能力得分最高的为人保财险（100.0分），得分最低的是久隆财险（40.0分），平均得分为76.1分，得分高于平均分的保险公司有40家，占比约为54.1%。得分在90分以上的财产险公司有6家，得分在80~90分的财产险公司有21家，得分在70~80分的财产险公司有30家，得分在60~70分的财产险公司有14家，得分在60分以下的财产险公司有3家。

表 4-10　　财产险公司经营能力的排名及得分

公司	排名	得分	公司	排名	得分
人保财险	1	100.0	泰康在线	38	77.0
太保财险	2	97.8	燕赵财险	39	76.7
中华联合	3	93.0	中远海运自保	40	76.2
平安财险	4	92.7	安诚财险	41	75.5
国寿财险	5	91.0	东京海上	42	74.3
阳光信用	6	90.7	爱和谊	43	74.1
中路财险	7	87.0	富德财险	44	73.9
前海联合	8	86.2	安华农险	45	73.9
阳光财险	9	86.0	国任财险	46	73.6
众安财险	10	86.0	汇友互助	47	73.3
国元农险	11	85.9	鑫安汽车	48	73.2
太平财险	12	85.8	融盛财险	49	73.1
建信财险	13	85.1	恒邦财险	50	72.2
永诚财险	14	84.1	三井住友	51	71.9
中煤财险	15	84.0	泰山财险	52	71.7
锦泰财险	16	83.4	中意财险	53	71.6
中石油专属保险	17	83.2	众诚财险	54	71.3
亚太财险	18	83.1	安盛天平	55	71.0
安联财险	19	82.8	日本财险	56	70.9
国泰财险	20	82.7	苏黎世保险	57	70.2
阳光农险	21	81.6	铁路自保	58	68.5
华安财险	22	81.5	诚泰财险	59	68.0
利宝互助	23	81.4	富邦财险	60	67.9
北部湾财险	24	81.2	现代财险	61	67.7
大地财险	25	81.1	三星财险	62	67.7
黄河财险	26	80.9	众惠相互	63	67.3
鼎和财险	27	80.3	安信农险	64	67.3
英大财险	28	79.8	凯本财险	65	67.0
华农农险	29	79.6	安达保险	66	64.8
中银财险	30	79.5	美亚保险	67	64.2
珠峰财险	31	79.5	中航安盟	68	64.2
紫金财险	32	79.1	史带财产	69	62.4
都邦财险	33	79.0	海峡金桥	70	62.1
中原农险	34	78.5	日本兴亚	71	60.4
永安财险	35	78.0	合众财险	72	50.4
华泰财险	36	78.0	广东能源自保	73	46.9
长安责任	37	77.2	久隆财险	74	40.0

图 4-4 显示了经营能力排名前 10 位的财产险公司，它们依次是人保财险、太保财险、中华联合、平安财险、国寿财险、阳光信用、中路财险、前海联合、阳光财险、众安财险。

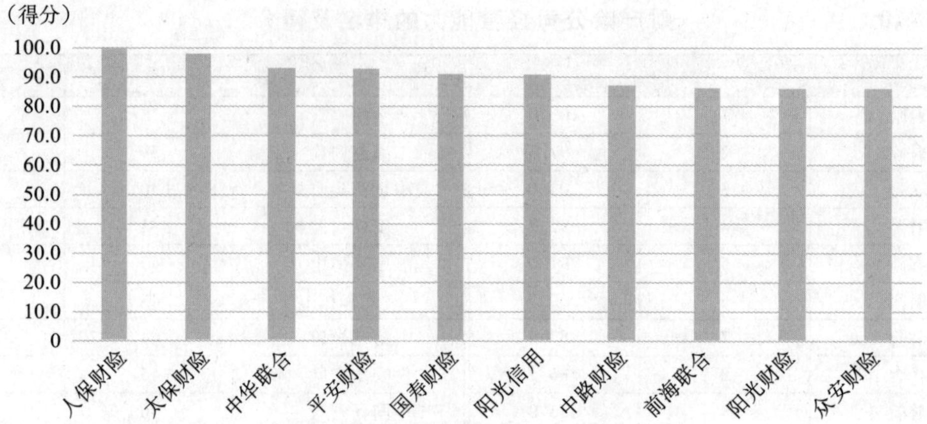

图4-4 经营能力排名前10位的财产险公司的得分比较

由图4-4可以看出，排名前10位的财产险公司得分差距不大，得分缓慢下降。总体来看，经营能力排名前10位的财产险公司均为中资保险公司，中资财产险公司的经营能力略高于外资公司。

（一）经营能力排名前10位的财产险公司二级指标的得分与排名

表4-11列出了经营能力各项二级指标排名前10位的财产险公司及其得分，反映了财产险公司经营能力的整体情况。其中，各项逆向指标均已进行逆向化处理，即得分越高表明经营能力越强。

人保财险的经营能力列第1名，主要由于该公司报告期营业收入指标表现优异（第1名，100.0分）。值得注意的是，人保财险在5项经营能力二级指标的排名中处于中下游水平，分别是综合赔付率（第47名，70.3分）、综合成本率的变化率（第33名，60.1分）、险种集中度系数（第48名，67.6分）、营业收入增长率（第41名，68.3分）、车险保费占比（第55名，91.0分）。另外，人保财险有4项经营能力二级指标的得分排名介于第11~30名，3项经营能力二级指标的得分排名在前10名之内。整体而言，人保财险的经营能力发展较为均衡，在个别指标上表现十分优秀。

太保财险的经营能力居第2名，主要是由于其报告期营业收入指标（第3名，98.3分）表现优秀，这凸显了太保财险在经营能力方面的优势。另外，太保财险在5项经营能力二级指标上的排名处于中下游水平，但各项指标排名都在前60名之内。其他7项经营能力二级指标位于中上游水平。和人保财险类似，太保财险的经营能力排名领先是因为其各项二级指标的表现较为均衡，并且在个别指标上的表现十分亮眼。

表 4－11　经营能力排名前 10 位的财产险公司二级指标的排名与得分

公司名称	净资产周转率		总资产周转率		综合赔付率		综合费用率		综合成本率的变化率		险种集中度系数		报告期营业收入		营业收入增长率		净利润赔付支出覆盖率		车险保费占比		保费收入费用增长比		应收分保率		再保险亏损率	
	排名	得分	排名	得分	排名	得分	排名	得分	排名	得分	排名	得分	排名	得分	排名	得分	排名	得分	排名	得分	排名	得分	排名	得分	排名	得分
人保财险	26	77.3	19	85.6	47	70.3	11	76.6	33	60.1	48	67.6	1	100.0	41	68.3	24	60.2	55	91.0	8	92.2	6	69.3	32	100.0
太保财险	11	88.9	13	89.5	43	70.7	15	75.5	42	59.4	53	64.4	3	98.3	43	67.9	26	59.9	57	90.4	13	89.3	10	69.3	47	100.0
中华联合	10	92.1	6	94.6	61	67.2	13	76.1	43	59.1	19	90.9	5	72.7	34	69.8	49	58.5	46	92.8	11	90.9	17	69.1	32	100.0
平安财险	18	83.6	21	82.8	29	74.0	18	75.1	35	60.0	62	54.2	2	100.0	57	59.7	23	60.6	65	88.9	27	83.6	18	69.1	19	100.0
国寿财险	9	92.6	12	90.9	59	68.0	21	74.9	53	58.1	56	61.8	4	87.8	31	70.4	46	58.5	64	89.6	6	94.0	9	69.3	47	100.0
阳光信用	74	40.0	73	40.1	1	100.0	73	40.6	2	96.8	63	54.2	74	40.0	73	41.1	1	100.0	1	100.0	60	50.7	1	100.0	74	40.0
中路财险	30	66.4	22	82.2	54	69.6	30	73.3	14	64.5	14	92.1	49	40.7	9	88.0	55	58.3	47	92.7	2	97.2	46	68.7	67	100.0
前海联合	5	97.2	7	93.6	3	88.8	60	67.8	17	63.2	8	96.6	40	41.1	61	56.7	61	57.5	40	94.3	62	50.1	48	68.7	1	100.0
阳光财险	13	86.9	20	84.9	34	72.5	36	72.7	59	56.3	37	76.0	7	64.6	25	73.6	41	58.7	56	91.0	25	84.9	30	68.9	47	100.0
众安财险	35	60.3	24	79.0	18	77.6	46	71.3	34	60.0	9	96.5	9	52.3	10	84.4	15	64.5	21	99.3	22	85.5	25	68.9	32	100.0

中华联合的经营能力列第3名，在净资产周转率（第10名，92.1分）、总资产周转率（第6名，94.6分）、报告期营业收入（第5名，72.7分）3项指标上的排名靠前。

净资产周转率和总资产周转率是考察企业资产运营效率的重要指标，能够反映企业对其全部资产的管理质量和利用效率。总体来看，在经营能力综合竞争力排名前10位的财产险公司中，除阳光信用（净资产收益率居第74名，40.0分；总资产收益率居第73名，40.1分）外，其余9家公司在净资产收益率和总资产收益率2项二级指标上的表现均处于中上游水平，分别有3公司和2家公司进入这两项指标的前10位，在一定程度上说明这些公司具备较强的资产经营能力。

此外，这些经营能力排名前10位的财产险公司在报告期营业收入、应收分保率指标上的表现较为良好，除个别公司外，几乎都处于74家公司的中游以上水平，部分公司经营能力二级指标的排名进入前10位，说明这10家公司在业务收入和分保方面的表现都较为不错，从而取得了经营能力总体评价的高分。

但也应该看到，在这10家公司中有超半数的公司在综合赔付率、综合成本率的变化率、险种集中度系数、营业收入变化率、净利润赔付支出覆盖率和车险保费占比6项二级指标的得分及排名处于中下游水平。以上指标的表现从一定程度上说明这些公司的经营能力在某些方面（例如，成本控制、产品结构等）仍存在短板。财产险公司可以有针对性地加以改进，进一步提高自身的综合经营能力。

（二）经营能力各项二级指标排名与得分前10位的财产险公司情况

表4－12中列明了经营能力各项二级指标排名前10位的财产险公司及其得分，反映了财产险公司经营能力的整体状况。

车险保费占比指标得分并列第1的财产险公司共18家，除了表4－12中列出的10家公司外，另外8家财产险公司分别是美亚保险、安达保险、日本财险、苏黎世保险、爱和谊、日本兴亚、北部湾财险、长安责任。

由表4－12可以看出，报告期营业收入指标排名前10位的财产险公司分差十分明显。第1名（人保财险，100.0分）比第10名（华安财险，49.5分）得分高出50.5分，反映了财产险公司营业收入方面的巨大差异。在经营能力的其他二级指标中，第1名和第10名的分差均在35分以内，比较合理，能够较好地反映各家财产险公司的经营水平。

表 4 - 12　　经营能力各项二级指标排名前 10 位的财产险公司及其得分

二级指标 / 排名	净资产周转率 公司名称（得分）	总资产周转率 公司名称（得分）	综合赔付率 公司名称（得分）	综合费用率 公司名称（得分）	综合成本率的变化率 公司名称（得分）	险种集中度系数 公司名称（得分）	报告期营业收入 公司名称（得分）	营业收入增长率 公司名称（得分）	净利润赔付支出覆盖率 公司名称（得分）	车险保费占比 公司名称（得分）	保费收入费用增长比 公司名称（得分）	应收分保率 公司名称（得分）	再保险亏损率 公司名称（得分）
1	长安责任（100.0）	国泰财险（100.0）	阳光信用（100.0）	中远海运自保（100.0）	中远海运自保（100.0）	中银财险（100.0）	人保财险（100.0）	现代财险（100.0）	阳光信用（100.0）	安信农险（100.0）	汇友互助（100.0）	阳光信用（100.0）	众惠相互（100.0）
2	利宝互助（98.0）	利宝互助（99.5）	铁路自保（91.8）	凯本财险（94.6）	阳光信用（96.8）	永诚财险（99.9）	平安财险（100.0）	国任财险（99.6）	中远海运自保（94.6）	中石油专属保险（100.0）	中路财险（97.2）	诚泰财险（69.4）	凯本财险（100.0）
3	都邦财险（97.3）	亚太财险（97.4）	前海联合（88.8）	中石油专属（80.9）	凯本财险（86.2）	安联财险（98.7）	太保财险（98.3）	黄河财险（96.9）	广东能源自保（93.0）	铁路自保（100.0）	众惠相互（97.0）	安华农险（69.4）	利宝互助（100.0）
4	太平财险（97.3）	国元农险（96.9）	安达保险（88.6）	国元农险（79.7）	汇友互助（77.0）	铁路自保（97.3）	国寿财险（87.8）	中石油专属保险（92.9）	铁路自保（90.9）	阳光信用（100.0）	国泰财险（96.6）	太平财险（69.4）	铁路自保（100.0）
5	前海联合（97.2）	都邦财险（95.4）	美亚保险（86.1）	三星财险（78.7）	黄河财险（75.8）	黄河财险（97.3）	中华联合（72.7）	安联财险（90.8）	美亚保险（79.5）	众惠相互（100.0）	黄河财险（94.8）	广东能源自保（69.3）	华安财险（100.0）
6	富邦财险（93.9）	中华联合（94.6）	久隆财险（83.2）	阳光农险（78.5）	鑫安汽车（69.0）	现代财险（97.2）	大地财险（66.1）	建信财险（88.9）	凯本财险（78.2）	中远海运自保（100.0）	国寿财险（94.0）	人保财险（69.3）	三井住友（100.0）
7	华农财险（93.4）	前海联合（93.6）	东京海上（82.4）	美亚保险（78.4）	安达保险（68.7）	阳光农险（97.2）	阳光财险（64.6）	汇友互助（88.8）	久隆财险（74.4）	汇友互助（100.0）	国任财险（92.5）	众诚财险（69.3）	东京海上（100.0）
8	华安财险（93.3）	国任财险（93.3）	日本财险（80.8）	安信农险（78.1）	融盛财险（68.5）	前海联合（96.6）	太平财险（56.9）	国元农险（88.0）	苏黎世保险（69.3）	广东能源自保（100.0）	人保财险（92.2）	凯本财险（69.3）	中意财险（100.0）
9	国寿财险（92.6）	华安财险（92.2）	苏黎世保险（80.6）	安华农险（77.2）	建信财险（68.1）	众安财险（96.5）	众安财险（52.3）	中路财险（88.0）	日本财险（69.0）	凯本财险（100.0）	恒邦财险（92.0）	国寿财险（69.3）	安盛天平（100.0）
10	中华联合（92.1）	华农财险（92.0）	泰康在线（80.4）	国泰财险（76.7）	苏黎世保险（67.6）	建信财险（95.8）	华安财险（49.5）	众安财险（84.8）	鼎和财险（68.2）	史带财产（100.0）	中航安盟（91.4）	太保财险（69.3）	前海联合（100.0）

净资产周转率和总资产周转率方面，在净资产周转率排名前10位的财产险公司中，有两家外资公司（利宝互助、富邦财险），总资产周转率排名前10位的财产险公司中，有两家为外资公司（国泰财险、利宝互助）。可见，在流动性安排上，中资财产险公司相比外资财产险公司略有优势。

险种集中度系数不仅反映了保险公司保费收入来源的集中程度，还反映了公司的产品开发能力和业务拓展水平。从险种集中度系数指标来看，排名前10位的财产险公司中有两家外资财产险公司，2020年同期入围的外资财产险公司为3家，表明个别中资公司在产品的多样化上有了些许进步。再保险亏损率指标得分越高，表明再保险的安排越合理。再保险亏损率指标排名前10位的财产险公司中有6家为外资财产险公司，相较于2020年的3家入围公司数量有所增加，表明外资财产险公司在再保险安排上与中资财产险公司的差距在缩小。

中资财产险公司在报告期营业收入、营业收入增长率、保费收入费用增长比、应收分保率4项指标上的表现优于外资财产险公司。报告期营业收入指标的前10位均为中资财产险公司。另外3项经营能力二级指标的前10位中，中资财产险公司分别占了8家、8家、9家。可见，中资财产险公司在保费收入、分保安排等方面具有绝对优势。

在其他经营能力二级指标中，进入前10位的外资财产险公司数量如下：综合赔付率进入前10位的外资财产险公司数量为5家；综合费用率进入前10位的外资财产险公司数量为4家；综合成本率的变化率进入前10位的外资财产险公司数量为3家；净利润赔付支出覆盖率进入前10位的外资财产险公司数量为4家；车险保费占比进入前10位的外资财产险公司数量为2家。

总体来看，外资财产险公司在产品结构、赔付管控和再保安排等方面表现相对较好，但中资保险公司与其差距正在缩小，而中资公司在营业收入、资产管理效率和费用管理等方面更有优势。

（三）经营能力的模糊聚类等价分析

本部分试图根据财产险公司二级指标的得分，运用模糊聚类方法分析各家财产公司的相似程度，为比较各家财产险公司之间的经营能力提供一种新的方法和视角（见表4－13）。

表 4-13　经营能力排名前 10 位的财产险公司的模糊聚类等价矩阵

	人保财险	太保财险	中华联合	平安财险	国寿财险	阳光信用	中路财险	前海联合	阳光财险	众安财险
人保财险	1.00	0.29	0.28	0.28	0.27	0.08	0.07	0.07	0.07	0.07
太保财险	0.29	1.00	0.97	0.97	0.91	0.12	0.67	0.72	0.75	0.72
中华联合	0.28	0.97	1.00	0.98	0.91	0.12	0.68	0.73	0.76	0.73
平安财险	0.28	0.97	0.98	1.00	0.91	0.12	0.68	0.72	0.76	0.72
国寿财险	0.27	0.91	0.91	0.91	1.00	0.12	0.70	0.75	0.79	0.75
阳光信用	0.08	0.12	0.12	0.12	0.12	1.00	0.13	0.12	0.12	0.12
中路财险	0.07	0.67	0.68	0.68	0.70	0.13	1.00	0.89	0.86	0.89
前海联合	0.07	0.72	0.73	0.72	0.75	0.12	0.89	1.00	0.91	0.95
阳光财险	0.07	0.75	0.76	0.76	0.79	0.12	0.86	0.91	1.00	0.92
众安财险	0.07	0.72	0.73	0.72	0.75	0.12	0.89	0.95	0.92	1.00

由表 4-13 可以看出，处于主对角线上的值均为 1.00。显然，各家财产险公司和自己的相似与贴近程度为 100%。经营能力排名前 10 位的公司之间的相似度介于 0.07～0.98，表明各家财产险公司在经营能力方面的相似度差距非常大。

人保财险的经营能力综合竞争力列第 1 名，它与经营能力综合竞争力排名前 10 位的其余 9 家财产险公司的相似度都很低，介于 0.07～0.29，处于矩阵中较低的分值范围。

中华联合与平安财险、太保财险 3 家公司之间的相似度是 0.98 分或 0.97 分，为矩阵中的最高分。说明在经营能力、经营模式方面，这几家公司的相似性很高。经营能力最强的几家财产险公司在经营策略等方面有较高的相似性的，值得其他财产险公司分析借鉴。

整体来看，中国的财产保险行业还没有形成一个比较占主流地位的经营管理模式。

四、2021 年财产险公司风险管理能力的排名与分析

风险管理能力共包含 11 个二级指标。经过数据预处理后，本报告得到一个 74×11 的数据矩阵。运用主成分分析法，我们共选取了 6 个主成分，其累计解释率为 89.93%，其中，每个主成分都是这 11 个二级指标的线性组合。将主成分分析得分按照最低 40 分、最高 100 分进行标准化，得到各公司盈利能力的百分制得分（见表 4-14）。

表 4-14 财产险公司风险管理能力的得分及排名

公司	排名	得分	公司	排名	得分
汇友互助	1	100.0	中原农险	38	61.9
广东能源自保	2	89.5	中航安盟	39	61.9
众诚财险	3	88.2	华泰财险	40	61.7
中石油专属保险	4	86.7	三井住友	41	61.4
融盛财险	5	85.6	中意财险	42	61.2
合众财险	6	84.7	泰康在线	43	58.8
中远海运自保	7	83.3	国任财险	44	58.4
铁路自保	8	80.4	燕赵财险	45	58.0
日本兴亚	9	79.3	东京海上	46	56.8
凯本财险	10	76.4	众惠相互	47	56.0
建信财险	11	76.3	安联财险	48	55.4
阳光信用	12	75.6	国泰财险	49	55.2
安信农险	13	75.4	华农财险	50	55.1
紫金财险	14	74.7	安盛天平	51	54.7
恒邦财险	15	73.0	人保财险	52	52.8
安诚财险	16	72.5	爱和谊	53	51.8
久隆财险	17	72.4	国元农险	54	51.1
华安财险	18	71.6	大地财险	55	51.0
中路财险	19	70.7	亚太财险	56	50.7
现代财险	20	70.0	永安财险	57	50.6
鑫安汽车	21	69.8	中煤财险	58	48.4
黄河财险	22	69.7	锦泰财险	59	47.6
史带财产	23	69.6	国寿财险	60	46.8
诚泰财险	24	68.6	安华农险	61	45.8
鼎和财险	25	67.4	中华联合	62	45.6
三星财险	26	66.4	珠峰财险	63	45.0
海峡金桥	27	65.7	太保财险	64	44.8
英大财险	28	65.5	长安责任	65	43.6
日本财险	29	65.5	永诚财险	66	42.7
富德财险	30	65.2	北部湾财险	67	42.6
美亚保险	31	64.4	利宝互助	68	42.4
阳光农险	32	64.1	阳光财险	69	42.2
中银财险	33	63.5	富邦财险	70	42.0
众安财险	34	62.7	平安联合	71	41.5
安达保险	35	62.6	都邦财险	72	40.9
泰山财险	36	62.6	太平财险	73	40.5
苏黎世保险	37	62.3	前海联合	74	40.0

由表 4－14 可以看出，中国财险市场上风险管理能力排名前 3 位的保险公司依次是汇友互助、广东能源自保和众诚财险。在百分制基准下，它们的得分分别为 100.0 分、89.5 分和 88.2 分。

在参评的 74 家财险公司中，风险管理能力得分最高的是汇友互助（100.0 分），得分最低的是前海联合（40.0 分），平均得分为 61.7 分，得分高于平均分的保险公司有 40 家，占比约为 54.1%。得分在 90 分以上的财产险公司仅有 1 家，得分在 80～90 分的财产险公司有 7 家，得分在 70～80 分的财产险公司有 12 家，得分在 60～70 分的财产险公司有 22 家，得分在 60 分以下的财产险公司有 32 家。

图 4－5 显示了风险管理能力排名前 10 位的财产险公司，它们依次是汇友互助、广东能源自保、众诚财险、中石油专属保险、融盛财险、合众财险、中远海运自保、铁路自保、日本兴亚、凯本财险。

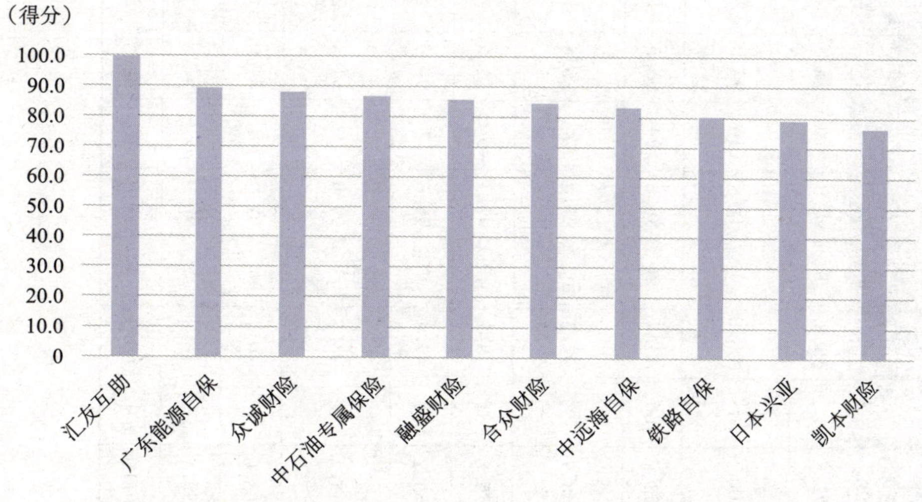

图 4－5　风险管理能力排名前 10 位的财产险公司的得分

由图 4－5 可以看到，风险管理能力排名前 10 位的财产险公司中列第 1 名的汇友互助与列第 2 名的广东能源自保分差较大（10.5 分），第 2～10 名的得分呈现均匀下降的趋势。

（一）风险管理能力排名前 10 位的财产险公司二级指标得分与排名情况

表 4－15 列明了风险管理能力各项二级指标排名前 10 位的财产险公司及其得分。

表 4－15　风险管理能力排名前 10 位的财产险公司二级指标得分与排名

公司名称	偿付能力充足率		流动性比率		自留比率		未决赔款准备金充足率		自留保费占净资产的比率		应收保费率		保险负债占总资产比		收现比		付现比		现金盈余保障倍数		负债权益比率	
	排名	得分	排名	得分	排名	得分	排名	得分	排名	得分	排名	得分	排名	得分	排名	得分	排名	得分	排名	得分	排名	得分
汇友互助	10	91.8	4	99.7	9	92.5	13	58.8	8	98.0	10	96.3	8	96.0	1	100.0	74	40.0	48	59.2	10	96.0
广东能源自保	3	99.7	31	66.7	1	100.0	1	100.0	1	100.0	16	94.0	24	79.6	18	54.2	63	64.9	42	60.1	14	94.5
众诚财险	14	83.7	7	95.3	39	53.9	66	43.7	26	88.8	24	95.3	18	86.8	4	96.2	70	47.5	28	61.4	17	93.8
中石油专属保险	22	67.8	2	99.9	48	48.7	2	97.3	9	97.6	8	96.8	14	89.2	20	53.0	58	68.4	24	61.7	8	96.3
融盛财险	2	99.9	49	58.6	37	55.8	31	48.2	12	97.3	50	71.6	6	97.2	3	99.3	72	45.9	61	58.0	5	98.3
合众财险	1	100.0	51	58.3	27	65.2	37	47.4	17	95.6	2	99.9	5	97.3	7	81.6	64	64.4	56	58.3	6	97.3
中远海运自保	18	72.6	3	99.9	3	100.0	3	94.7	3	99.9	23	91.4	21	82.5	13	65.8	1	100.0	63	57.7	13	94.6
铁路自保	5	98.8	1	100.0	31	63.0	6	80.1	7	98.2	70	41.9	10	93.9	17	54.7	62	66.2	37	60.3	9	96.2
日本兴亚	11	91.2	71	46.2	8	92.9	8	74.4	5	98.9	20	92.9	9	94.9	36	45.7	35	74.5	68	56.8	4	99.1
凯本财险	28	63.2	19	78.4	2	100.0	9	69.3	4	99.7	67	44.5	33	67.7	12	72.1	71	46.2	26	61.5	20	90.4

2019 年，在风险管理能力排名前 10 位的财产险公司中有 5 家外资公司、5 家中资公司。2020 年，在风险管理能力排名前 10 位的财产险公司中有 2 家外资公司、8 家中资公司。2021 年，在风险管理能力排名前 10 位的财产险公司中有 2 家外资公司、8 家中资公司。可见，中资财产险公司的风险管理意识和能力稳步上升。

汇友互助的风险管理能力列第 1 名，主要得益于其在收现比（第 1 名，100.0 分）、流动性比率（第 4 名，99.7 分）、自留比率（第 9 名，92.5）等指标上的优异表现。除上述 3 项风险管理能力二级指标外，汇友互助还有 6 项风险管理能力二级指标排名进入了前 20 位，分别是偿付能力充足率、未决赔款准备金充足率、自留保费占净资产的比率、应收保费率、保险负债占总资产比、负债权益比率。因此，尽管其在付现比（第 74 名，40.0 分）、现金盈余保障倍数（第 48 名，59.2 分）等指标上表现不佳，其总体风险管理能力仍能取得第 1 名。

广东能源自保的风险管理能力列第 2 名。在风险管理能力的 11 项二级指标中，广东能源自保有 4 个指标排名进入了前 10 位，分别偿付能力充足率（第 3 名，99.7 分）、自留比率（第 1 名，100.0 分）、未决赔款准备金充足率（第 1 名，100.0 分）、自留保费占净资产的比率（第 1 名，100.0 分）。广东能源自保在风险管理能力各项二级指标上的两极化较为严重。其中，付现比得分仅为 64.9 分，排在第 63 名。

总体来看，风险管理能力排名前 10 位的财产险公司在负债权益比率指标上表现较好，均排在前 20 位。偿付能力充足率、流动性比率、自留保费占净资产的比率、保险负债占总资产比和收现比 5 项指标也表现良好，除个别公司外，排名前 10 位的财产险公司在这两项指标上的得分普遍高于平均水平。而在付现比、现金保障倍数两项指标上，这 10 家公司的表现普遍较差，得分大多低于平均分。可见，各家公司的风险管理能力仍需进一步加强。

（二）风险管理能力各项二级指标排名前 10 位的财产险公司及其得分

表 4－16 列明了风险管理能力各项二级指标排名前 10 位的财产险公司及其得分，反映出目前中国财产保险公司风险管理能力的整体状况。

由表 4－16 可以看出，自留保费占净资产的比率、应收保费率、负债权益比率这 3 项指标排名前 10 位的得分普遍较高，分差很小，第 10 名的得分均在 96 分以上。相比之下，收现比、付现比、现金盈余保障倍数 3 项指标得分排名前 10 位的得分差距较明显，第 10 名的得分介于 66～75 分。其中，现金盈余保障倍数指标排名第 10 位的富德财险得分仅为 66.4 分。

表 4－16　风险管理能力各项二级指标排名前 10 位的财产公司及其得分

二级指标	偿付能力充足率	流动性比率	自留比率	未决赔款准备金充足率	自留保费占净资产的比率	应收保费率	保险负债占总资产比	收现比	付现比	现金盈余保障倍数	负债权益比率
排名	公司名称（得分）	公司名称（得分）	公司名称（得分）	公司名称（得分）	公司名称（得分）	公司名称（得分）	公司名称（得分）	公司名称（得分）	公司名称（得分）	公司名称（得分）	公司名称（得分）
1	合众财险（100.0）	铁路自保（100.0）	广东能源自保（100.0）	广东能源自保（100.0）	广东能源自保（100.0）	爱和谊（100.0）	国任财险（100.0）	汇友互助（100.0）	中远海运自保（100.0）	安联财险（100.0）	诚泰财险（100.0）
2	融盛财险（99.9）	中石油专属（99.9）	凯本财险（100.0）	中石油专属保险（97.3）	阳光信用（100.0）	合众财险（99.9）	久隆财险（99.4）	华安财险（99.8）	爱和谊（76.8）	建信财险（100.0）	阳光信用（99.9）
3	广东能源自保（99.7）	中远海运自保（99.9）	中远海运自保（100.0）	中远海运自保（94.7）	中远海运自保（99.9）	富邦财险（99.8）	阳光信用（98.9）	融盛财险（99.3）	海峡金桥（76.0）	中路财险（99.7）	久隆财险（99.1）
4	黄河财险（99.6）	汇友互助（99.7）	史带财产（98.2）	苏黎世保险（94.2）	凯本财险（99.7）	都邦财险（99.3）	诚泰财险（98.8）	众诚财险（96.2）	利宝互助（75.9）	华安财险（97.1）	日本兴亚（98.8）
5	铁路自保（98.8）	紫金财险（96.9）	美亚保险（98.1）	安达保险（89.2）	日本兴亚（98.9）	长安责任（99.1）	合众财险（97.3）	安信农险（94.4）	富邦财险（75.7）	泰康在线（83.5）	融盛财险（98.3）
6	诚泰财险（98.1）	中原农险（95.6）	苏黎世保险（96.2）	铁路自保（80.1）	久隆财险（98.7）	三井住友（97.2）	融盛财险（97.2）	华农财险（93.0）	三井住友（75.7）	史带财产（81.3）	合众财险（97.3）
7	久隆财险（98.0）	众诚财险（95.3）	三星财险（95.8）	中意财险（74.6）	铁路自保（98.2）	鼎和财险（97.1）	众安财险（96.3）	合众财险（81.6）	国元农险（75.6）	中原农险（68.9）	现代财险（97.3）
8	阳光信用（97.5）	中航安盟（95.1）	日本兴亚（92.9）	日本兴亚（74.4）	汇友互助（98.0）	中石油专属保险（96.8）	汇友互助（96.0）	安诚财险（80.7）	亚太财险（75.6）	中煤财险（68.3）	中石油专属保险（96.3）
9	恒邦财险（92.8）	国任财险（94.9）	汇友互助（92.5）	凯本财险（69.3）	中石油专属保险（97.6）	鑫安汽车（96.3）	日本兴亚（94.9）	阳光信用（75.1）	太平财险（75.6）	国寿财险（67.2）	铁路自保（96.2）
10	汇友互助（91.8）	众安财险（88.3）	安华农险（91.8）	现代财险（64.9）	诚泰财险（97.6）	汇友互助（96.3）	铁路自保（93.9）	紫金财险（74.3）	国寿财险（75.6）	富德财险（66.4）	汇友互助（96.0）

在偿付能力充足率指标得分排名前10位的财产险公司中，只有1家外资公司。2018年、2019年和2020年，该指标排名前10位财产险公司中也仅有1家外资保险公司。这说明近年来中资保险公司在偿付能力方面一直优于外资保险公司。

流动性比率反映了公司偿还短期债务的能力。流动性比率指标列第1名的是铁路自保，并且列前10名财产险公司中有9家中资保险公司，表明中资保险公司在短期偿债能力方面表现略优于外资保险公司。

自留比率是自留保费和保险业务收入的比例，反映了公司的风险管理意识，是一个逆向指标。该指标排名前10位的财产险公司中有6家外资保险公司，说明目前外资财产险公司在保费自留与分出处理方面的风险管理能力明显强于中资财产险公司。

未决赔款准备金充足率是考察公司风险能力的一个重要指标。该指标排名前10位的财产险公司中有6家外资公司，表明外资财产险公司在未决赔款准备金的度量上更为保守，安全性更高。

收现比可以反映企业当期收入的变现能力。该指标排名前10位的财产险公司均为中资公司，表明中资财产险公司的现金流量支持程度更高。

在其他风险管理能力二级指标中，排名进入前10位的外资财产险公司数量如下：自留保费占净资产的比率进入前10位的外资财产险公司数量有3家；应收保费率进入前10位的外资财产险公司数量有3家；保险负债占总资产比进入前10位的外资财产险公司数量有2家；付现比进入前10位的外资财产险公司数量有5家；现金盈余保障倍数进入前10位的外资财产险公司数量有2家；负债权益比率进入前10位的外资财产险公司数量有3家。

（三）风险管理能力的模糊聚类等价分析

本部分试图根据财产险公司在风险管理能力二级指标上的得分，运用模糊聚类方法分析各家财产险公司的相似程度，为比较各家财产险公司的风险管理能力提供一种新的方法和视角（见表4－17）。

由表4－17可以看出，处于主对角线上的值均为1.00。显然，各家财产险公司和自己的相似与贴近程度为100%。风险管理能力排名前10位的财产险公司之间的相似度介于0.54～0.98，表明各家财产险公司在风险管理能力方面有一定的差别。在风险控制方面，大多数财产险公司都在不同程度上具有自己的独特性。

表 4-17 风险管理能力排名前 10 位的财产险公司的模糊聚类等价分析矩阵

	汇友互助	广东能源自保	众诚财险	中石油专属保险	融盛财险	合众财险	中远海运自保	铁路自保	日本兴亚	凯本财险
汇友互助	1.00	0.63	0.61	0.61	0.60	0.59	0.56	0.55	0.55	0.54
广东能源自保	0.63	1.00	0.96	0.97	0.95	0.95	0.83	0.90	0.90	0.83
众诚财险	0.61	0.96	1.00	0.97	0.96	0.98	0.83	0.91	0.90	0.82
中石油专属保险	0.61	0.97	0.97	1.00	0.96	0.97	0.83	0.91	0.90	0.83
融盛财险	0.60	0.95	0.96	0.96	1.00	0.97	0.84	0.92	0.91	0.84
合众财险	0.59	0.95	0.98	0.97	0.97	1.00	0.83	0.91	0.91	0.83
中远海运自保	0.56	0.83	0.83	0.83	0.84	0.83	1.00	0.89	0.89	0.93
铁路自保	0.55	0.90	0.91	0.91	0.92	0.91	0.89	1.00	0.98	0.86
日本兴亚	0.55	0.90	0.90	0.90	0.91	0.91	0.89	0.98	1.00	0.87
凯本财险	0.54	0.83	0.83	0.83	0.84	0.83	0.93	0.86	0.87	1.00

在以往年度风险管理能力排名靠前的财产险公司中，外资保险公司较多。但 2020 年和 2021 年进入风险管理能力排名前 10 位的外资财产险公司仅有 2 家，2020 年是现代财险和瑞再企商，2021 年是日本兴亚和凯本财险。值得注意的是，中国共有 4 家自保公司（广东能源自保、中石油专属保险、中远海运自保和铁路自保）均进入了风险管理能力得分排名前 10 位，并且它们之间的相似度都在 0.80 以上。这说明中资自保公司的风险管理模式具有较高相似度，并且中资财产险公司在风险管理能力上有了较大的提升。

另外，风险管理能力排名进入前 10 位的财产险公司中，汇友互助与其余 9 家保险公司之间的相似度介于 0.54 ~0.63，表明汇友互助与其他财产险公司在风险管理能力上的对标性相对较低。

除汇友互助之外，风险管理能力排名前 10 位的财产险公司的相似度基本集中在 0.80 ~0.98。说明目前风险管理能力较强的各家财产险公司基本找到了一个比较统一的、可行的方法对风险进行科学的管理，行业内大致形成了一个权威的模式和方法。

五、2021 年财产险公司发展潜力的排名与分析

发展潜力共包含 11 个二级指标。经过数据预处理后，得到一个 74 ×11 的数据矩阵。运用主成分分析法，本部分共选取了 6 个主成分，其累计解释率为 84.53%，其中，每个主成分都是这 11 个二级指标的线性组合。将主成分分析得分按照最低 40 分、最高 100 分进行标准化，得到各公司盈利能力的百分制得分（见

表4－18）。

表4－18　　　　财产险公司发展潜力排名及得分

公司	排名	得分	公司	排名	得分
国元农险	1	100.0	安信农险	38	70.3
国任财险	2	95.8	苏黎世保险	39	69.4
太保财险	3	95.3	爱和谊	40	68.6
人保财险	4	94.3	合众财险	41	68.2
国寿财险	5	94.2	凯本财险	42	67.6
阳光财险	6	90.2	汇友互助	43	66.9
紫金财险	7	90.0	东京海上	44	66.3
华安财险	8	89.6	燕赵财险	45	66.2
平安财险	9	88.4	长安责任	46	65.6
英大财险	10	88.3	亚太财险	47	64.7
鼎和财险	11	88.1	中意财险	48	64.6
安诚财险	12	87.5	前海联合	49	63.7
永诚财险	13	85.9	利宝互助	50	63.2
中华联合	14	85.0	融盛财险	51	63.2
众诚财险	15	84.6	安盛天平	52	62.6
中路财险	16	82.4	广东能源自保	53	62.6
永安财险	17	81.9	美亚保险	54	61.8
华泰财险	18	81.6	都邦财险	55	61.6
锦泰财险	19	79.0	北部湾财险	56	60.9
恒邦财险	20	78.3	日本财险	57	60.2
阳光农险	21	77.3	现代财险	58	60.1
泰山财险	22	77.3	富邦财险	59	60.0
中银财险	23	77.1	三井住友	60	59.7
中煤财险	24	77.1	国泰财险	61	59.7
安联财险	25	77.1	鑫安汽车	62	59.3
众安财险	26	75.8	史带财产	63	59.2
三星财险	27	75.6	珠峰财险	64	58.8
中石油专属保险	28	75.5	中远海运自保	65	58.4
太平财险	29	75.2	富德财险	66	57.3
诚泰财险	30	74.2	泰康在线	67	57.0
中航安盟	31	73.4	铁路自保	68	56.4
大地财险	32	73.3	众惠相互	69	55.6
建信财险	33	72.8	海峡金桥	70	55.2
黄河财险	34	72.2	日本兴亚	71	49.7
华农财险	35	71.8	安达保险	72	47.2
安华农险	36	70.8	久隆财险	73	46.5
中原农险	37	70.7	阳光信用	74	40.0

由表4-18可以看出，目前中国财产险市场上发展潜力排名前3位的依次是国元农险、国任财险、太保财险。在百分制基准下，它们的得分分别为100.0分、95.8分和95.3分。

在参评的74家财产险公司中，发展潜力得分最高的是国元农险（100.0分），得分最低的是阳光信用（40.0分），平均得分为71.2分，得分高于平均分的财产险公司有35家，占比约为47.3%。得分在90分以上的财产险公司有7家，得分在80~90分的财产险公司有11家，得分在70~80分的财产险公司有20家，得分在60~70分的财产险公司有21家，得分在60分以下的财产险公司有15家。

图4-6显示了发展潜力排名前10位的财产险公司，它们依次是国元农险、国任财险、太保财险、人保财险、国寿财险、阳光财险、紫金财险、华安财险、平安财险、英大财险。

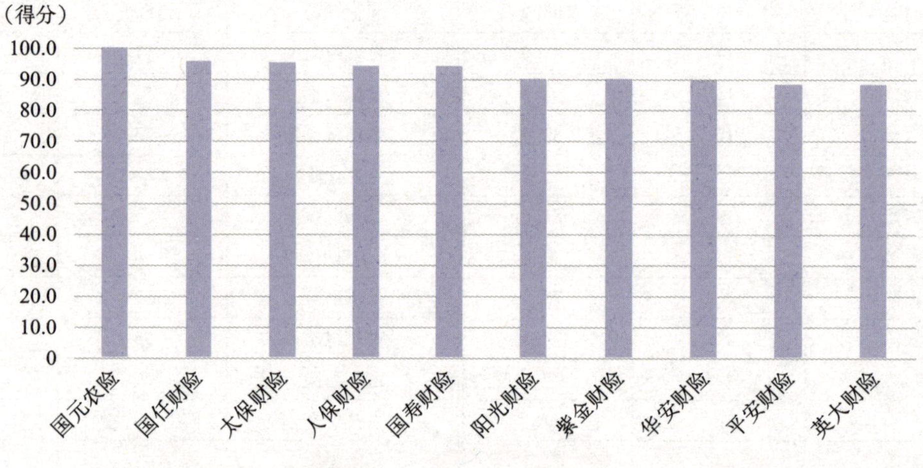

图4-6 发展潜力排名前10位的财产险公司的得分

由图4-6可以看出，发展潜力排名前10位的得分呈现较为平缓的下降趋势，第10名的得分为88.3分。

（一）发展潜力排名前10位的财产险公司二级指标的排名与得分

表4-19列示了发展潜力各项二级指标排名前10位的财产险公司及其得分。

发展潜力排名前10位的财产险公司均为中资保险公司，整体来看，目前中资财产险公司的发展潜力略高于外资财产险公司。

国元农险的发展潜力列第1名，其在总资产增长率（第6名，90.1分）、净资产增长率（第3名，84.0分）、认可资产增长率（第9名，65.6分）等指标上表

表 4 - 19　　发展潜力排名前 10 位的财产险公司二级指标得分与排名

公司名称	发展系数		保险业务收入增长率		总资产增长率		净资产增长率		认可资产增长率		资本运营充分率		人均产能		承保潜力		分支机构数目		亿元保费投诉量		单位最低资本利润增长率	
	排名	得分	排名	得分	排名	得分	排名	得分	排名	得分	排名	得分	排名	得分	排名	得分	排名	得分	排名	得分	排名	得分
国元农险	12	82.7	14	76.7	6	90.1	3	84.0	9	65.6	12	74.3	34	55.4	65	47.8	36	50.9	23	98.5	13	81.4
国任财险	2	94.4	2	99.2	4	98.5	39	40.7	6	72.3	22	60.5	13	72.2	53	63.2	15	92.7	52	95.5	49	74.0
太保财险	44	72.6	31	66.3	21	70.0	26	40.8	22	61.6	3	98.6	19	66.5	71	40.2	1	100.0	24	98.2	30	76.0
人保财险	43	73.0	45	62.0	36	62.2	24	40.8	37	59.8	2	100.0	38	54.2	74	40.0	1	100.0	28	97.7	42	75.2
国寿财险	32	74.5	32	65.9	30	66.5	61	40.5	25	61.4	6	90.1	51	49.8	72	40.2	1	100.0	18	98.7	62	70.8
阳光财险	26	76.2	46	61.8	25	68.2	66	40.5	28	61.0	5	91.1	46	52.4	69	41.6	1	100.0	48	96.2	63	70.8
紫金财险	20	79.2	28	70.0	23	69.3	2	100.0	24	61.4	40	50.9	31	57.5	37	82.4	17	91.4	44	96.4	21	78.7
华安财险	38	73.9	30	68.1	24	68.3	55	40.6	21	62.2	7	87.8	43	53.5	73	40.2	11	96.8	38	96.8	61	71.7
平安财险	61	65.9	42	62.4	40	61.5	22	40.9	39	59.6	1	100.0	28	57.9	68	42.1	10	97.5	19	98.6	40	75.3
英大财险	15	80.5	26	71.0	34	63.0	11	44.0	32	60.1	11	78.0	29	57.9	66	47.5	12	96.8	21	98.5	45	74.7

现优秀。国元农险在发展潜力的11项二级指标中，有7项指标进入了前20位。同时应当看到，国元农险在承保潜力（第65名，47.8分）指标上表现不佳，但各家参评的财产险公司在该项指标上的差距非常小。因此该项指标对国元农险发展潜力排名影响不大。

国任财险的发展潜力列第2名。在发展潜力的11项二级指标中，国任财险的发展系数（第2名，94.4分）、保险业务收入增长率（第2名，99.2分）、总资产增长率（第4名，98.5分）和认可资产增长率（第6名，72.3分）进入了前10位。但其亿元保费投诉量列第52名，表明国任财险的服务能力发挥不够充分，客户服务方面的可挖掘潜力很大。

太保财险的发展潜力列第3名。在发展潜力的11项二级指标中，太保财险的资本运营充分率（第3名，98.6分）和分支机构数目（并列第1名，100.0分）进入了前10名。但其在承保潜力指标中列第71名，处于下游水平。

总体来看，发展潜力排名前10位的财产险公司在发展系数、保险业务收入增长率、总资产增长率、资本运营充分率和人均产能和分支机构数目等指标上的表现基本良好，大多数公司处于中上游水平。然而，在承保潜力指标上，这10家公司的排名均处于较后的位置，并且其中8家公司排名处于倒数10名之内。

（二）发展潜力各项二级指标排名前10位的财产险公司及其得分

表4-20列明了发展潜力各项二级指标排名前10位的财产险公司及其得分，反映了目前中国财产险公司发展潜力各项二级指标的整体表现和分布情况。

由表4-20可以看出，承保潜力、分支机构数目、亿元保费投诉量3项指标排名前10位的财产险公司得分较高并且差距极小，排名前10位的得分均在97分以上。值得注意的是，亿元保费投诉量指标得到满分的公司有8家。其中，5家为外资保险公司。净资产增长率指标排名第1名（诚泰财险，100.0分）与第10名（中煤财险，46.0分）的分差超过了40分。其余几项指标排名前10位的公司得分大多呈现均匀下降的趋势。

发展系数指标排名前10位的财产险公司均为中资公司。在保险业务收入增长率、总资产增长率、净资产增长率、认可资产增长率、资本运营充分率以及分支机构数目指标排名前10位的财产险公司中，中资保险公司均为8家及以上。这说明中资公司在规模发展方面具有相对优势，体现出近年来中资财产险公司发展的强劲势头。

表 4-20 发展潜力各项二级指标排名前 10 位的财产险公司及其得分

二级指标 / 排名	发展系数	保险业务收入增长率	总资产增长率	净资产增长率	认可资产增长率	资本运营充分率	人均产能	承保潜力	分支机构数目	亿元保费投诉量	单位最低资本利润增长率
	公司名称（得分）	公司名称（得分）	公司名称（得分）	公司名称（得分）	公司名称（得分）	公司名称（得分）	公司名称（得分）	公司名称（得分）	公司名称（得分）	公司名称（得分）	公司名称（得分）
1	现代财险（100.0）	现代财险（100.0）	合众财险（100.0）	诚泰财险（100.0）	爱和谊（100.0）	平安财险（100.0）	中石油专属保险（100.0）	阳光信用（100.0）	人保财险（100.0）	中石油专属保险（100.0）	安诚财险（100.0）
2	国任财险（94.4）	国任财险（99.2）	三星财险（99.7）	紫金财险（100.0）	合众财险（91.3）	人保财险（100.0）	爱和谊（99.5）	广东能源自保（100.0）	大地财险（100.0）	中远海运自保（100.0）	恒邦财险（97.9）
3	黄河财险（90.6）	中石油专属（98.7）	鼎和财险（99.6）	国元农险（84.0）	鼎和财险（76.0）	太保财险（98.6）	中远海运自保（98.7）	中远海运自保（99.8）	太保财险（100.0）	广东能源自保（100.0）	凯本财险（93.7）
4	建信财险（85.5）	融盛财险（97.7）	国任财险（98.5）	泰山财险（77.0）	三星财险（75.7）	安华农险（91.9）	众安财险（97.2）	凯本财险（99.6）	阳光财险（100.0）	凯本财险（100.0）	众安财险（91.5）
5	史带财产（85.0）	汇友互助（95.7）	中路财险（98.2）	安诚财险（69.2）	中路财险（72.9）	阳光财险（91.1）	安联财险（94.7）	日本兴亚（99.0）	国寿财险（100.0）	日本财险（100.0）	苏黎世保险（88.7）
6	汇友互助（85.0）	黄河财险（95.2）	国元农险（90.1）	锦泰财险（66.0）	国任财险（72.3）	国寿财险（90.1）	国泰财险（89.4）	久隆财险（98.5）	永诚财险（99.2）	苏黎世保险（100.0）	中煤财险（86.6）
7	众诚财险（84.4）	富邦财险（90.8）	安信农险（86.5）	众诚财险（57.9）	安信农险（65.9）	华安财险（87.8）	久隆财险（86.4）	合众财险（98.3）	华泰财险（98.7）	爱和谊（100.0）	安达保险（85.9）
8	中路财险（84.1）	安联财险（88.3）	泰康在线（83.2）	合众财险（50.5）	阳光农险（65.6）	太平财险（87.3）	建信财险（86.1）	汇友互助（97.8）	都邦财险（98.7）	日本兴亚（100.0）	众诚财险（84.9）
9	融盛财险（84.0）	广东能源自保（88.0）	阳光农险（83.1）	鼎和财险（48.0）	国元农险（65.6）	阳光农险（83.0）	泰康在线（83.0）	融盛财险（97.7）	中华联合（98.2）	三井住友（99.9）	富邦财险（84.2）
10	安联财险（83.7）	中路财险（87.7）	恒邦财险（82.9）	中煤财险（46.0）	泰康在线（64.8）	中华联合（81.8）	铁路自保（80.4）	安达保险（97.4）	平安财险（97.5）	铁路自保（99.8）	国泰财险（83.9）

在其他发展潜力二级指标中，排名进入前10位的外资财产险公司数量如下：发展系数排名进入前10位的外资财产险公司有3家；人均产能排名进入前10位的外资财产险公司有3家；承保潜力排名进入前10位的外资财产险公司有3家；亿元保费投诉量排名进入前10位的外资财产险公司有6家；单位最低资本利润增长率排名进入前10位的外资财产险公司有5家。

（三）发展潜力指标的模糊聚类分析等价矩阵

本部分试图根据财产险公司在发展潜力二级指标上的得分，运用模糊聚类方法分析各家财产险公司的相似程度，为比较各家财产险公司的发展潜力提供一种新的方法和视角（见表4-21）。

表4-21　发展潜力排名前10位的财产险公司的模糊聚类分析等价矩阵

	国元农险	国任财险	太保财险	人保财险	国寿财险	阳光财险	紫金财险	华安财险	平安财险	英大财险
国元农险	1.00	0.58	0.42	0.42	0.41	0.41	0.39	0.39	0.38	0.38
国任财险	0.58	1.00	0.67	0.67	0.70	0.67	0.76	0.68	0.67	0.67
太保财险	0.42	0.67	1.00	0.99	0.93	0.96	0.74	0.91	0.90	0.90
人保财险	0.42	0.67	0.99	1.00	0.93	0.96	0.73	0.91	0.90	0.90
国寿财险	0.21	0.70	0.93	0.93	1.00	0.94	0.76	0.90	0.89	0.89
阳光财险	0.21	0.67	0.96	0.96	0.94	1.00	0.75	0.92	0.91	0.91
紫金财险	0.39	0.76	0.74	0.73	0.76	0.75	1.00	0.77	0.77	0.77
华安财险	0.39	0.68	0.91	0.91	0.90	0.92	0.77	1.00	0.97	0.96
平安财险	0.38	0.67	0.90	0.90	0.89	0.91	0.77	0.97	1.00	0.98
英大财险	0.38	0.67	0.90	0.90	0.89	0.91	0.77	0.96	0.98	1.00

由表4-21可以看出，处于主对角线上的值均为1.00。显然，各家财产险公司和自己的相似与贴近程度为100%。发展潜力排名前10位的财产险公司之间的相似度介于0.38~0.99，表明各家财产险公司之间发展潜力的相似性差异较大，各家财产险公司在发展潜力方面既存在相似性，也具有自己的独特性。

发展潜力列第1名的国元农险与发展潜力排名前10名中的其余9家财产险公司的相似度均不高，介于0.38~0.58，处于矩阵中较低的分值范围。发展潜力列第2名的国任财险与发展潜力排名前10位中的其余9家财产险公司的相似度也不高，介于0.58~0.70。国元农险和国任财险较高的发展潜力与其独特的业务安排是分不开的，与其他财产险公司的对标性不高。这也是一个值得深入探讨的地方。

这10家财产险公司之间相似度最高的是太保财险和人保财险，发展潜力相似度为0.99。相对于其他财产险公司来说，这两家公司在发展潜力方面表现比较突出，并且相互之间具有对标性和借鉴意义。

第四节　2021年中国财产保险公司综合竞争力评价结果的稳健性检验

与人身险公司的稳健性检验类似，本部分主要基于两种方式进行财产险公司的稳健性分析。一是利用聚类分析，将保险公司分为两类；在排除一类财产险公司（公司数目较少的一类）后，对另一类财产险公司运用主成分分析法进行竞争力评价的计分和排名，与这些公司在原来情况下的排名进行比较分析，从而得到财产险公司竞争力排名主成分的稳健性分析。二是利用聚类分析方法对评价指标进行分类，剔除指标较少的类别后，运用余下的指标对财产险公司竞争力进行主成分分析，得到的排名与原来的排名进行对比，从而完成稳健性分析。

一、剔除部分公司后财产险公司竞争力评价结果的稳健性检验

为了便于剔除公司和提高稳健性分析结果的有效性，首先运用聚类分析方法将74家财产险公司分为5类（见表4-22）。

分别剔除属于类别2、类别3、类别4、类别5的合众财险、阳光信用、久隆财险、广东能源自保、爱和谊这5家公司，剩余的69家公司再重新进行综合竞争力评价。

对剩余的69家财产险公司重新进行主成分分析，选取15个主成分，解释率85.6%，评价结果见表4-23。

表 4-22　　财产险公司在聚类分析下的分类

公司	类别5	类别4	类别3	类别2	公司	类别5	类别4	类别3	类别2
人保财险	1	1	1	1	合众财险	2	2	2	1
大地财险	1	1	1	1	燕赵财险	1	1	1	1
中华联合	1	1	1	1	中原农险	1	1	1	1
太保财险	1	1	1	1	中路财险	1	1	1	1
平安财险	1	1	1	1	铁路自保	1	1	1	1
华泰财险	1	1	1	1	阳光信用	3	3	3	2
华安财险	1	1	1	1	泰康在线	1	1	1	1
永安财险	1	1	1	1	久隆财险	4	4	1	1
太平财险	1	1	1	1	前海联合	1	1	1	1
亚太财险	1	1	1	1	珠峰财险	1	1	1	1
中银财险	1	1	1	1	海峡金桥	1	1	1	1
安信农险	1	1	1	1	建信财险	1	1	1	1
永诚财险	1	1	1	1	众惠相互	1	1	1	1
国任财险	1	1	1	1	中远海运自保	1	1	1	1
安华农险	1	1	1	1	汇友互助	1	1	1	1
阳光财险	1	1	1	1	广东能源自保	2	2	2	1
阳光农险	1	1	1	1	黄河财险	1	1	1	1
都邦财险	1	1	1	1	融盛财险	1	1	1	1
华农财险	1	1	1	1	凯本财险	1	1	1	1
国寿财险	1	1	1	1	史带财产	1	1	1	1
安诚财险	1	1	1	1	美亚保险	1	1	1	1
长安责任	1	1	1	1	东京海上	1	1	1	1
国元农险	1	1	1	1	安达保险	1	1	1	1
鼎和财险	1	1	1	1	三井住友	1	1	1	1
中煤财险	1	1	1	1	三星财险	1	1	1	1
英大财险	1	1	1	1	安联财险	1	1	1	1
紫金财险	1	1	1	1	日本财险	1	1	1	1
泰山财险	1	1	1	1	利宝互助	1	1	1	1
众诚财险	1	1	1	1	中航安盟	1	1	1	1
锦泰财险	1	1	1	1	安盛天平	1	1	1	1
诚泰财险	1	1	1	1	苏黎世保险	1	1	1	1
富德财险	1	1	1	1	现代财险	1	1	1	1
鑫安汽车	1	1	1	1	中意财险	1	1	1	1
北部湾财险	1	1	1	1	爱和谊	5	1	1	1
中石油专属保险	1	1	1	1	国泰财险	1	1	1	1
众安财险	1	1	1	1	日本兴亚	1	1	1	1
恒邦财险	1	1	1	1	富邦财险	1	1	1	1

表 4－23　　剔除 5 家公司后财产险公司综合竞争力的排名对比

公司	新排名	原排名	原排名－新排名	公司	新排名	原排名	原排名－新排名
人保财险	1	1	0	建信财险	36	40	4
中远海运自保	2	11	9	日本兴亚	37	15	－22
众安财险	3	6	3	美亚保险	38	18	－20
诚泰财险	4	9	5	国寿财险	39	30	－9
平安财险	5	2	－3	苏黎世保险	40	37	－3
中石油专属保险	6	5	－1	锦泰财险	41	51	10
黄河财险	7	7	0	泰山财险	42	42	0
恒邦财险	8	12	4	太平财险	43	48	5
铁路自保	9	10	1	阳光财险	44	41	－3
鼎和财险	10	8	－2	中航安盟	45	44	－1
太保财险	11	3	－8	现代财险	46	29	－17
安诚财险	12	21	9	三井住友	47	45	－2
英大财险	13	4	－9	东京海上	48	39	－9
紫金财险	14	32	18	富德财险	49	52	3
众诚财险	15	33	18	永诚财险	50	50	0
国元农险	16	34	18	泰康在线	51	53	2
国任财险	17	25	8	中意财险	52	46	－6
阳光农险	18	17	－1	海峡金桥	53	58	5
凯本财险	19	35	16	中煤财险	54	57	3
汇友互助	20	16	－4	安联财险	55	54	－1
安信农险	21	13	－8	亚太财险	56	62	6
融盛财险	22	20	－2	安盛天平	57	63	6
华泰财险	23	14	－9	北部湾财险	58	61	3
中路财险	24	22	－2	安华农险	59	59	0
众惠相互	25	31	6	华安财险	60	65	5
中银财险	26	27	1	史带财产	61	49	－12
燕赵财险	27	36	9	安达保险	62	56	－6
国泰财险	28	47	19	富邦财险	63	60	－3
中原农险	29	26	－3	珠峰财险	64	66	2
永安财险	30	38	8	长安责任	65	67	2
鑫安汽车	31	23	－8	利宝互助	66	69	3
大地财险	32	19	－13	前海联合	67	68	1
三星财险	33	28	－5	都邦财险	68	55	－13
中华联合	34	43	9	华农财险	69	64	－5
日本财险	35	24	－11				

“原排名”表示剔除上述5家财产险公司后，剩余的69家财产险公司的综合竞争力原始排名；“新排名”表示剔除上述5家财产险公司后，对剩余的69家财产险公司重新运用主成分分析法得到的综合竞争力评价结果。

可以看出，在删除5家财产险公司后重新运用主成分分析、因子分析方法对财产险公司综合竞争力进行评价，这些公司的排名变化并不是很大。

运用威尔科克森（Wilcoxon）符号秩检验进行稳健性分析。根据表4－23的原排名、新排名的结果进行对比分析（见表4－24、表4－25、表4－26）。

表4－24 剔除9家公司后财产险公司新旧排名的基本情况（描述性统计资料）

	N	平均数	标准偏差	最小值	最大值
新排名	69	35.0000	20.06240	1.00	69.00
原排名	69	35.0000	20.06240	1.00	69.00

表4－25 威尔科克森（Wilcoxon）符号秩检验（等级）

		N	平均等级	等级总和
原排名－新排名	负等级	32①	32.27	1 032.50
	正等级	32②	32.73	1 047.50
	等值结	5③		
	总计	69		

注：①原排名＜新排名；②原排名＞新排名；③原排名＝新排名。

表4－26 剔除9家公司后威尔科克森（Wilcoxon）符号秩检验结果（检定统计资料①）

	原排名－新排名
Z	－0.050[b]
渐近显著性（双尾）	0.960

注：①Wilcoxon符号等级检定；②根据负等级。

表4－26的结果显示：使用“精确”方法计算的渐进显著性（双尾）显著性水平为0.960，远大于0.05。因此，本报告认为剔除5家公司后再对剩余公司运用主成分分析法排名，与没有剔除公司进行排名的结果差异不显著，也就是说，两个样本来自同一总体，具有相同的总体分布。则主成分分析法在0.05的显著性水平下具有稳健性。即根据聚类分析的结果，剔除部分公司后建立的指标体系，运用主成分分析法对其余公司竞争力的评价结果的影响不显著，通过了稳健性检验。

二、剔除部分指标后财产险公司竞争力评价的稳健性分析

指标体系应该尽可能地反映财产险公司竞争力各方面的信息。显然，部分指标的缺失或波动对财产险公司竞争力的评价结果有影响。首先，通过聚类分析剔除部分表现“特殊”的指标（见表4-27）；其次，对财产险公司竞争力进行评价。通过剔除部分指标对评价结果的影响来进行稳健性检验。

表4-27 对指标进行聚类分析的结果

指标	聚类4	聚类3	聚类2	指标	聚类4	聚类3	聚类2
总资产收益率	1	1	1	营业收入增长率	1	1	1
净资产收益率	1	1	1	净利润赔付支出覆盖率	1	1	1
投资收益率	1	1	1	车险保费占比	1	1	1
净投资收益率	1	1	1	保费收入费用增长比	1	1	1
承保利润率	1	1	1	应收分保率	1	1	1
投资资产占总资产的比率	2	2	2	再保险亏损率	1	1	1
净利润增长率	1	1	1	偿付能力充足率	1	1	1
人均利润	1	1	1	流动性比率	1	1	1
净利润	1	1	1	自留比率	1	1	1
综合收益率	1	1	1	未决赔款准备金充足率	1	1	1
资本管理系数	3	3	1	自留保费占净资产的比率	1	1	1
认可资产负债率	3	3	1	应收保费率	4	1	1
资产认可率	1	1	1	保险负债占总资产的比率	1	1	1
认可资产增长率	1	1	1	收现比	1	1	1
资本利用率	3	3	1	付现比	1	1	1
准备金保费比率	1	1	1	现金盈余保障倍数	1	1	1
资产保费比	1	1	1	负债权益比率	1	1	1
所有者权益（净资产）	1	1	1	发展系数	1	1	1
资产报酬率	1	1	1	保险业务收入增长率	1	1	1
风险调整资本回报率	1	1	1	总资产增长率	1	1	1
资本管理绩效增长率	1	1	1	净资产增长率	1	1	1
净资产周转率	3	3	1	人均产能增长率	1	1	1
总资产周转率	3	3	1	资本运营充分率	1	1	1
综合赔付率	1	1	1	人均产能	1	1	1
综合费用率	1	1	1	承保潜力	1	1	1
综合成本率的变化率	1	1	1	分支机构数目	3	3	1
险种集中度系数	1	1	1	亿元保费投诉量	1	1	1
报告期营业收入	1	1	1	单位最低资本利润增长率	1	1	1

根据表4－27，属于类别2、类别3、类别4的特殊指标共有8个：投资资产占总资产的比率、资本管理系数、认可资产负债率、资本利用率、净资产周转率、总资产周转率、应收保费率、分支机构数目。

在剔除上述8个指标后，重新运用主成分分析法、因子分析法，得到财产险公司竞争力的新排名结果（见表4－28）。

表4－28　剔除8个指标后财产险公司综合竞争力新旧排名的比较

公司名称	新排名	原排名	原排名－新排名	公司名称	新排名	原排名	原排名－新排名
人保财险	1	1	0	永安财险	38	41	3
平安财险	2	2	0	大地财险	39	21	－18
众安财险	3	6	3	中航安盟	40	47	7
太保财险	4	3	－1	众惠相互	41	33	－8
中远海运自保	5	12	7	日本财险	42	26	－16
黄河财险	6	7	1	现代财险	43	31	－12
国任财险	7	27	20	日本兴亚	44	17	－27
广东能源自保	8	16	8	苏黎世保险	45	40	－5
久隆财险	9	11	2	阳光财险	46	44	－2
鼎和财险	10	8	－2	美亚保险	47	20	－27
中石油专属保险	11	5	－6	安联财险	48	57	9
铁路自保	12	10	－2	泰康在线	49	56	7
中路财险	13	24	11	永诚财险	50	53	3
恒邦财险	14	13	－1	东京海上	51	42	－9
英大财险	15	4	－11	锦泰财险	52	54	2
太平财险	16	51	35	中煤财险	53	61	8
阳光农险	17	19	2	中意财险	54	49	－5
建信财险	18	43	25	富德财险	55	55	0
汇友互助	19	18	－1	三井住友	56	48	－8
安信农险	20	14	－6	泰山财险	57	45	－12
华泰财险	21	15	－6	海峡金桥	58	62	4
中原农险	22	28	6	爱和谊	59	59	0
众诚财险	23	36	13	史带财产	60	52	－8
国元农险	24	37	13	安华农险	61	63	2
诚泰财险	25	9	－16	华农财险	62	68	6
融盛财险	26	22	－4	亚太财险	63	66	3
中银财险	27	29	2	北部湾财险	64	65	1
安诚财险	28	23	－5	富邦财险	65	64	－1
国泰财险	29	50	21	华安财险	66	69	3
凯本财险	30	38	8	安盛天平	67	67	0
国寿财险	31	32	1	珠峰财险	68	70	2
中华联合	32	46	14	前海联合	69	72	3
紫金财险	33	34	1	利宝互助	70	73	3
燕赵财险	34	39	5	安达保险	71	60	－11
三星财险	35	30	－5	长安责任	72	71	－1
合众财险	36	35	－1	都邦财险	73	58	－15
鑫安汽车	37	25	－12	阳光信用	74	74	0

根据表4－28，运用威尔科克森（Wilcoxon）符号秩检验，对剔除部分指标后的综合竞争力评价结果进行稳健性分析（见表4－29、表4－30、表4－31）。

表4－29　剔除部分指标后财产险公司综合竞争力新旧排名的基本情况（描述性统计资料）

	N	平均数	标准偏差	最小值	最大值
新排名	74	37.5000	21.50581	1.00	74.00
原排名	74	37.5000	21.50581	1.00	74.00

表4－30　威尔科克森（Wilcoxon）符号秩检验（等级）

		N	平均等级	等级总和
原排名－新排名	负等级	32①	36.20	1 158.50
	正等级	36②	32.99	1 187.50
	等值结	6③		
	总计	74		

注：①原排名＜新排名；②原排名＞新排名；③原排名＝新排名。

表4－31　威尔科克森（Wilcoxon）符号秩检验结果（检定统计资料①）

	原排名－新排名
Z	－0.089②
渐近显著性（双尾）	0.929

注：①Wilcoxon 符号等级检定；②根据负等级。

表4－31列出了统计检验结果。结果显示：使用“渐进”方法计算的双侧显著性水平为0.929，远大于0.05，所以认为剔除指标前的综合竞争力排名与剔除几个指标后的综合竞争力排名差异不显著。也就是说，两个样本来自同一总体，具有相同的总体分布。则综合运用主成分分析法、因子分析法对非寿险公司的竞争力进行排名时，当指标在特定的范围和程度内变化时所引起的排名的变化在统计上并不显著，即认为本部分所采用的方法对于指标的变化有一定的稳健性，此方法抓住了非寿险公司竞争力的稳定的特征，并表现出来。

由本节所述内容可知，综合运用主成分分析、因子分析方法对保险公司的竞争力进行评价排名时，财产险市场的公司参与度以及指标的选择在统计上有其稳健性。即从总体市场来看，稳健性是存在的，无论是部分公司参与评价还是指标的增删，所引起的竞争力排名的变动在统计意义上是不显著的，可以接受的，是稳健的。

第五章
中国保险公司投资价值评价分析

在中国经济持续向好的背景下，保险公司凭借着优良的企业资产、平稳而充足的现金流和优秀的未来预期而在资本市场上引起了越来越多的关注。

为了维护广大消费者利益，营造良好的投资环境，科学、合理地评估保险公司的投资价值，促进中国保险投资市场的健康稳定发展，课题组进行中国保险公司的投资价值研究。

本章主要采用现代统计学、模糊数学等理论，构建保险公司投资价值的估值模型。本章在考虑保险公司盈利能力、资本管理能力、经营创新能力、风险管理能力、发展潜力等方面的同时，将企业规模、经济形势、市场等因素也纳入考量，构建一个较为全面的、可以合理反映当前市场对未上市保险公司估值的模型，为促进未上市保险公司的投资交易和完善保险业投资市场提供参考和借鉴。

基于本报告第三章、第四章的评价结果，并选取保险公司的财务数据（主要涉及规模指标、盈利能力、资本管理能力、经营能力、发展潜力 5 个方面的内容），利用模糊数学中的贴近度计算方法，确定待评价公司与其他公司的相似程度，并以此作为对标公司及相应估值权重的衡量标准。

第一节　保险公司投资价值的概念与评价方法

一、保险公司投资价值的概念

价值这个名词自出现伊始就被赋予了多种意义。在哲学概念中，价值被认知为作用物对于承受者施加的积极意义和效用。在经济学中，价值被用来反映可以用来买卖的商品（或服务）在有效期内对于主体所能增加的效益的评判。马克思政治经济学还将价值按照作用和承受者的不同，将其分为使用价值和交换价值，用以对不同交易双方进行区分：使用价值用以衡量商品为购买者带来的效用，而交换价值用以针对商品的输出者。可见，价值作为一个估计值，对于不同的主体，其意义和体现（价格）有所区分。

实际上，即使是同一位输出者的同一件商品（服务），因为商品（服务）的接受者不同，其对于商品的需求、偏好及评价方式的不同，商品（服务）相对于接受者的价值也不尽相同。对于一家公司而言，其价值因为理解主体、计算方法的不同，也有会计层面的账面价值、以市价来计算的公允价值、破产时计算的清算价值等区分，这些都可以理解为市场价值。

一般而言，市场价值往往表示一家上市公司的发行股份依据某一评估日股价得到的公司价值，公司的市值一般由股票的收盘价与发行的股份量相乘得到。在股票的市场交易价格中，收市价是最能代表当日的股票价格。

国际资产评估标准委员会对市场价值的定义是：在评估基准日由心甘情愿的买方和卖方在交易中经过理性的、非强迫的讨价还价后评定的资产交换价值。该价值是能在实际的交易过程中完成的交易价值，能够用货币量来表示。

随着时代的进步，市场对于公司价值的理解不断加深，人们对公司的投资需求也日益高涨。随着日益增加的企业并购和公司上市行为，投资者对价值的认识日益加深，投资价值应运而生。

投资价值是指用以投资的某项资产针对于该项资产具有买入意愿和买入目标的投资者所具有的价值。

投资价值与市场价值有关，但并不一定相等。投资价值往往取决于投资者的买入意愿、买入目的，以及宏观经济环境、投资环境等多方面的考虑。

保险公司的投资价值，既与宏观经济环境、经济政策有关，也与国内金融市场的发展和保险产业政策有关，更与保险公司的经营业绩直接相关。

二、国外关于保险公司投资价值的相关研究

投资价值评估的概念由来已久，早在1903年，美国的帕拉特（Pratt）在《华尔街动态》中即提出“价值和价格相分离”的概念，其认为公司的盈利能力影响着公司的价值，公司股票的价格其实就是公司未来股息的体现。费雪（1930）最先提出了公司的价值评估模型，创新性地了探析资本和收入两者存在的联系，同时通过公式建立模型来证明，投资会渐渐地增加资本，收入扣除支出就是投资，如果不存在人的主观性，得到资本应和收入的贴现相当这一结论。莫迪和米勒（1959）提出了被广泛使用的经典MM理论，对公司估值体系有着现实与深远的意义。随后，企业价值评估模型进一步地发展，夏普对企业评估时所使用的折现率进行了创

新性的研究，通过一系列具体的数学公式得到折现率，这就是 CAPM 模型，进一步地提升了评估公司价值的准确性，为后来相关理论的发展奠定了基础。罗斯（1976）构建了套利定价模型，该模型研究得到市场所能达到的均衡价格是不存在无风险套利机会，而独特风险却不产生任何影响，这是对经典 CAPM 模型的改进。针对不同评估模型的缺点，达兰（2005）综合分析大量的估计企业价值模型，包括市场法、流量贴现法等，进一步利用数学方法说明各个估值模型，在不同的情形下应选用不同的模型。

塔里（1993）指出，EVA 方法在实际的估值时有较强的应用性，同时 EVA 的实质是公司自身价值的增加。姆拉（1996）将 EVA 法用于研究上市商业银行披露的财务信息，进行目标对象股价的估计，将得出来的结果和实际价格比较，得到 EVA 法对上市银行所做的估计较其他的模型更为精准的结论。彼得等（2004）则用实证研究证明了 EVA 法比传统方法更准确地衡量了经营业绩，与公司价值相关性较高。

三、国内关于保险公司投资价值的相关研究

我国学者对于保险公司的投资价值也进行了一些研究。陈兵（2006）提出，寿险公司总体的情况能够从公允价值中得出来。他将研究划分为不同保单的分组、相关精算假设的建立、预估将来的利润并用风险贴现率进行折现以及敏感性分析 4 个阶段，最后得到一系列的结论。蔡春勇（2010）从商业银行的角度分析了投资保险公司股权的利弊，他从经济金融发展形势、综合经营需要、完善银行服务功能和收益结构优化几个角度认为投资保险公司具有一定的现实意义。迟晓英从客户信息网络平台方面对投资保险行业给与了肯定。但遗憾的是，对于“怎样进行对保险公司的股权投资”“该选择怎样的保险公司进行投资”，上述学者没有进行说明。吴明东（2010）采用内含价值法对当时上市保险公司（中国人寿、中国平安、中国太保）的股票投资意义进行了分析。秦阳（2016）采用内含价值法研究了平安人寿的内含价值，并考虑了投资收益变动对内含价值的影响，认为在现金流折现模型可以在一定程度上弥补剩余收益模型以利润作为估值依据的欠缺。贾媛媛（2015）采用内含价值去预测未来净资产时收益率和净利润，从而对未来一年寿险公司的投资价值进行预测。代静玉（2016）在采用内含价值法评估寿险公司价值时，对于新业务乘数除了考虑未来现金流外，还融入了品牌效用、公司的经营管理能力等其他影响公司价值的因素进行修正，认为这样更能近似反映市场对公司股票的理论价格预期。

除采用内含价值法之外，我国学者对于不同估值方法对企业投资价值评估的效果进行了许多研究。程凤朝（2011）采用模拟计算提出不同时间段的折现现金流对公司价值的贡献不尽相同。他认为，应改变目前只详细预测前5年现金流的做法，至少延长至前10年，且资金成本越低越应详细预测前几年的折现现金流。刘任重（2013）根据当时我国市场数据，分析了现金流量折现模型和剩余收益定价模型在估值方面的表现，认为剩余收益定价模型在企业定价中效果更优。刘海欧（2015）提出如果保险公司能够实现稳定收益，相对于内含价值法，市盈率法更能作用于市场评估。李颖（2017）分别将内含价值模型与奥尔森剩余收益模型运用于寿险公司的评估中，发现用奥尔森剩余收益模型对于寿险公司的股权估值同样具备合理性与可行性。

事实上，从目前大部分学者的研究来看，对保险公司估值主要还是从财务指标进行整体估值。姚颖（2013）对企业管理团队的素质这一因素进行讨论，认为可以通过调整折现率进行估值，通过管理团队的人员结构、从业经验、以往业绩、社会认可度等维度来衡量团队素质。除此之外，融资能力也是影响寿险公司估值的重要因素，融资能力越强的公司，其财务流动性越好，其非流动性折扣也就越低。同时，企业融资结构还影响其偿债能力。张淙豪（2014）经分析得出，融资能力主要受盈利能力、流动性、企业规模、保障能力的影响。张颖（2016）通过对寿险公司财务指标的分析，揭示了投资假设和投资绩效对公司估值的影响，认为投资绩效越好的寿险公司，其内含价值与公司市值应该越为相近。其研究认为，寿险公司的投资收益率受监管规则、可用投资规模、会计原则、资产结构等因素的影响。秦阳（2016）以上市公司平安人寿作为实证研究对象，来计算它的内含价值，并将投资收益对保险公司内含价值的作用包含在内，有效地克服剩余收益法的不足。周静宜（2017）从财务分析的角度对保险公司的获取利润能力、债务偿付能力和发展潜能进行分析，通过因子分析法证明了营业收入、营业净利率和净资产收益率是影响保险公司盈利能力的重要因素。

现阶段，国内学者对财产险公司的投资价值进行评价分析的文献数量还较少。李林子（2003）提出建立保险企业相关财务指标系统，使用因子分析法对国内外的财险公司进行评判研究，得到不同经营范围与性质的财产险公司在盈利能力、资产管理能力等多个方面的不同。他研究讨论了我国财产险公司偿付能力的不足，并进一步对提升绩效的方法做出了相关的建议。马国东（2010）以我国的上市保险公司中公司股权评估作为分析对象，指出账面价值法、PE法、PB法在实际运用中均有出色的效果。因为不同的保险公司存在不同的经营特点和不同的投资并购行为，杨柳勇等（2014）论述了主要存在投资带来的收入（起到正向作用）、保险展业带来的保费（起到正向作用）、之前年度同比保险业务和相关的费用（起到正向作用）、当前的市场无风险利率（起到反向作用）和国内生产总值（起到反向作用）这几个条件决定评估的保险公司投资价值。王艳等（2015）认为，公司的盈利能力、相关会计信息质量、保险公司的经济增加、国家的经济环境以及整个保险行业的质量这几个方面有益于保险公司价值的成长与壮大。因为各个方面都涵盖不同的特征指标，所以应使用多个特征指标可以科学合理地建立保险公司投资价值评估系统。刘海欧（2015）认为若保险公司每年的财务状况是稳健的，则市盈率法在计算保险公司价值时往往具有比较好的效果。吴奇（2020）将2018年上市的人保集团作为案例分析目标，通过EVA法预测其投资价值，并对估值结论进行准确性分析。

此外，有许多学者通过模糊数学贴近度模型和熵值法对非上市公司的投资价值进行研究。张灵莹（1994）通过模糊数学将定性指标进行量化，使用熵值法确定指标的权重，利用多个不同的指标对目标对象完成评价。刘洪久等（2005）主要运用模糊贴近度模型，将对标企业和待评价公司进行贴近度分析，认为模糊理论的实际使用能在总体上科学地体现对标公司价值评估法的总体原理，这种方法在实际的并购、增资等商业活动中具备很好的价值评估效果。张鼎祖（2006）使用模糊数学贴近度法对公司的价值进行估计，认为该模型能够克服传统的评估模型容易受到主观思想影响的缺点。熊兴华（2008）将模糊数学贴近度模型应用于企业投资价值评估实践，但对对标公司的选取仅仅局限于之前的交易实例，并未将同行业的上市公司纳入考虑范围。胡晓明（2013）则通过选取相同性质的已经上市企业的多元特征指标，运用熵值法及贴近度模型来分析对标及待评价公司两者的关系，评估待评价公司的价值。朴艺兰（2015）认为，用市场法评估投资价值时，需先研究待评价公司的行业，再来选取相近的对标公司。为了在最大程度上避免选择对标公司过程中存在研究人员主观性强的问题，可通过数学模糊法中的贴近度模型，将对标公司的相似度进行排序与赋权。李海玉（2016）通过使用模糊数学中的贴近度模型，将对标企业的相似度进行排序，最终筛选得到一些与待评价公司具备对标性的公司。张宇（2017）通过对上市公司投资价值的研究，提出根据公司业务与财务两个方面的对标性来确定对标公司，同时，通过反映股价的财务数据修正价值乘数，以达到评估待评价公司投资价值的目的。寇业富等（2011—2020）构建了中国保险公司综合竞争力的评价体系，对中国人身险公司与财产险公司的竞争力评价进行研究。

四、中国保险公司投资价值的评价方法

决定保险公司内在价值的因素有很多，包含国家的经济因素和政治因素、保险行业的发展状况、保险公司的经营表现（包括财务状况、成长前景）等。投资者需要综合考量，最终得出保险公司的投资价值。

本报告拟综合考虑 EVA 模型中的变量选择，运用熵值法、模糊数学、现代统计分析方法等对我国保险公司进行价值评估。

吴奇（2020）论证了 EVA 模型在保险领域的显著性和评估实践中应用其方法论的可行性①。

1. EVA 模型的具体形式

$$EVA = NOPAT - TC \times WACC \tag{5-1}$$

其中，$NOPAT$ 表示评估年度的税后净营业利润；TC 表示评估年度的资本总额；$WACC$ 表示评估年度的加权平均资本成本。

该模型中各个参数的计算公式如下：

$NOPAT$ =（净利润 + 所得税费用 + 利息支出）×（1 − T）+ 年度商誉减值 + 递延所得税贷方增加额 + 少数股东损益 − 递延所得税借方增加额 + 资本化研发费用 + 营业外收支 ×（1 − T）

TC = 权益资本 + 债务资本 + 投资资本调整 = 普通股权益 + 少数股东权益 + 长期借款 + 一年内到期长期借款 + 短期借款 + 商誉减值 + 本年各项准备金 + 应付债券 + 资本化研发费用 + 递延所得税贷方余额 − 递延所得税借方余额 − 营业外收支 ×（1 − T）+ 社会责任得分

其中，T 为中国保险企业所得税税率（25%）。

依据目标公司的所有者权益与负债在资产中的比例分别与对应的权益资本和负债资本相乘，得到的结果相加便是 $WACC$。

$$WACC = K_e \times \frac{S}{S+D} + K_d \times \frac{D}{S+D} \times (1-T)$$

其中，S 表示所有者权益资本；D 表示债务资本；K_e 表示所有者权益资本成本；K_d 表示债务资本成本；T 表示公司的所得税税率。

2. 熵值法

① 吴奇. 基于 EVA 模型的我国保险上市公司价值评估研究——以中国人保为例 [D]，重庆：重庆理工大学，2020.

熵值法对各个指标的差异程度进行计算，以各个指标所提供的差异系数大小来确定各个指标在评估体系中所占据的权重。Claude · E · Shannon 在《通信数学理论》中将 Hartley 关于信息度的模型扩展到指标中概率不同的情况，提出了计算信息熵的公式。其具体实现方法如下。

首先，在熵值法中要对数据进行标准化处理，以消除量纲和求对数对数据造成的影响，其取值范围已经落在［0，1］之间，消除了量纲和反向指标取值对其所产生的影响，从而得到关于各个指标的数据矩阵 $\overline{A}$。

$$\overline{A} = \begin{bmatrix} X_{11} & \cdots & X_{m1} \\ X_{12} & \cdots & X_{m2} \\ \vdots & \ddots & \vdots \\ X_{1n} & \cdots & X_{mn} \end{bmatrix}, i = 0, 1, 2, \cdots, m; j = 1, 2, \cdots, n \quad (5-2)$$

其次，计算第 j 项指标中各方案占该指标的权重。

$$P_{ij} = \frac{X_{ij}}{\sum_{i=0}^{m} X_{ij}}, j = 1, 2, \cdots, n \quad (5-3)$$

由此，可得数据的比重矩阵。并以此矩阵求各项指标的熵。

再次，计算各指标的熵。

$$e_j = -K \sum_{i=0}^{m} P_{ij} \ln(P_{ij}), j = 1, 2, \cdots, n \quad (5-4)$$

其中，$K = \frac{1}{\ln m}$，其目的是使 e_j 的取值落于 0 和 1 之间。根据求得的熵值，可得其差异系数 d_j。

$$d_j = 1 - e_j \quad (5-5)$$

求特征指标的权系数 w_j。

$$w_j = \frac{d_j}{\sum_{j=1}^{n} d_j}, j = 1, 2, \cdots, n \quad (5-6)$$

最后，将特征指标与权系数的相乘就得到公司在该指标下的评估得分，各指标评估得分相加得到公司的评估得分。

在一些相关研究中发现，采用 EVA 模型进行价值评估时，采用变量的增量其检验结果更为明显。

3. 模糊数学中的格贴近度计算方法

采用 M 表示所有候选的可对比公司，C 表示本次特征体系的特征，其相关特

征 C 的量值为 x，构成描述事物的物元 $R=(M, C, x)$，若模糊贴近度关系分析中选取 m 家公司，n 项可比指标，采用最大最小相似系数法计算两个公司之间的格贴近度，则可比公司指标 x_{ij}（$i=1, 2, \cdots, m$；$j=1, 2, \cdots, n$）计算公式为：

$$x_{ij}=\frac{\sum_{k=1}^{n}(x_{ik}\wedge x_{jk})}{\sum_{k=1}^{n}(x_{ik}\vee x_{jk})} \tag{5-7}$$

可构建关于保险公司之间的 $m\times m$ 相似关系特征矩阵：

$X=[x_{ij}]_{m\times m}$

通过模糊相似关系矩阵，建立待评价公司与对标公司之间的贴近度关系，是待评价公司投资价值的修复系数，可以更精确地待评价公司的投资价值。

第二节 保险公司投资价值的评价体系构建

截止 2021 年 12 月，中国共有上市财产险公司 7 家，其中，平安财险以中国平安集团、太保财险以中国太保集团、大地财险以中国再保险集团、太平财险以中国太平集团、天安财险以西水股份集团的形式上市，另外两家上市财产险公司——中国人保财险、众安在线分别独立上市。

通过分析我国保险公司现行估值方法的现状，发现目前的估值方法大多具有主观性过强的特点，不同的评估人员采用迥异的价值评估方法或有很大出入的估值假设，使得市场中的交易价格往往偏离其真实价值。

一、保险公司投资价值的影响因素分析

保险公司作为金融机构，其公司价值除与自身内部经营情况相关外，还受整个金融宏观形势及行业预期的影响。因此，从投资者角度衡量保险公司的价值，应从保险公司的内部因素及外部因素进行分析。

（一）内部因素

1. 资产、收入等规模因素

无论是人身险公司还是财产险公司都没有脱离金融机构的范畴，衡量其投资价值最直观的体现就在于其已有资产、收入的评估。例如，保险公司的净资产等于公

司的总资产减去负债，它反映了保险公司在开办及以后接受的资本和公司通过经营活动创造出的资产。

2. 盈利能力

保险公司的盈利能力是指其通过业务及一系列投资活动获得利润的能力，也被称为公司的资本增值能力。通常来说，保险公司的盈利能力可以采用净资产收益率、总资产收益率等多项指标进行测算和衡量。其中，对于保险公司最重要的是总资产收益率，如果总资产收益率高于债务成本，那么该家公司应该举债经营；反之，债务则会成为压垮公司的负担。同时，总资产收益率也是保险公司综合实力的体现。而对于投资者而言，净资产收益率是衡量一家公司是否应该进行股权投资最直观的条件。净资产收益率等于一家公司该年度所获得的净利润除以净资产，其比值越高象征着这家公司的资本增值能力越强，投资者能够获得相对于债权投资更多的超额收益。

3. 资本管理能力

资本管理能力不仅表现为对资本规模、质量、安全的把握，还影响着企业对外融资的渠道和成本。一家对于资本管理要求严格的公司往往对于资产的风险和成本把控较好，降低了投资者投资的风险。但同时，公司的资本管理能力越强，其流动性也会相应增强，其融资风险和融资成本相应降低，投资者所能得到的超额回报也会越低。寿险公司的资本管理能力体现在偿付能力充足率、资本利用率等方面。其中，偿付能力充足率并非越高越好，过低的数值意味着公司对可能发生的赔付准备不足，会将公司带入风险之中；而过高的数值可能意味着资本的浪费或是业务开展不够全面。

4. 经营能力

在公司价值评估中，经营能力被认为是企业对统合内外资源进行运营的管理能力，并结合条件制定符合公司经营的战略、计划的统筹能力和决策能力之和。在保险公司的投资价值评判中，企业的经营能力由净资产周转率等指标体现。

5. 发展潜力

在目前的公司价值评价体系中，资产规模往往只能代表公司的过去，而决定一家保险公司在投资者眼中的价值的，更多的是未来所取得的收益，即公司未来持续的获利能力。一家高成长性的保险公司，哪怕目前资产、销售规模都较小，但因为其高保费增速、高收益增长率，在投资者眼中同样也可能具备较高的价值。能够评价一家寿险公司的发展潜力的指标有发展系数、净资产增长率等指标。其中，发展系数的定义为公司保费收入增量份额与原保费收入的比值，其能够反映寿险公司在整个市场中的发展前景而最常被使用到。

（二）外部因素

作为所有公司赖以生存的大环境，宏观经济的好坏会影响每一家公司的盈利和发展。作为金融市场的重要参与者，保险公司极其容易受经济环境的影响。在我国国民生产总值增长率保持较高水平的时候，人民生活水平的提高会对保险收入规模和保险公司的资产等起到促进作用。同时，良好的投资氛围也有助于保险公司利用保费收入进行投资而取得较高收益。而当国民生产总值增长率持续下滑时，恶劣的经济形势会对投保人的投保意愿和公司的投资收益造成打击，影响保险公司的投资价值。同时，宏观政策的变动也会直接影响到保险公司的盈利状况和公司价值，任何宏观政策或者是保险监管规则的变动都可能会让保险公司的发展前景和获利能力发生巨大变化。

因此，评估保险公司的投资价值也必须考虑到宏观经济形势、宏观政策与证券市场的变化等各方面的因素。首先，通过对标公司的市场价值得到待评价公司的投资价值，再由待评价公司与对标公司之间的贴近程度，得到待评价公司的投资价值。

二、保险公司的投资价值评价指标体系

在待评价的保险公司中，既有已经上市的保险公司，也有作为子公司部分上市的保险公司，还有完全没有上市的保险公司。

首先，由上市保险公司（集团）的市场价值计算得到上市的保险公司或者作为子公司部分上市的保险公司的投资价值。在此步骤计算中，选择规模指标，采用熵值法进行计算。

其次，把上述计算出投资价值的保险公司作为对标公司，分别计算未上市人身险公司、财产险公司的初始投资价值。在此步骤计算中，选择上述步骤相同的规模指标，采用熵值法进行计算。

最后，根据待评价公司与对标公司的贴近度，对待评价公司的投资价值进行修正，从而得到保险公司的投资价值。在此步骤中，采用模糊数学中的格贴近度方法进行计算。将待评价公司与各对标公司的投资价值等价关系的值进行归一化处理，以对标公司的投资价值为参考，通过待评价公司与对标公司的相似程度，计算待评价公司的投资价值。

三、对标公司的选择

截至2021年12月，中国共有上市保险公司（集团）8家，包括中国平安保险集团（601318）、中国人保（601319）、中国人寿（601628）、新华保险（601336）、中国太平洋保险集团（601601）、中国再保险（01508. HK）、中国太平（00966. HK）、众安在线（06060. HK）。

此外，天安财险以西水股份集团的形式上市（*ST西水，600291），天茂集团（000627）的主要收入来自于国华人寿。

基于投资价值评估的宏观经济背景、保险经营规律以及相关数据的科学性，本部分选择在沪深上市的5家中国保险公司（集团）作为研究的主要背景和对标对象，即中国平安集团（601318）、中国人保（601319）、中国人寿（601628）、新华保险（601336）、中国太保集团（601601）。

相应地，人身险公司的对标公司分别是中国人寿、新华寿险、平安人寿、太保寿险；财产险公司的对标公司分别是人保财险、平安财险、太保财险。

四、对标公司的投资价值评价

在依据上市的5家中国保险公司（集团）计算得到对标公司的投资价值时，本部分选择的规模指标为：净资产、净利润、已赚保费、营业总收入，以2021年12月31日的数据资料为基点。

其中，上市保险公司（集团）的数据来自这些公司按照上市公司的有关规定披露的财务数据，未上市的保险公司数据来自这些公司的年度披露信息报告。相关数据资料见表5－1。

表5－1　　上市保险公司（集团）与对标公司的规模指标数据　　（单位：万元）

序号	公司名称	净资产	净利润	已赚保费	营业总收入
1	中国人寿（601628）	48 665 800	5 241 200	61 125 100	85 850 500
2	新华保险（601336）	10 851 400	1 495 100	16 131 400	22 238 000
3	中国人保（601319）	29 670 500	3 060 200	53 001 400	59 769 100
4	中国平安集团（601318）	107 772 300	12 180 200	73 993 300	118 044 400
5	中国太保集团（601601）	23 240 500	2 761 800	33 953 500	44 064 300
6	中国人寿	47 705 700	5 095 600	61 125 100	85 039 300
7	新华寿险	10 519 400	1 439 700	16 131 400	22 113 300

续表

序号	公司名称	净资产	净利润	已赚保费	营业总收入
8	人保财险	20 326 052	2 285 931	39 712 193	42 532 971
9	平安人寿	27 876 677	4 865 587	45 082 780	61 604 258
10	平安财险	11 401 565	1 639 383	26 048 975	27 701 124
11	太保寿险	10 109 965	1 890 477	20 344 659	28 770 027
12	太保财险	4 892 897	635 174	12 880 326	13 687 850

依据公式（5－2）至公式（5－6），计算得到的结果见表5－2。

表5－2　上市保险公司（集团）与对标公司的熵值评价得分与市场价值（总资产）

（单位：万元）

公司名称	熵值评价得分	市场价值（总资产）
中国人寿（601628）	441 967 343.8	489 108 500.0
新华保险（601336）	108 925 535.2	112 772 100.0
中国人保（601319）	305 770 485.2	137 640 200.0
中国平安集团（601318）	757 390 987.5	1 014 202 600.0
中国太保集团（601601）	224 479 744.7	194 616 400.0
中国人寿	436 514 798.2	477 870 200.0
新华寿险	107 313 448.4	111 628 000.0
人保财险	217 953 348.2	67 974 178.1
平安人寿	296 541 937.3	354 576 394.5
平安财险	135 967 478.7	46 693 651.7
太保寿险	125 668 200.3	163 105 431.8
太保财险	63 960 493.1	20 759 779.4

根据熵值评价得分与上市公司（集团）的市场价值（或总资产），得到对标公司的投资价值（见表5－3）。

表5－3　对标公司的投资价值与总资产

对标公司	总资产（万元）	投资价值（万元）	投资价值/总资产（%）
中国人寿	477 870 200.0	483 074 374.5	101.09
新华寿险	111 628 000.0	111 103 084.4	99.53
人保财险	67 974 178.1	98 110 000.5	144.33
平安人寿	354 576 394.5	397 091 606.3	111.99
平安财险	46 693 651.7	182 070 519.3	389.93
太保寿险	163 105 431.8	108 950 109.3	66.80
太保财险	20 759 779.4	55 451 599.5	267.11

通过表 5 - 3 可以知道，中国人寿计算得出的投资价值解释了中国人寿总资产的 101. 09%；新华寿险计算得出的投资价值解释了新华寿险总资产的 99. 53%；人保财险计算得出的投资价值解释了其总资产的 144. 33%；平安人寿计算得出的投资价值解释了其总资产的 111. 99%；平安财险计算得出的投资价值解释了其总资产的 389. 93%；太保寿险计算得出的投资价值解释了其总资产的 66. 80%；太保财险计算得出的投资价值解释了其总资产的 267. 11%.

表 5 - 4 给出了各对标公司的投资价值与对应的上市公司市场价值的占比情况。从中可以看出，对标公司中国人寿计算得出的投资价值反映了上市公司中国人寿（601628）市场价值的 98. 77%；对标公司新华寿险计算得出的投资价值反映了上市公司新华保险（601336）市场价值的 98. 52%；对标公司人保财险计算得出的投资价值反映了上市公司中国人保（601319）市场价值的 71. 28%；对标公司平安人寿计算得出的投资价值反映了上市公司中国平安集团（601318）市场价值的 39. 15%；对标公司平安财险计算得出的投资价值反映了上市公司中国平安集团（601318）市场价值的 17. 95%；对标公司太保寿险计算得出的投资价值反映了上市公司中国太保集团（601601）市场价值的 55. 98%；对标公司太保财险计算得出的投资价值反映了上市公司中国太保集团（601601）市场价值的 28. 49%。

表 5 - 4　　对标公司的投资价值与对应上市公司市场价值的比较

对标公司	投资价值（万元）	上市公司名称	市场价值（万元）	对标公司投资价值/对应上市公司市场价值（%）
中国人寿	483 074 374. 5	中国人寿（601628）	489 108 500	98. 77
新华寿险	111 103 084. 4	新华保险（601336）	112 772 100	98. 52
人保财险	98 110 000. 47	中国人保（601319）	137 640 200	71. 28
平安人寿	397 091 606. 3	中国平安集团（601318）	1 014 202 600	39. 15
平安财险	182 070 519. 3			17. 95
太保寿险	108 950 109. 3	中国太保集团（601601）	194 616 400	55. 98
太保财险	55 451 599. 52			28. 49

表 5 - 5 给出了净资产、净利润、已赚保费、营业总收入这 4 项规模指标中，对标公司中国人寿、新华寿险、人保财险，以及平安人寿与平安财险的和、太保寿险与太保财险的和占各自对应的上市公司中国人寿中国人寿（601628）、新华保险（601336）、中国人保（601319）、中国平安集团（601318）、中国太保集团（601601）的比例情况，有助于理解对标公司的投资价值与上市公司（集团）的市场价值之间的对应关系。

表 5-5　对标公司与对应的上市保险公司（集团）几项规模指标的比例情况　（单位:%）

公司名称	净资产	净利润	已赚保费	营业总收入
中国人寿/中国人寿（601628）	98.03	97.22	100.00	99.06
新华寿险/新华保险（601336）	96.94	96.29	100.00	99.44
人保财险/中国人保（601319）	68.51	74.70	74.93	71.16
平安人寿与平安财险的和/中国平安集团（601318）	36.45	53.41	96.13	75.65
太保寿险与太保财险的和/中国太保集团（601601）	64.55	91.45	97.85	96.35

中国人寿、新华寿险、平安人寿、太保寿险将是中国人身险公司投资价值评价的对标公司；人保财险、平安财险、太保财险将是中国财产保险公司投资价值评价的对标公司。

第三节　中国人身保险公司投资价值的评价分析

一、评价对象的选择

根据中国银保监会网站，截至 2021 年 12 月 31 日，中国人身险公司共有 91 家，其中，中资公司 63 家，外资保险公司共有 28 家。

其中，国寿养老、长江养老、新华养老、人保养老、恒安标准养老仅经营养老保障管理业务、企业年金、职业年金等业务，暂不经营负债型的人寿保险业务，不适用偿付能力的监管要求，这 5 家养老保险公司不予评价。

截至 2022 年 5 月 31 日，没有披露 2021 年年度信息披露报告或者披露内容不完整的有 15 家公司：国寿存续、民生人寿、天安人寿、富德生命人寿、大家人寿、恒大人寿、中融人寿、长生人寿、华夏人寿、君康人寿、和谐健康、华汇人寿、大家养老、上海人寿、珠江人寿。

昆仑健康、德华安顾、鼎诚人寿、瑞华健康、小康人寿的部分指标数据异常，不予评价①。

剔除上述 25 家公司，共有 66 家公司进行了综合竞争力评价；然后，依据第三章得到的中国人身保险公司综合竞争力评价结果，我们拟对中国人身保险公司综合竞争力排名前 40 位的公司进行投资价值评价。

① 前海人寿的 2021 年度信息披露报告，只有合并报表，没有披露公司的年度信息披露报告。

由于在熵值计算中，需要用到取对数计算，所以公司的指标不能取负值。本部分剔除了综合竞争力排名前40位的公司中，部分指标出现负值情况的公司（共有3家公司），最后共有37家公司进行投资价值评估。

二、评价指标的选择

对保险公司的投资价值进行评价主要分两个步骤：一是依据规模指标，运用熵值法，由对标公司的投资价值得到待评价公司的投资价值的初始评价结果；二是建立盈利能力、资本管理能力、经营创新能力、发展能力等方面的二级指标，采用模糊格贴近度方法，计算待评价公司与对标公司的相似关系，并通过迭代计算，得到待评价公司与对标公司贴近度的等价关系，把此等价关系作为修正系数，根据对标公司与待评价公司的投资价值结果，得到待评价公司的投资价值。最后得到人身险公司综合竞争力排名前37位的公司的投资价值。指标体系见表5－6。

表5－6　　人身险公司投资价值评价的指标选取

指标组成部分	特征指标选取
规模指标	净资产、净利润、已赚保费、营业总收入
盈利能力	投资收益率、净资产收益率、承保利润率、净利润增长率
经营创新能力	净资产周转率、综合赔付率、综合费用率、退保率、产品集中度系数、万张保单投诉量
资本管理能力	偿付能力充足率、保险负债占总资产比、资本利用率、认可资产负债率、资产认可率、认可资产增长率
发展潜力	发展系数、总资产增长率、净资产增长率、市场拓展能力

三、人身险公司的初始投资价值评价

表5－7列出了综合竞争力排名前37位的中国人身险公司的规模数据。

表5－7　　参评的37家公司规模指标数据　　（单位：万元）

公司名称	净资产	净利润	已赚保费	营业总收入
中国人寿	47 705 700.0	5 095 600.0	61 125 100.0	85 039 300.0
平安人寿	27 876 676.9	4 865 586.7	45 082 780.0	61 604 258.3
泰康人寿	7 754 300.0	2 579 600.0	16 067 500.0	22 590 000.0
太保寿险	10 109 964.8	1 890 476.7	20 344 659.3	28 770 026.7
新华人寿	10 519 400.0	1 439 700.0	16 131 400.0	22 113 300.0
太平人寿	5 670 940.2	950 841.0	14 591 481.2	19 067 555.0

续表

公司名称	净资产	净利润	已赚保费	营业总收入
友邦人寿	1 912 655.6	833 901.2	4 339 396.1	5 393 860.2
大都会人寿	647 264.3	113 249.9	1 509 742.8	1 784 457.7
百年人寿	802 208.4	55 523.6	5 588 134.5	6 675 574.0
中邮人寿	2 811 047.0	140 332.0	8 565 019.0	10 231 787.0
信美人寿	102 105.4	15 913.5	218 476.7	258 029.6
招商信诺	1 107 175.6	117 492.7	2 151 387.3	2 653 959.7
弘康人寿	188 513.4	3 561.2	1 750 776.3	1 975 452.0
中信保诚	1 442 411.7	282 297.5	2 621 787.2	3 260 251.1
国华人寿	2 900 468.4	74 177.3	3 738 389.9	4 894 564.8
信泰人寿	630 762.2	27 482.5	4 296 427.5	4 791 535.5
泰康养老	740 327.0	28 662.3	1 859 262.1	2 235 334.0
平安健康	362 015.3	88 330.3	1 196 742.3	1 310 179.8
前海人寿	2 851 439.8	24 557.0	6 304 913.4	8 099 748.5
人保寿险	4 939 333.1	415 125.0	9 520 123.7	12 351 214.8
人保健康	720 453.5	25 618.3	3 119 009.6	3 410 712.8
交银康联	755 803.2	83 086.8	1 645 928.4	2 083 999.7
东吴人寿	608 841.2	12 076.9	629 532.8	786 151.0
复星联合健康	89 367.5	2 031.5	311 241.7	324 169.3
阳光人寿	3 693 359.6	453 007.4	5 957 628.3	7 598 642.0
建信人寿	2 159 178.0	60 920.1	4 579 716.0	5 758 275.6
农银人寿	912 316.8	31 511.3	2 925 524.7	3 494 940.8
太保健康	141 044.8	12 484.5	547 565.9	595 197.0
中宏人寿	955 794.8	104 932.8	1 175 638.1	1 477 747.2
中英人寿	780 399.6	91 254.5	1 016 179.7	1 308 404.6
中意人寿	966 686.0	111 302.0	1 655 296.0	2 148 075.0
横琴人寿	183 594.1	1 101.9	655 040.6	796 285.8
太平养老	340 544.7	30 670.3	612 824.1	839 196.7
中德安联	369 271.9	62 769.6	542 959.9	676 750.7
财信吉祥	293 748.9	24 592.5	619 803.0	807 701.3
英大人寿	427 530.5	34 690.4	1 739 750.3	2 070 302.4
华贵人寿	66 217.8	3 090.2	84 410.9	119 396.3

采用熵值法进行运算，得到熵值评价结果见表5-8。

表5-8 参评的37家公司熵值评价得分结果

序号	公司名称	熵值评价得分	序号	公司名称	熵值评价得分
1	中国人寿	455 223 931	20	人保寿险	61 044 755
2	平安人寿	316 912 620	21	人保健康	15 843 226
3	泰康人寿	111 014 180	22	交银康联	10 210 763
4	太保寿险	137 500 322	23	东吴人寿	4 687 411
5	新华人寿	114 101 549	24	复星联合健康	1 591 436
6	太平人寿	89 680 044	25	阳光人寿	40 140 880
7	友邦人寿	28 369 643	26	建信人寿	27 953 172
8	大都会人寿	9 077 811	27	农银人寿	16 168 922
9	百年人寿	28 322 277	28	太保健康	2 837 541
10	中邮人寿	47 863 738	29	中宏人寿	8 536 321
11	信美人寿	1 334 627	30	中英人寿	7 324 006
12	招商信诺	13 544 182	31	中意人寿	11 027 383
13	弘康人寿	8 407 961	32	横琴人寿	3 576 002
14	中信保诚	17 241 195	33	太平养老	4 099 036
15	国华人寿	26 398 802	34	中德安联	3 778 332
16	信泰人寿	21 023 636	35	财信吉祥	3 899 255
17	泰康养老	10 768 121	36	英大人寿	9 335 098
18	平安健康	6 554 777	37	华贵人寿	621 733
19	前海人寿	38 348 846			

依据表5-6中的各项指标和这37家公司的各项指标取值，并对这些指标进行标准化后，运用模糊聚类分析方法计算待评价公司与对标公司之间的相似关系，结果见表5-9。

表5-9 待评价公司与对标公司之间的相似关系 （单位:%）

	中国人寿	平安人寿	太保寿险	新华人寿
泰康人寿	5.37	33.12	35.77	25.74
太平人寿	5.20	32.76	36.47	25.57
友邦人寿	8.54	29.49	27.28	34.70
大都会人寿	4.96	32.91	36.35	25.79
百年人寿	4.95	32.92	36.33	25.81
中邮人寿	4.95	32.92	36.32	25.82
信美人寿	4.72	35.06	32.89	27.34
招商信诺	4.93	32.91	36.30	25.85

续表

	中国人寿	平安人寿	太保寿险	新华人寿
弘康人寿	4.76	33.89	35.03	26.31
中信保诚	4.92	32.91	36.30	25.87
国华人寿	4.86	32.94	36.37	25.84
信泰人寿	4.93	33.03	36.08	25.96
泰康养老	4.64	33.01	36.40	25.95
平安健康	4.61	33.00	36.51	25.88
前海人寿	4.65	33.00	36.42	25.93
人保寿险	4.66	33.00	36.41	25.93
人保健康	4.66	33.01	36.40	25.94
交银康联	4.79	30.53	28.81	35.86
东吴人寿	4.94	29.90	27.34	37.83
复星联合健康	4.43	34.96	33.50	27.11
阳光人寿	4.63	33.01	36.39	25.96
建信人寿	4.62	33.03	36.34	26.02
农银人寿	4.62	33.02	36.33	26.03
太保健康	4.58	33.04	36.47	25.90
中宏人寿	4.64	33.00	36.39	25.96
中英人寿	4.64	33.00	36.43	25.93
中意人寿	4.65	33.01	36.38	25.96
横琴人寿	4.58	33.06	36.49	25.87
太平养老	4.66	33.00	36.40	25.94
中德安联	4.67	32.93	36.19	26.21
财信吉祥	4.69	32.93	36.16	26.23
英大人寿	4.68	32.93	36.20	26.19
华贵人寿	4.67	32.93	36.25	26.16

表5-9作为修复乘数，可以求得待评价公司的投资价值，结果见表5-10。

由表5-10和图5-1可以看出，中国人寿、平安人寿的投资价值绝对额位列人身险公司前两名，且占有绝对优势地位。

由于各家人身险公司的所有者权益不一样，如果单独考虑它们的投资价值绝对额，对于潜在投资者的参考借鉴意义并不大。为了更好地反映各公司的投资效能①，在不考虑公司股权质押、公司成立年限的情况下，本部分引入了指标“投资

① $投资效能=\frac{投资价值}{所有者权益}$。

效能比”，具体结果见表 5－11。

表 5－10　对标公司与待评价公司的投资价值　（单位：万元）

序号	公司名称	投资价值	序号	公司名称	投资价值
1	中国人寿	483 074 374.5	20	人保寿险	61 284 403.0
2	平安人寿	397 091 606.3	21	人保健康	15 906 024.0
3	太保寿险	108 950 109.3	22	交银康联	10 322 405.2
4	新华寿险	111 103 084.4	23	东吴人寿	4 743 471.2
5	泰康人寿	111 685 292.1	24	复星联合健康	1 614 468.2
6	太平人寿	90 005 651.9	25	阳光人寿	40 299 981.7
7	友邦人寿	28 768 793.2	26	建信人寿	28 067 906.8
8	大都会人寿	9 114 551.1	27	农银人寿	16 235 242.7
9	百年人寿	28 438 281.3	28	太保健康	2 848 492.2
10	中邮人寿	48 060 393.9	29	中宏人寿	8 570 050.1
11	信美人寿	1 356 127.1	30	中英人寿	7 352 433.4
12	招商信诺	13 600 001.7	31	中意人寿	11 071 474.6
13	弘康人寿	8 483 594.8	32	横琴人寿	3 589 905.9
14	中信保诚	17 311 827.7	33	太平养老	4 115 209.1
15	国华人寿	26 504 367.6	34	中德安联	3 794 017.7
16	信泰人寿	21 125 524.8	35	财信吉祥	3 915 640.7
17	泰康养老	10 810 679.5	36	英大人寿	9 373 508.0
18	平安健康	6 579 108.6	37	华贵人寿	624 235.7
19	前海人寿	38 498 624.3			

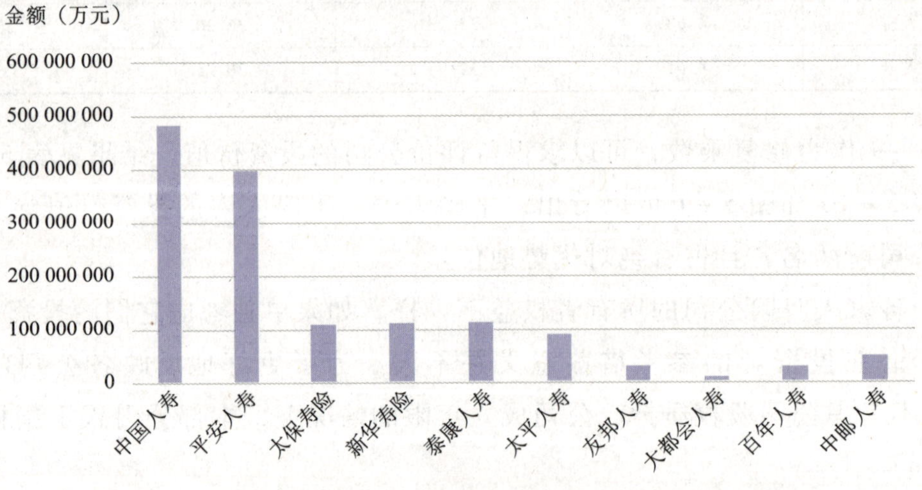

图 5－1　2021 年投资价值绝对额排名前 10 位的人身险公司

表 5－11　人身险公司的投资效能比

公司名称	投资效能比（%）	净资产（万元）	投资价值（万元）
弘康人寿	4 500. 26	188 513. 4	8 483 594. 8
百年人寿	3 545. 00	802 208. 4	28 438 281. 3
信泰人寿	3 349. 21	630 762. 2	21 125 524. 8
人保健康	2 207. 78	720 453. 5	15 906 024. 0
英大人寿	2 192. 48	427 530. 5	9 373 508. 0
太保健康	2 019. 56	141 044. 8	2 848 492. 2
横琴人寿	1 955. 35	183 594. 1	3 589 905. 9
平安健康	1 817. 36	362 015. 3	6 579 108. 6
复星联合健康	1 806. 55	89 367. 5	1 614 468. 2
农银人寿	1 779. 56	912 316. 8	16 235 242. 7
中邮人寿	1 709. 70	2 811 047. 0	48 060 393. 9
太平人寿	1 587. 14	5 670 940. 2	90 005 651. 9
友邦人寿	1 504. 13	1 912 655. 6	28 768 793. 2
泰康养老	1 460. 26	740 327. 0	10 810 679. 5
平安人寿	1 424. 46	27 876 676. 9	397 091 606. 3
大都会人寿	1 408. 17	647 264. 3	9 114 551. 1
泰康人寿	1 405. 03	7 754 300. 0	108 950 109. 3
交银康联	1 365. 75	755 803. 2	10 322 405. 2
前海人寿	1 350. 15	2 851 439. 8	38 498 624. 3
财信吉祥	1 332. 99	293 748. 9	3 915 640. 7
信美人寿	1 328. 16	102 105. 4	1 356 127. 1
建信人寿	1 299. 93	2 159 178. 0	28 067 906. 8
人保寿险	1 240. 74	4 939 333. 1	61 284 403. 0
招商信诺	1 228. 35	1 107 175. 6	13 600 001. 7
太平养老	1 208. 42	340 544. 7	4 115 209. 1
中信保诚	1 200. 20	1 442 411. 7	17 311 827. 7
中意人寿	1 145. 30	966 686. 0	11 071 474. 6
太保寿险	1 098. 95	10 109 964. 8	111 103 084. 4
阳光人寿	1 091. 15	3 693 359. 6	40 299 981. 7
新华人寿	1 061. 71	10 519 400. 0	111 685 292. 1
中德安联	1 027. 43	369 271. 9	3 794 017. 7
中国人寿	1 012. 61	47 705 700. 0	483 074 374. 5
华贵人寿	942. 70	66 217. 8	624 235. 7
中英人寿	942. 14	780 399. 6	7 352 433. 4
国华人寿	913. 80	2 900 468. 4	26 504 367. 6
中宏人寿	896. 64	955 794. 8	8 570 050. 1
东吴人寿	779. 10	608 841. 2	4 743 471. 2

注：按照投资效能比大小排序。

由表 5－11 和图 5－2 可以看出，投资效能比排名前 3 位的分别是弘康人寿（4 500. 26%）、百年人寿（3 545. 00%）和信泰人寿（3 349. 21%）。这 3 家公司的投资效能比有比较明显的优势，并且取值均比上年有很大幅度的提升。

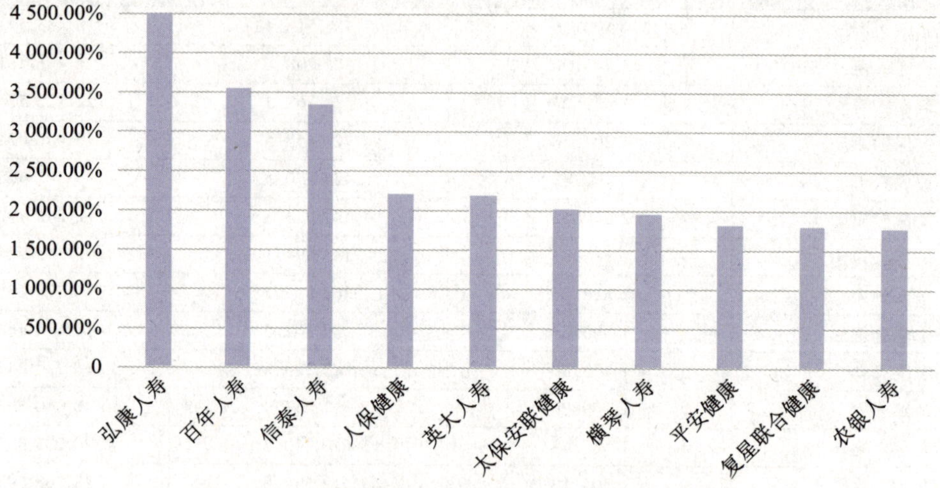

图5－2 投资效能比排名前10位的人身险公司

为了更深入地了解公司的投资价值，本部分把参评的各家人身险公司的投资价值与其总资产进行了比较，具体结果见表5－12。

表5－12 参评的人身险公司的投资价值与其总资产比较

公司名称	投资价值（万元）	总资产（万元）	投资价值/总资产（%）
中国人寿	483 074 374.5	477 870 200.0	101.09
平安人寿	397 091 606.3	354 576 394.5	111.99
太保寿险	108 950 109.3	163 105 431.8	66.80
新华寿险	111 103 084.4	111 628 000.0	99.53
泰康人寿	111 685 292.1	116 109 800.0	96.19
太平人寿	90 005 651.9	83 141 858.0	108.26
友邦人寿	28 768 793.2	22 846 646.3	125.92
大都会人寿	9 114 551.1	7 715 396.4	118.13
百年人寿	28 438 281.3	23 644 006.2	120.28
中邮人寿	48 060 393.9	40 098 860.0	119.85
信美人寿	1 356 127.1	1 934 017.1	70.12
招商信诺	13 600 001.7	10 890 889.5	124.88
弘康人寿	8 483 594.8	7 617 010.6	111.38
中信保诚	17 311 827.7	18 319 718.7	94.50
国华人寿	26 504 367.6	25 434 273.8	104.21
信泰人寿	21 125 524.8	14 728 480.4	143.43
泰康养老	10 810 679.5	6 803 363.9	158.90
平安健康	6 579 108.6	2 139 631.6	307.49

续表

公司名称	投资价值（万元）	总资产（万元）	投资价值/总资产（%）
前海人寿	38 498 624.3	37 205 569.2	103.48
人保寿险	61 284 403.0	53 998 155.5	113.49
人保健康	15 906 024.0	7 677 253.5	207.18
交银康联	10 322 405.2	9 103 308.7	113.39
东吴人寿	4 743 471.2	2 620 289.1	181.03
复星联合健康	1 614 468.2	334 251.8	483.01
阳光人寿	40 299 981.7	36 126 344.0	111.55
建信人寿	28 067 906.8	25 364 291.0	110.66
农银人寿	16 235 242.7	12 596 278.0	128.89
太保健康	2 848 492.2	1 035 582.0	275.06
中宏人寿	8 570 050.1	6 551 840.3	130.80
中英人寿	7 352 433.4	6 101 906.9	120.49
中意人寿	11 071 474.6	10 564 366.0	104.80
横琴人寿	3 589 905.9	2 546 255.7	140.99
太平养老	4 115 209.1	1 971 420.0	208.74
中德安联	3 794 017.7	3 656 026.2	103.77
财信吉祥	3 915 640.7	2 871 015.4	136.39
英大人寿	9 373 508.0	6 703 875.6	139.82
华贵人寿	624 235.7	741 766.0	84.16

由表5-12可以看出，大部分公司的投资价值大于公司的总资产，投资价值小于总资产的公司有：太平洋寿险、新华寿险、泰康人寿、信美人寿、中信保诚、华贵人寿。

第四节　中国财产保险公司投资价值的评价分析

一、研究对象的选择

根据中国银保监会网站，截至2021年12月31日，中国财产险公司共有87家，其中，中资公司66家，外资保险公司共有21家[①]。

① 2020年6月30日，获中国银保监会批准（银保监复〔2020〕394号），信利保险（中国）有限公司变更为信利再保险（中国）有限公司，并于2020年7月3日完成公司名称以及经营范围的工商变更登记，在中国境内从事非寿险再保险业务。

截至2022年5月31日，在这87家公司中，未披露2021年年度信息披露报告或者年度信息披露报告不完整的有7家公司：出口信用、瑞再企商、大家财险、天安财险、东海航运、易安财险、长江财险。此外，公司披露的部分数据不能满足需要或者部分指标数据异常，主要有劳合社、渤海财险、太平科技、安心财险、华海财险、浙商财险。最终，本部分共对74家财产保险公司进行竞争力评价。

课题组对综合竞争力排名前40位的财产保险公司进行投资价值评价。

由于在熵值计算中，需要用到对数计算，所以公司的指标不能取负值。在这40家财产保险公司中，日本兴亚、融盛财险、现代财险、合众财险这4家公司的净利润为负，最后我们共对36家公司进行投资价值评估，其中，人保财险、平安财险、太保财险是对标公司。

二、评价指标的选择

对财产险公司的投资价值进行评价主要分两个步骤：一是依据规模指标，运用熵值法，由对标公司的投资价值得到待评价公司投资价值的初始评价结果；二是建立盈利能力、资本管理能力、经营创新能力、发展能力等方面的二级指标，再采用模糊格贴近度方法，计算待评价公司与对标公司的相似关系，并通过迭代计算，得到待评价公司与对标公司贴近度的等价关系，把此等价关系作为修正系数，根据对标公司与待评价公司的投资价值结果，得到待评价公司的投资价值。最终得到财产险公司综合竞争力排名前40位的公司的投资价值。指标体系见表5－13。

表5－13　　财产险公司投资价值评价的指标选取

指标组成部分	特征指标选取
规模指标	净资产、净利润、已赚保费、营业总收入
盈利能力	投资收益率、净资产收益率、承保利润率、净利润增长率
经营创新能力	净资产周转率、综合赔付率、综合费用率、应收保费率、产品集中度系数、亿元保费投诉量、营业收入增长率、人均产能
资本管理能力	偿付能力充足率、保险负债占总资产比、资本利用率、认可资产负债率、资产认可率、认可资产增长率
发展潜力	发展系数、总资产增长率、净资产增长率、人均产能增长率、市场拓展能力、应收分保率

三、财产险公司的初始投资价值评价

表5－14列出了综合竞争力排名前36位的财产险公司的规模指标数据。

表 5-14　参评的 36 家财产险公司规模指标数据　（单位：万元）

公司名称	净资产	净利润	已赚保费	营业总收入	总资产
人保财险	20 326 051.7	2 285 930.5	39 712 192.5	42 532 970.6	67 974 178.1
平安财险	11 401 564.9	1 639 382.5	26 048 975.2	27 701 124.1	46 693 651.7
太保财险	4 892 897.2	635 174.4	12 880 325.6	13 687 849.9	20 759 779.4
英大财险	780 356.5	102 327.5	807 318.5	898 099.5	2 150 603.2
中石油专属保险	695 901.2	42 356.1	145 550.9	190 677.9	1 171 766.5
众安财险	1 754 338.0	280 463.9	1 878 230.3	2 151 677.8	4 116 173.2
黄河财险	228 164.4	1 098.1	49 158.6	65 405.6	414 963.9
鼎和财险	563 868.7	102 565.8	458 829.9	514 644.3	1 812 145.3
诚泰财险	806 322.2	1 113.3	183 859.5	220 964.3	1 037 844.5
铁路自保	302 368.7	19 523.3	48 691.2	67 454.5	514 214.5
久隆财险	101 748.7	5 463.9	17 499.5	21 401.9	142 004.9
中远海运自保	237 792.0	11 510.0	4 851.0	14 129.0	438 952.0
恒邦财险	204 264.5	777.0	119 600.9	137 392.8	394 700.7
安信农险	273 960.7	8 377.3	133 072.1	152 073.6	524 114.3
华泰财险	555 160.7	48 554.6	609 088.1	669 389.7	1 474 273.3
广东能源自保	54 539.1	1 650.9	255.2	4 302.1	101 144.4
汇友互助	58 776.9	2 150.7	8 804.1	13 082.9	100 856.0
阳光农险	283 337.5	5 183.9	322 275.8	335 744.1	546 767.6
美亚保险	146 321.4	22 273.4	60 955.7	65 910.9	384 145.4
大地财险	2 632 954.8	39 220.1	3 885 623.7	4 199 779.7	8 394 121.6
安诚财险	443 972.7	3 410.5	389 920.0	425 961.5	804 744.3
中路财险	98 228.7	323.5	108 783.3	117 624.0	238 076.3
鑫安汽车	122 048.0	12 800.7	66 082.5	73 412.5	293 337.5
日本财险	65 626.5	9 138.9	40 115.2	44 644.7	203 095.2
国任财险	440 248.2	7 374.5	951 445.4	1 030 258.7	1 639 925.5
中原农险	234 892.4	3 676.0	212 687.8	226 366.9	541 675.9
中银财险	492 225.7	32 032.3	467 849.0	517 561.7	1 385 274.5
三星财险	99 685.6	7 284.0	42 760.8	48 154.8	464 923.3
国寿财险	2 485 329.7	61 567.7	7 692 333.5	8 254 184.1	11 960 867.8
众惠相互	80 271.3	425.7	58 088.1	65 638.7	181 176.7
紫金财险	882 485.2	31 504.0	767 591.7	828 572.7	1 651 842.4
众诚财险	271 204.2	5 051.4	184 624.3	215 866.4	521 240.1
国元农险	348 965.9	27 838.3	744 984.9	786 889.2	1 041 497.0
凯本财险	29 012.6	1 127.3	892.8	2 450.9	64 188.5
燕赵财险	122 125.4	539.2	117 074.2	123 682.2	272 130.3
苏黎世保险	101 818.3	7 824.9	33 263.2	39 130.9	345 934.8

采用熵值法进行运算，各公司熵值评价得分见表5－15。

表5－15　　财产险公司的熵值评价得分

序号	公司名称	熵值评价得分	序号	公司名称	熵值评价得分
1	人保财险	262 254 088.0	19	美亚保险	691 237.7
2	平安财险	167 939 378.9	20	大地财险	26 572 770.1
3	太保财险	81 010 614.0	21	安诚财险	3 044 845.7
4	英大财险	6 322 830.0	22	中路财险	792 125.6
5	中石油专属保险	2 416 710.7	23	鑫安汽车	648 498.1
6	众安财险	14 862 604.0	24	日本财险	380 299.5
7	黄河财险	768 597.5	25	国任财险	6 086 905.3
8	鼎和财险	3 972 496.0	26	中原农险	1 635 402.0
9	诚泰财险	2 708 719.0	27	中银财险	3 663 833.4
10	铁路自保	975 067.2	28	三星财险	460 983.4
11	久隆财险	324 637.3	29	国寿财险	46 822 940.1
12	中远海运自保	567 711.1	30	众惠相互	487 970.1
13	恒邦财险	1 090 085.5	31	紫金财险	6 053 429.9
14	安信农险	1 326 962.2	32	众诚财险	1 612 781.8
15	华泰财险	4 601 834.4	33	国元农险	4 783 774.1
16	广东能源自保	128 011.0	34	凯本财险	71 182.0
17	汇友互助	183 231.3	35	燕赵财险	879 069.5
18	阳光农险	2 309 550.2	36	苏黎世保险	418 540.3

通过公式（5－7）可以得到待评价公司与对标公司之间的相似关系（见表5－16）。

表5－16　　待评价公司与对标公司之间的相似关系

	人保财险	平安财险	太保财险
英大财险	0.072193	0.451836	0.475971
中石油专属保险	0.092845	0.463831	0.443324
众安财险	0.070412	0.452624	0.476965
黄河财险	0.128859	0.444006	0.427135
鼎和财险	0.067803	0.454286	0.477911
诚泰财险	0.066695	0.454814	0.478491
铁路自保	0.067473	0.454454	0.478073

续表

	人保财险	平安财险	太保财险
久隆财险	0.066005	0.477952	0.456043
中远海运自保	0.067435	0.454541	0.478024
恒邦财险	0.067394	0.45457	0.478036
安信农险	0.067323	0.454569	0.478108
华泰财险	0.067065	0.454806	0.47813
广东能源自保	0.067659	0.464064	0.468276
汇友互助	0.062561	0.456898	0.480541
阳光农险	0.062773	0.457561	0.479665
美亚保险	0.06272	0.457538	0.479742
大地财险	0.062714	0.45771	0.479576
安诚财险	0.062819	0.457563	0.479618
中路财险	0.081003	0.465781	0.453216
鑫安汽车	0.082355	0.468815	0.44883
日本财险	0.062242	0.457851	0.479907
国任财险	0.06126	0.458186	0.480553
中原农险	0.062065	0.458358	0.479577
中银财险	0.061926	0.458258	0.479816
三星财险	0.062488	0.457767	0.479745
国寿财险	0.062155	0.457799	0.480046
众惠相互	0.061751	0.458031	0.480218
紫金财险	0.062612	0.457762	0.479626
众诚财险	0.062696	0.457578	0.479726
国元农险	0.063378	0.457704	0.478918
凯本财险	0.063474	0.457742	0.478784
燕赵财险	0.063314	0.457659	0.479027
苏黎世保险	0.063714	0.457588	0.478697

以表 5－16 中的数据作为修复乘数，可以求得各家财产险公司的投资价值，结果见表 5－17。

表 5－17　财产险公司的投资价值　(单位：万元)

排名	公司名称	投资价值	排名	公司名称	投资价值
1	人保财险	98 110 000.5	19	美亚保险	730 521.2
2	平安财险	182 070 519.3	20	大地财险	28 085 136.7
3	太保财险	55 451 599.5	21	安诚财险	3 217 796.6
4	英大财险	6 640 171.8	22	中路财险	834 188.4
5	中石油专属保险	2 530 887.6	23	鑫安汽车	683 497.7
6	众安财险	15 625 119.1	24	日本财险	402 044.2
7	黄河财险	786 178.0	25	国任财险	6 438 392.3
8	鼎和财险	4 183 739.1	26	中原农险	1 729 421.8
9	诚泰财险	2 854 684.9	27	中银财险	3 874 509.2
10	铁路自保	1 027 129.0	28	三星财险	487 275.6
11	久隆财险	345 770.8	29	国寿财险	49 500 693.8
12	中远海运自保	598 055.3	30	众惠相互	516 012.4
13	恒邦财险	1 148 384.6	31	紫金财险	6 398 360.6
14	安信农险	1 397 967.7	32	众诚财险	1 704 483.1
15	华泰财险	4 849 088.3	33	国元农险	5 054 701.7
16	广东能源自保	135 416.7	34	凯本财险	75 211.8
17	汇友互助	193 601.1	35	燕赵财险	928 859.6
18	阳光农险	2 440 776.7	36	苏黎世保险	442 162.6

由表 5－17 和图 5－3 可以看出，财产险公司中，投资价值绝对值最高的是平安财险，第 2 名是人保财险，第 3 名是太保财险，并且平安财险的投资价值优势比较明显。

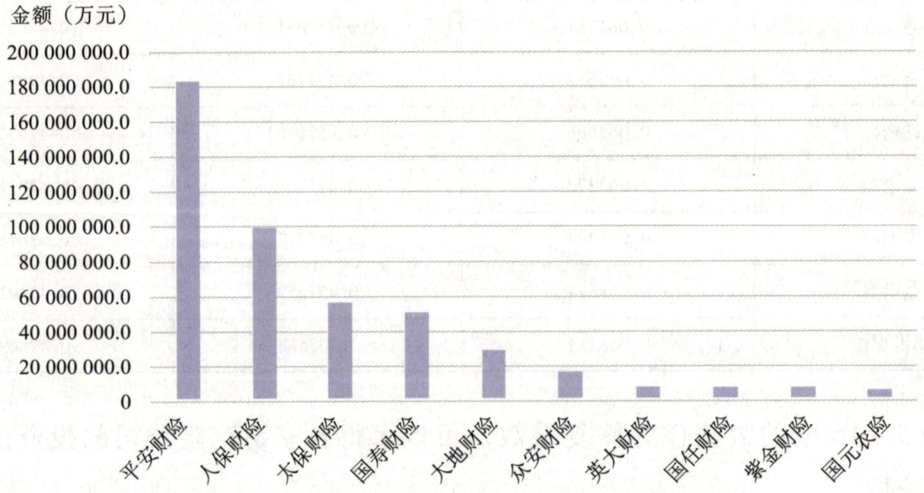

图 5－3　投资价值排名前 10 位的财产险公司

由于各财产险公司的所有者权益不一样，如果单独考虑公司的投资价值绝对额，对于潜在投资者的参考借鉴意义并不大。为了更好地反映各财产险公司的投资效能，在不考虑公司股权质押、公司成立年限的情况下，本部分引入了指标“投资效能比”，具体结果见表5-18。

表5-18　　财产险公司的投资效能比①

公司名称	投资价值（万元）	净资产（万元）	投资效能比（%）
人保财险	98 110 000.5	20 326 051.7	482.68
平安财险	182 070 519.3	11 401 564.9	1 596.89
太保财险	55 451 599.5	4 892 897.2	1 133.31
英大财险	6 640 171.8	780 356.5	850.92
中石油专属保险	2 530 887.6	695 901.2	363.68
众安财险	15 625 119.1	1 754 338	890.66
黄河财险	786 178.0	228 164.4	344.57
鼎和财险	4 183 739.1	563 868.7	741.97
诚泰财险	2 854 684.9	806 322.2	354.04
铁路自保	1 027 129.0	302 368.7	339.69
久隆财险	345 770.8	101 748.7	339.83
中远海运自保	598 055.3	237 792	251.50
恒邦财险	1 148 384.6	204 264.5	562.20
安信农险	1 397 967.7	273 960.7	510.28
华泰财险	4 849 088.3	555 160.7	873.46
广东能源自保	135 416.7	54 539.1	248.29
汇友互助	193 601.1	58 776.9	329.38
阳光农险	2 440 776.7	283 337.5	861.44
美亚保险	730 521.2	146 321.4	499.26
大地财险	28 085 136.7	2 632 954.8	1 066.68
安诚财险	3 217 796.6	443 972.7	724.77
中路财险	834 188.4	98 228.7	849.23

① 投资效能比 $=\dfrac{\text{投资价值}}{\text{所有者权益}}$。

续表

公司名称	投资价值（万元）	净资产（万元）	投资效能比（%）
鑫安汽车	683 497.7	122 048	560.02
日本财险	402 044.2	65 626.5	612.62
国任财险	6 438 392.3	440 248.2	1 462.45
中原农险	1 729 421.8	234 892.4	736.26
中银财险	3 874 509.2	492 225.7	787.14
三星财险	487 275.6	99 685.6	488.81
国寿财险	49 500 693.8	2 485 329.7	1 991.72
众惠相互	516 012.4	80 271.3	642.84
紫金财险	6 398 360.6	882 485.2	725.04
众诚财险	1 704 483.1	271 204.2	628.49
国元农险	5 054 701.7	348 965.9	1 448.48
凯本财险	75 211.8	29 012.6	259.24
燕赵财险	928 859.6	122 125.4	760.58
苏黎世保险	442 162.6	101 818.3	434.27

由表5－18和图5－9可以看出，投资效能比排在前10位的公司分别是：国寿财险、平安财险、国任财险、国元农险、太保擦洗、大地财险、众安财险、华泰财险、阳光农险、英大财险。其中，国寿财险的优势比较明显。

在不考虑公司成立年限、不考虑公司股权质押的情况下，表5－18和图5－4反映了财产险公司的投资效能。

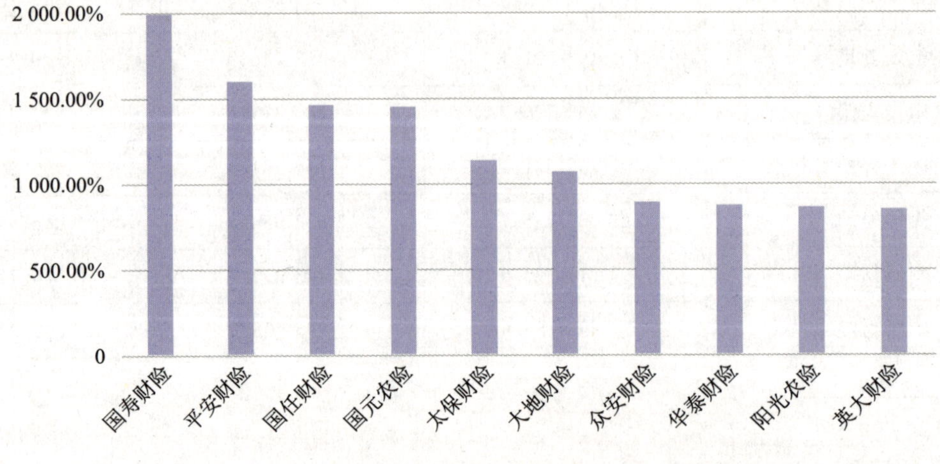

图5－4 投资效能比排名前10位的财产险公司

为了更深入地了解公司的投资价值，本部分把各公司的投资价值与其总资产进行了比较，具体结果见表5－19。

表5－19　　财产险公司的投资价值与总资产比较

公司名称	投资价值（万元）	总资产（万元）	投资价值/总资产（%）
人保财险	98 110 000.5	67 974 178.1	144.33
平安财险	182 070 519.3	46 693 651.7	389.93
太保财险	55 451 599.5	20 759 779.4	267.11
英大财险	6 640 171.8	2 150 603.2	308.76
中石油专属保险	2 530 887.6	1 171 766.5	215.99
众安财险	15 625 119.1	4 116 173.2	379.60
黄河财险	786 178.0	414 963.9	189.46
鼎和财险	4 183 739.1	1 812 145.3	230.87
诚泰财险	2 854 684.9	1 037 844.5	275.06
铁路自保	1 027 129.0	514 214.5	199.75
久隆财险	345 770.8	142 004.9	243.49
中远海运自保	598 055.3	438 952.0	136.25
恒邦财险	1 148 384.6	394 700.7	290.95
安信农险	1 397 967.7	524 114.3	266.73
华泰财险	4 849 088.3	1 474 273.3	328.91
广东能源自保	135 416.7	101 144.4	133.88
汇友互助	193 601.1	100 856.0	191.96
阳光农险	2 440 776.7	546 767.6	446.40
美亚保险	730 521.2	384 145.4	190.17
大地财险	28 085 136.7	8 394 121.6	334.58
安诚财险	3 217 796.6	804 744.3	399.85
中路财险	834 188.4	238 076.3	350.39
鑫安汽车	683 497.7	293 337.5	233.01
日本财险	402 044.2	203 095.2	197.96
国任财险	6 438 392.3	1 639 925.5	392.60
中原农险	1 729 421.8	541 675.9	319.27
中银财险	3 874 509.2	1 385 274.5	279.69

续表

公司名称	投资价值（万元）	总资产（万元）	投资价值/总资产（%）
三星财险	487 275.6	464 923.3	104.81
国寿财险	49 500 693.8	11 960 867.8	413.86
众惠相互	516 012.4	181 176.7	284.81
紫金财险	6 398 360.6	1 651 842.4	387.35
众诚财险	1 704 483.1	521 240.1	327.01
国元农险	5 054 701.7	1 041 497.0	485.33
凯本财险	75 211.8	64 188.5	117.17
燕赵财险	928 859.6	272 130.3	341.33
苏黎世保险	442 162.6	345 934.8	127.82

由表5-19可以看出，财产险公司的投资价值与总资产之比全部大于100%，这与人身险公司的投资价值与总资产之比的评价结果有较大的差异。

图5-5给出了投资价值与总资产的比值排名前10位的财产险公司表现情况。

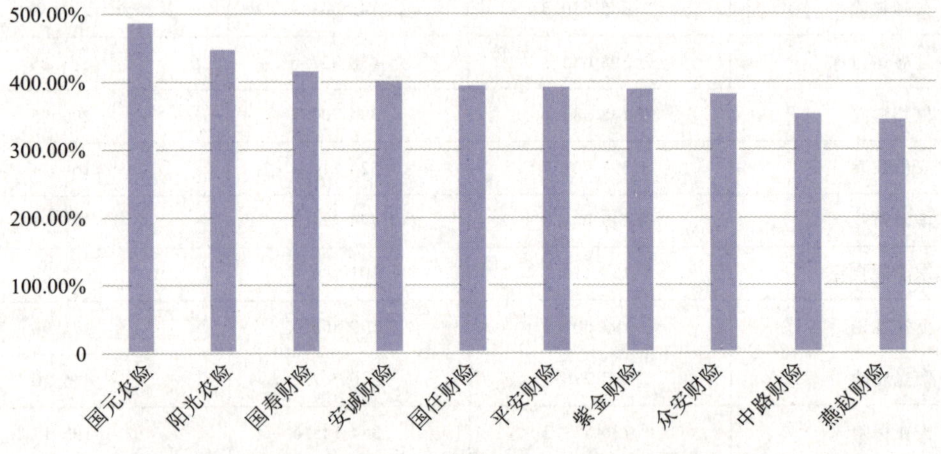

图5-5 投资价值与总资产之比排名前10位的财产险公司

由图5-5可以看出，投资价值与总资产的比值排名前10位的财产险公司分别是国元农险、阳光农险、国寿财险、安诚财险、国任财险、紫金财险、众安财险、中路财险、燕赵财险，取值全部高于340%。

附　件

附件 1　　2021 年中国人身险公司竞争力综合评价得分与排名

公司名称	排名	得分	公司名称	排名	得分
中国人寿	1	100.0	横琴人寿	34	73.2
平安人寿	2	98.8	太平养老	35	73.2
泰康人寿	3	94.0	中德安联	36	72.9
太保寿险	4	93.5	财信吉祥	37	72.3
新华人寿	5	88.4	英大人寿	38	72.0
太平人寿	6	88.4	长城人寿	39	72.0
友邦人寿	7	87.9	华贵人寿	40	71.5
大都会人寿	8	86.0	中华人寿	41	71.3
百年人寿	9	85.7	工银安盛	42	71.0
中邮人寿	10	84.5	爱心人寿	43	70.9
信美人寿	11	83.6	陆家嘴国泰	44	69.9
招商信诺	12	81.7	幸福人寿	45	69.8
弘康人寿	13	81.7	同方全球	46	69.3
中信保诚	14	81.4	中荷人寿	47	69.2
国华人寿	15	79.4	合众人寿	48	69.1
信泰人寿	16	79.4	光大永明	49	67.4
泰康养老	17	79.4	招商仁和	50	66.5
平安健康	18	78.8	恒安标准	51	66.3
前海人寿	19	77.7	利安人寿	52	66.0
人保寿险	20	77.2	国联人寿	53	65.7
人保健康	21	77.0	华泰人寿	54	65.4
交银康联	22	76.7	渤海人寿	55	65.3
东吴人寿	23	75.7	北京人寿	56	64.7
复星联合健康	24	75.4	汇丰人寿	57	61.5
阳光人寿	25	75.2	瑞泰人寿	58	61.4
建信人寿	26	75.2	海保人寿	59	60.4
农银人寿	27	75.0	和泰人寿	60	59.0
太保健康	28	75.0	君龙人寿	61	58.0
中宏人寿	29	75.0	国富人寿	62	57.6
国宝人寿	30	73.9	三峡人寿	63	57.3
平安养老	31	73.8	中银三星	64	55.7
中意人寿	32	73.4	复星保德信	65	48.2
中英人寿	33	73.3	中韩人寿	66	40.0

附件2　　2021年中国人身险公司盈利能力综合评价得分与排名

公司名称	排名	得分	公司名称	排名	得分
泰康人寿	1	100.0	复星联合健康	34	71.6
友邦人寿	2	94.3	人保寿险	35	70.9
中国人寿	3	90.8	阳光人寿	36	70.3
大都会人寿	4	87.6	弘康人寿	37	70.2
东吴人寿	5	87.0	君龙人寿	38	67.6
平安人寿	6	85.1	中邮人寿	39	66.8
中宏人寿	7	85.0	渤海人寿	40	66.7
汇丰人寿	8	84.1	太平养老	41	66.6
同方全球	9	81.6	农银人寿	42	66.5
新华人寿	10	81.6	海保人寿	43	66.5
太保寿险	11	80.6	百年人寿	44	66.3
中德安联	12	80.5	太保健康	45	66.3
财信吉祥	13	80.2	英大人寿	46	65.8
幸福人寿	14	79.2	前海人寿	47	64.4
中意人寿	15	78.4	国富人寿	48	62.4
华贵人寿	16	78.3	瑞泰人寿	49	62.3
国联人寿	17	77.9	复星保德信	50	61.4
中信保诚	18	77.9	建信人寿	51	61.0
太平人寿	19	77.7	人保健康	52	60.9
信美人寿	20	77.6	中荷人寿	53	59.7
中英人寿	21	76.9	泰康养老	54	58.9
中华人寿	22	76.1	信泰人寿	55	55.3
华泰人寿	23	75.8	北京人寿	56	54.6
横琴人寿	24	75.4	长城人寿	57	53.6
交银康联	25	75.3	利安人寿	58	51.6
招商信诺	26	75.0	招商仁和	59	50.0
国宝人寿	27	75.0	中韩人寿	60	49.4
陆家嘴国泰	28	74.3	和泰人寿	61	49.3
国华人寿	29	73.7	平安养老	62	49.2
工银安盛	30	73.5	爱心人寿	63	48.5
光大永明	31	73.1	合众人寿	64	43.7
平安健康	32	72.4	三峡人寿	65	43.6
恒安标准	33	72.3	中银三星	66	40.0

附件 3　2021 年中国人身险公司资本管理能力综合评价得分与排名

公司名称	排名	得分	公司名称	排名	得分
中国人寿	1	100	利安人寿	34	72.8
信泰人寿	2	96.4	交银康联	35	72.7
弘康人寿	3	96.3	幸福人寿	36	72.6
百年人寿	4	95.8	中荷人寿	37	72.3
平安人寿	5	95.7	平安养老	38	72.3
爱心人寿	6	93.5	阳光人寿	39	72
信美人寿	7	92	招商仁和	40	71.8
复星联合健康	8	91.6	工银安盛	41	71.7
华贵人寿	9	89.9	北京人寿	42	71.6
中华人寿	10	88.6	同方全球	43	70.8
合众人寿	11	88.4	陆家嘴国泰	44	70.7
太保寿险	12	87.8	东吴人寿	45	70.6
横琴人寿	13	87.7	中意人寿	46	70.6
太平人寿	14	87.2	中宏人寿	47	70.5
国宝人寿	15	84.7	君龙人寿	48	69.2
前海人寿	16	84.2	中英人寿	49	68.9
平安健康	17	84.1	友邦人寿	50	68.9
泰康人寿	18	83.6	国联人寿	51	68.8
大都会人寿	19	83.5	长城人寿	52	67.3
中银三星	20	82.5	中德安联	53	66.8
农银人寿	21	82.1	国富人寿	54	66.6
新华人寿	22	81.6	复星保德信	55	66.5
人保寿险	23	81.1	华泰人寿	56	66.1
中邮人寿	24	81	和泰人寿	57	65.1
英大人寿	25	80.9	三峡人寿	58	65.1
光大永明	26	79.7	太平养老	59	65
建信人寿	27	78.5	泰康养老	60	64.4
人保健康	28	78.2	恒安标准	61	64.2
渤海人寿	29	76.5	汇丰人寿	62	64.2
中信保诚	30	74.2	海保人寿	63	62.6
太保健康	31	73.4	瑞泰人寿	64	58.6
财信吉祥	32	73.3	中韩人寿	65	49.1
国华人寿	33	72.9	招商信诺	66	40

附件4 2021年中国人身险公司经营能力综合评价得分与排名

公司名称	排名	得分	公司名称	排名	得分
中国人寿	1	100	华泰人寿	34	70.4
平安人寿	2	95.6	工银安盛	35	70.3
太保寿险	3	92.5	中银三星	36	70.2
东吴人寿	4	89.1	国宝人寿	37	69.8
财信吉祥	5	88.5	恒安标准	38	69.3
平安健康	6	88.5	中邮人寿	39	69
友邦人寿	7	87.4	君龙人寿	40	68.9
泰康人寿	8	86.2	招商仁和	41	68.3
新华人寿	9	84.1	瑞泰人寿	42	68.1
建信人寿	10	83.4	国富人寿	43	67.8
泰康养老	11	83	幸福人寿	44	67.8
合众人寿	12	81.4	招商信诺	45	67.5
人保健康	13	81.1	华贵人寿	46	67.2
太平人寿	14	80.3	信泰人寿	47	67.2
英大人寿	15	79.2	同方全球	48	67
农银人寿	16	77.8	光大永明	49	66.2
中英人寿	17	77.8	中宏人寿	50	66.1
和泰人寿	18	77.6	前海人寿	51	66.1
中信保诚	19	77	中德安联	52	65.5
弘康人寿	20	76.3	中华人寿	53	65.1
中意人寿	21	76.1	长城人寿	54	65
大都会人寿	22	76	平安养老	55	62.9
人保寿险	23	75.5	三峡人寿	56	62.1
国联人寿	24	75.2	海保人寿	57	59.2
交银康联	25	74.7	横琴人寿	58	58.3
阳光人寿	26	74.6	太保健康	59	57.8
中荷人寿	27	74.1	国华人寿	60	54
复星联合健康	28	74	信美人寿	61	52
百年人寿	29	73.8	复星保德信	62	51.6
北京人寿	30	73.8	汇丰人寿	63	51.5
利安人寿	31	72	渤海人寿	64	51.4
太平养老	32	70.7	爱心人寿	65	45.4
陆家嘴国泰	33	70.6	中韩人寿	66	40

附件 5　　2021 年中国人身险公司风险管理能力综合评价得分与排名

公司名称	排名	得分	公司名称	排名	得分
复星联合健康	1	100	友邦人寿	34	74.1
大都会人寿	2	99	农银人寿	35	74
太平养老	3	97.4	中国人寿	36	73.8
国富人寿	4	96.6	幸福人寿	37	73.3
平安养老	5	96.4	建信人寿	38	73.3
弘康人寿	6	93.1	泰康人寿	39	73.1
东吴人寿	7	93.1	新华人寿	40	72.6
太保健康	8	92.8	财信吉祥	41	71.6
中荷人寿	9	91.3	平安健康	42	71.2
中华人寿	10	90.6	君龙人寿	43	70.9
中宏人寿	11	88.4	阳光人寿	44	70.7
国宝人寿	12	88.3	信美人寿	45	69.6
汇丰人寿	13	86.9	信泰人寿	46	69.4
海保人寿	14	86.8	中德安联	47	68.2
泰康养老	15	86.3	中银三星	48	68
人保健康	16	85.6	长城人寿	49	67.6
国联人寿	17	84.9	交银康联	50	67.3
同方全球	18	84.2	复星保德信	51	67.1
瑞泰人寿	19	81.1	和泰人寿	52	67.1
恒安标准	20	80.7	平安人寿	53	67
横琴人寿	21	79.5	中英人寿	54	65.1
光大永明	22	78.9	太保寿险	55	64.4
北京人寿	23	78.6	太平人寿	56	63.4
招商信诺	24	78	百年人寿	57	62.5
陆家嘴国泰	25	77.7	利安人寿	58	62.5
渤海人寿	26	77.3	中信保诚	59	62
华泰人寿	27	76.8	中意人寿	60	61.5
人保寿险	28	75.8	爱心人寿	61	61.4
招商仁和	29	75	工银安盛	62	59.8
国华人寿	30	74.8	合众人寿	63	56.5
华贵人寿	31	74.8	前海人寿	64	54.5
英大人寿	32	74.7	三峡人寿	65	46.8
中邮人寿	33	74.1	中韩人寿	66	40

附件6　　2021年中国人身险公司发展潜力综合评价得分与排名

公司名称	排名	得分	公司名称	排名	得分
国华人寿	1	100	中英人寿	34	73.9
泰康人寿	2	95.1	弘康人寿	35	71.5
中国人寿	3	94.9	国富人寿	36	69.8
友邦人寿	4	93.5	财信吉祥	37	68.9
太保寿险	5	92.5	英大人寿	38	68.9
中邮人寿	6	90.9	东吴人寿	39	68
泰康养老	7	90.4	百年人寿	40	68
太平养老	8	89.2	利安人寿	41	68
中信保诚	9	89	信泰人寿	42	67.8
大都会人寿	10	88.8	华贵人寿	43	67.4
平安健康	11	87.4	中意人寿	44	67.3
横琴人寿	12	87.3	华泰人寿	45	67
新华人寿	13	86.8	中华人寿	46	66.5
建信人寿	14	86.1	合众人寿	47	66.4
平安人寿	15	85.5	恒安标准	48	64.4
人保健康	16	84.7	招商仁和	49	64.3
光大永明	17	84.2	中银三星	50	64.3
农银人寿	18	83.3	君龙人寿	51	64.1
交银康联	19	83.1	国联人寿	52	63.8
招商信诺	20	82.2	国宝人寿	53	63.5
平安养老	21	81.7	太保健康	54	63.1
幸福人寿	22	80.7	信美人寿	55	63
前海人寿	23	79.8	长城人寿	56	61.4
人保寿险	24	78.4	复星联合健康	57	60.3
中宏人寿	25	78.2	渤海人寿	58	60
中德安联	26	78.1	和泰人寿	59	59.3
太平人寿	27	77.8	海保人寿	60	58.4
中荷人寿	28	77.4	北京人寿	61	56
汇丰人寿	29	77.3	瑞泰人寿	62	53.4
同方全球	30	76.4	爱心人寿	63	49.2
陆家嘴国泰	31	76.1	中韩人寿	64	46.9
阳光人寿	32	75.7	三峡人寿	65	46.1
工银安盛	33	74.1	复星保德信	66	40

附件 7　　2021 年中国财产险公司竞争力综合评价得分与排名

公司名称	排名	得分	公司名称	排名	得分
人保财险	1	100.0	凯本财险	38	75.7
平安财险	2	95.1	燕赵财险	39	73.8
太保财险	3	94.4	苏黎世保险	40	72.9
英大财险	4	93.5	永安财险	41	71.8
中石油专属保险	5	92.3	东京海上	42	71.8
众安财险	6	92.3	建信财险	43	71.1
黄河财险	7	91.9	阳光财险	44	70.3
鼎和财险	8	90.5	泰山财险	45	70.2
诚泰财险	9	88.4	中华联合	46	69.8
铁路自保	10	87.2	中航安盟	47	69.0
久隆财险	11	85.4	三井住友	48	68.2
中远海运自保	12	84.9	中意财险	49	68.1
恒邦财险	13	84.8	国泰财险	50	67.7
安信农险	14	83.5	太平财险	51	67.3
华泰财险	15	83.3	史带财产	52	67.3
广东能源自保	16	82.2	永诚财险	53	67.2
日本兴亚	17	81.7	锦泰财险	54	66.4
汇友互助	18	80.9	富德财险	55	64.8
阳光农险	19	80.8	泰康在线	56	64.3
美亚保险	20	80.1	安联财险	57	62.6
大地财险	21	79.9	都邦财险	58	62.5
融盛财险	22	79.7	爱和谊	59	62.2
安诚财险	23	79.6	安达保险	60	60.5
中路财险	24	79.2	中煤财险	61	60.4
鑫安汽车	25	79.1	海峡金桥	62	57.7
日本财险	26	79.1	安华农险	63	56.9
国任财险	27	78.8	富邦财险	64	56.7
中原农险	28	78.4	北部湾财险	65	56.1
中银财险	29	78.3	亚太财险	66	54.1
三星财险	30	78.2	安盛天平	67	53.0
现代财险	31	78.1	华农财险	68	52.7
国寿财险	32	77.6	华安财险	69	49.1
众惠相互	33	77.1	珠峰财险	70	48.5
紫金财险	34	77.1	长安责任	71	48.3
合众财险	35	76.8	前海联合	72	44.9
众诚财险	36	76.5	利宝互助	73	40.5
国元农险	37	75.7	阳光信用	74	40.0

附件8　　2021年财产险公司盈利能力的得分与排名

公司名称	排名	得分	公司名称	排名	得分
众安财险	1	100.0	东京海上	38	66.0
人保财险	2	92.2	紫金财险	39	65.0
平安财险	3	88.7	合众财险	40	64.4
中石油专属保险	4	85.3	阳光财险	41	64.4
久隆财险	5	84.4	三井住友	42	64.4
富邦财险	6	83.4	阳光农险	43	63.8
太保财险	7	81.5	苏黎世保险	44	63.7
华泰财险	8	80.8	美亚保险	45	62.9
永安财险	9	80.8	华安财险	46	62.8
铁路自保	10	80.5	太平财险	47	62.3
广东能源自保	11	79.4	永诚财险	48	61.9
国泰财险	12	78.5	安华农险	49	61.6
英大财险	13	78.2	凯本财险	50	60.9
众惠相互	14	77.6	建信财险	51	60.9
中远海运自保	15	76.7	大地财险	52	60.8
中华联合	16	76.2	华农财险	53	60.6
黄河财险	17	75.7	燕赵财险	54	60.6
鼎和财险	18	75.2	爱和谊	55	60.3
国任财险	19	75.2	中意财险	56	60.2
锦泰财险	20	74.5	北部湾财险	57	59.9
诚泰财险	21	74.5	三星财险	58	59.6
安诚财险	22	72.5	富德财险	59	59.3
中路财险	23	72.5	安联财险	60	59.0
鑫安汽车	24	71.9	中原农险	61	58.8
泰山财险	25	71.5	日本兴亚	62	58.1
众诚财险	26	69.9	安盛天平	63	57.3
融盛财险	27	69.9	史带财产	64	56.9
中银财险	28	69.7	珠峰财险	65	56.5
恒邦财险	29	69.5	中航安盟	66	55.4
安信农险	30	69.5	安达保险	67	55.4
泰康在线	31	68.7	亚太财险	68	54.2
国元农险	32	68.6	利宝互助	69	52.0
汇友互助	33	68.6	前海联合	70	50.7
日本财险	34	68.5	都邦财险	71	50.4
国寿财险	35	68.5	海峡金桥	72	50.4
长安责任	36	68.4	现代财险	73	49.0
中煤财险	37	68.2	阳光信用	74	40.0

附件 9　　2021 年财产险公司资本管理能力的排名与得分

公司名称	排名	得分	公司名称	排名	得分
爱和谊	1	100.0	前海联合	38	69.0
人保财险	2	95.8	阳光信用	39	68.5
平安财险	3	91.0	海峡金桥	40	68.2
太平财险	4	90.3	美亚保险	41	67.8
苏黎世保险	5	84.1	鑫安汽车	42	66.7
太保财险	6	83.7	中银财险	43	66.3
史带财产	7	82.0	中路财险	44	66.3
三星财险	8	81.4	华泰财险	45	65.3
国寿财险	9	78.9	中航安盟	46	65.3
都邦财险	10	78.2	建信财险	47	65.2
中意财险	11	78.2	利宝互助	48	64.8
鼎和财险	12	77.5	众安财险	49	64.7
中华联合	13	76.6	泰山财险	50	64.7
富邦财险	14	75.5	中原农险	51	64.4
东京海上	15	75.1	泰康在线	52	64.0
永诚财险	16	75.0	国泰财险	53	64.0
阳光财险	17	74.6	富德财险	54	63.8
长安责任	18	74.3	阳光农险	55	61.8
中石油专属保险	19	74.2	众惠相互	56	61.6
三井住友	20	74.2	安信农险	57	59.9
华安财险	21	73.7	亚太财险	58	59.0
安达保险	22	73.5	中远海运自保	59	58.9
华农财险	23	73.5	安诚财险	60	58.4
珠峰财险	24	73.4	紫金财险	61	56.6
安联财险	25	73.2	恒邦财险	62	55.3
大地财险	26	72.4	众诚财险	63	55.0
国任财险	27	72.1	燕赵财险	64	51.5
锦泰财险	28	71.9	铁路自保	65	50.7
日本财险	29	70.9	久隆财险	66	50.4
中煤财险	30	70.7	广东能源自保	67	49.7
国元农险	31	70.6	汇友互助	68	48.4
安盛天平	32	70.4	诚泰财险	69	47.8
永安财险	33	70.0	日本兴亚	70	44.9
英大财险	34	69.6	合众财险	71	44.7
北部湾财险	35	69.5	黄河财险	72	42.8
安华农险	36	69.1	现代财险	73	40.8
凯本财险	37	69.1	融盛财险	74	40.0

附件 10　　2021 年财产险公司经营能力的排名与得分

公司名称	排名	得分	公司名称	排名	得分
人保财险	1	100.0	泰康在线	38	77.0
太保财险	2	97.8	燕赵财险	39	76.7
中华联合	3	93.0	中远海运自保	40	76.2
平安财险	4	92.7	安诚财险	41	75.5
国寿财险	5	91.0	东京海上	42	74.3
阳光信用	6	90.7	爱和谊	43	74.1
中路财险	7	87.0	富德财险	44	73.9
前海联合	8	86.2	安华农险	45	73.9
阳光财险	9	86.0	国任财险	46	73.6
众安财险	10	86.0	汇友互助	47	73.3
国元农险	11	85.9	鑫安汽车	48	73.2
太平财险	12	85.8	融盛财险	49	73.1
建信财险	13	85.1	恒邦财险	50	72.2
永诚财险	14	84.1	三井住友	51	71.9
中煤财险	15	84.0	泰山财险	52	71.7
锦泰财险	16	83.4	中意财险	53	71.6
中石油专属保险	17	83.2	众诚财险	54	71.3
亚太财险	18	83.1	安盛天平	55	71.0
安联财险	19	82.8	日本财险	56	70.9
国泰财险	20	82.7	苏黎世保险	57	70.2
阳光农险	21	81.6	铁路自保	58	68.5
华安财险	22	81.5	诚泰财险	59	68.0
利宝互助	23	81.4	富邦财险	60	67.9
北部湾财险	24	81.2	现代财险	61	67.7
大地财险	25	81.1	三星财险	62	67.7
黄河财险	26	80.9	众惠相互	63	67.3
鼎和财险	27	80.3	安信农险	64	67.3
英大财险	28	79.8	凯本财险	65	67.0
华农财险	29	79.6	安达保险	66	64.8
中银财险	30	79.5	美亚保险	67	64.2
珠峰财险	31	79.5	中航安盟	68	64.2
紫金财险	32	79.1	史带财产	69	62.4
都邦财险	33	79.0	海峡金桥	70	62.1
中原农险	34	78.5	日本兴亚	71	60.4
永安财险	35	78.0	合众财险	72	50.4
华泰财险	36	78.0	广东能源自保	73	46.9
长安责任	37	77.2	久隆财险	74	40.0

附件 11　　2021 年财产险公司风险管理能力的排名与得分

公司名称	排名	得分	公司名称	排名	得分
汇友互助	1	100.0	中原农险	38	61.9
广东能源自保	2	89.5	中航安盟	39	61.9
众诚财险	3	88.2	华泰财险	40	61.7
中石油专属保险	4	86.7	三井住友	41	61.4
融盛财险	5	85.6	中意财险	42	61.2
合众财险	6	84.7	泰康在线	43	58.8
中远海运自保	7	83.3	国任财险	44	58.4
铁路自保	8	80.4	燕赵财险	45	58.0
日本兴亚	9	79.3	东京海上	46	56.8
凯本财险	10	76.4	众惠相互	47	56.0
建信财险	11	76.3	安联财险	48	55.4
阳光信用	12	75.6	国泰财险	49	55.2
安信农险	13	75.4	华农财险	50	55.1
紫金财险	14	74.7	安盛天平	51	54.7
恒邦财险	15	73.0	人保财险	52	52.8
安诚财险	16	72.5	爱和谊	53	51.8
久隆财险	17	72.4	国元农险	54	51.1
华安财险	18	71.6	大地财险	55	51.0
中路财险	19	70.7	亚太财险	56	50.7
现代财险	20	70.0	永安财险	57	50.6
鑫安汽车	21	69.8	中煤财险	58	48.4
黄河财险	22	69.7	锦泰财险	59	47.6
史带财产	23	69.6	国寿财险	60	46.8
诚泰财险	24	68.6	安华农险	61	45.8
鼎和财险	25	67.4	中华联合	62	45.6
三星财险	26	66.4	珠峰财险	63	45.0
海峡金桥	27	65.7	太保财险	64	44.8
英大财险	28	65.5	长安责任	65	43.6
日本财险	29	65.5	永诚财险	66	42.7
富德财险	30	65.2	北部湾财险	67	42.6
美亚保险	31	64.4	利宝互助	68	42.4
阳光农险	32	64.1	阳光财险	69	42.2
中银财险	33	63.5	富邦财险	70	42.0
众安财险	34	62.7	平安财险	71	41.5
安达保险	35	62.6	都邦财险	72	40.9
泰山财险	36	62.6	太平财险	73	40.5
苏黎世保险	37	62.3	前海联合	74	40.0

附件 12　　2021 年财产险公司发展潜力的排名与得分

公司名称	排名	得分	公司名称	排名	得分
国元农险	1	100.0	安信农险	38	70.3
国任财险	2	95.8	苏黎世保险	39	69.4
太保财险	3	95.3	爱和谊	40	68.6
人保财险	4	94.3	合众财险	41	68.2
国寿财险	5	94.2	凯本财险	42	67.6
阳光财险	6	90.2	汇友互助	43	66.9
紫金财险	7	90.0	东京海上	44	66.3
华安财险	8	89.6	燕赵财险	45	66.2
平安财险	9	88.4	长安责任	46	65.6
英大财险	10	88.3	亚太财险	47	64.7
鼎和财险	11	88.1	中意财险	48	64.6
安诚财险	12	87.5	前海联合	49	63.7
永诚财险	13	85.9	利宝互助	50	63.2
中华联合	14	85.0	融盛财险	51	63.2
众诚财险	15	84.6	安盛天平	52	62.6
中路财险	16	82.4	广东能源自保	53	62.6
永安财险	17	81.9	美亚保险	54	61.8
华泰财险	18	81.6	都邦财险	55	61.6
锦泰财险	19	79.0	北部湾财险	56	60.9
恒邦财险	20	78.3	日本财险	57	60.2
阳光农险	21	77.3	现代财险	58	60.1
泰山财险	22	77.3	富邦财险	59	60.0
中银财险	23	77.1	三井住友	60	59.7
中煤财险	24	77.1	国泰财险	61	59.7
安联财险	25	77.1	鑫安汽车	62	59.3
众安财险	26	75.8	史带财产	63	59.2
三星财险	27	75.6	珠峰财险	64	58.8
中石油专属保险	28	75.5	中远海运自保	65	58.4
太平财险	29	75.2	富德财险	66	57.3
诚泰财险	30	74.2	泰康在线	67	57.0
中航安盟	31	73.4	铁路自保	68	56.4
大地财险	32	73.3	众惠相互	69	55.6
建信财险	33	72.8	海峡金桥	70	55.2
黄河财险	34	72.2	日本兴亚	71	49.7
华农财险	35	71.8	安达保险	72	47.2
安华农险	36	70.8	久隆财险	73	46.5
中原农险	37	70.7	阳光信用	74	40.0

附件 13　　2021 年部分人身险公司的投资价值与总资产

公司名称	投资价值（万元）	总资产（万元）	投资价值/总资产（%）
中国人寿	483 074 374.5	477 870 200.0	101.09
平安人寿	397 091 606.3	354 576 394.5	111.99
太保寿险	108 950 109.3	163 105 431.8	66.80
新华寿险	111 103 084.4	111 628 000.0	99.53
泰康人寿	111 685 292.1	116 109 800.0	96.19
太平人寿	90 005 651.9	83 141 858.0	108.26
友邦人寿	28 768 793.2	22 846 646.3	125.92
大都会人寿	9 114 551.1	7 715 396.4	118.13
百年人寿	28 438 281.3	23 644 006.2	120.28
中邮人寿	48 060 393.9	40 098 860.0	119.85
信美人寿	1 356 127.1	1 934 017.1	70.12
招商信诺	13 600 001.7	10 890 889.5	124.88
弘康人寿	8 483 594.8	7 617 010.6	111.38
中信保诚	17 311 827.7	18 319 718.7	94.50
国华人寿	26 504 367.6	25 434 273.8	104.21
信泰人寿	21 125 524.8	14 728 480.4	143.43
泰康养老	10 810 679.5	6 803 363.9	158.90
平安健康	6 579 108.6	2 139 631.6	307.49
前海人寿	38 498 624.3	37 205 569.2	103.48
人保寿险	61 284 403.0	53 998 155.5	113.49
人保健康	15 906 024.0	7 677 253.5	207.18
交银康联	10 322 405.2	9 103 308.7	113.39
东吴人寿	4 743 471.2	2 620 289.1	181.03
复星联合健康	1 614 468.2	334 251.8	483.01
阳光人寿	40 299 981.7	36 126 344.0	111.55
建信人寿	28 067 906.8	25 364 291.0	110.66
农银人寿	16 235 242.7	12 596 278.0	128.89
太保健康	2 848 492.2	1 035 582.0	275.06
中宏人寿	8 570 050.1	6 551 840.3	130.80
中英人寿	7 352 433.4	6 101 906.9	120.49
中意人寿	11 071 474.6	10 564 366.0	104.80
横琴人寿	3 589 905.9	2 546 255.7	140.99
太平养老	4 115 209.1	1 971 420.0	208.74
中德安联	3 794 017.7	3 656 026.2	103.77
财信吉祥	3 915 640.7	2 871 015.4	136.39
英大人寿	9 373 508.0	6 703 875.6	139.82
华贵人寿	624 235.7	741 766.0	84.16

附件14 2021年部分财产保险公司投资价值与总资产

公司名称	投资价值（万元）	总资产（万元）	投资价值/总资产（%）
人保财险	98 110 000.5	67 974 178.1	144.33
平安财险	182 070 519.3	46 693 651.7	389.93
太保财险	55 451 599.5	20 759 779.4	267.11
英大财险	6 640 171.8	2 150 603.2	308.76
中石油专属保险	2 530 887.6	1 171 766.5	215.99
众安财险	15 625 119.1	4 116 173.2	379.60
黄河财险	786 178.0	414 963.9	189.46
鼎和财险	4 183 739.1	1 812 145.3	230.87
诚泰财险	2 854 684.9	1 037 844.5	275.06
铁路自保	1 027 129.0	514 214.5	199.75
久隆财险	345 770.8	142 004.9	243.49
中远海运自保	598 055.3	438 952.0	136.25
恒邦财险	1 148 384.6	394 700.7	290.95
安信农险	1 397 967.7	524 114.3	266.73
华泰财险	4 849 088.3	1 474 273.3	328.91
广东能源自保	135 416.7	101 144.4	133.88
汇友互助	193 601.1	100 856.0	191.96
阳光农险	2 440 776.7	546 767.6	446.40
美亚保险	730 521.2	384 145.4	190.17
大地财险	28 085 136.7	8 394 121.6	334.58
安诚财险	3 217 796.6	804 744.3	399.85
中路财险	834 188.4	238 076.3	350.39
鑫安汽车	683 497.7	293 337.5	233.01
日本财险	402 044.2	203 095.2	197.96
国任财险	6 438 392.3	1 639 925.5	392.60
中原农险	1 729 421.8	541 675.9	319.27
中银财险	3 874 509.2	1 385 274.5	279.69
三星财险	487 275.6	464 923.3	104.81
国寿财险	49 500 693.8	11 960 867.8	413.86
众惠相互	516 012.4	181 176.7	284.81
紫金财险	6 398 360.6	1 651 842.4	387.35
众诚财险	1 704 483.1	521 240.1	327.01
国元农险	5 054 701.7	1 041 497.0	485.33
凯本财险	75 211.8	64 188.5	117.17
燕赵财险	928 859.6	272 130.3	341.33
苏黎世保险	442 162.6	345 934.8	127.82

参考文献

[1] 方开泰．实用多元统计分析［M］．上海：华东师范大学出版社，1986.

[2] 寇业富．保险蓝皮书——中国保险市场发展分析（2021）［M］．北京：中国经济出版社，2021.

[3] 寇业富．2021中国保险公司竞争力与投资价值评价研究报告［M］．北京：中国财政经济出版社，2021.

[4] 施建祥，赵正堂．保险企业核心竞争力及其评价指标体系研究［J］．现代财经，2003（8）．

[5] 石新武．开放条件下的保险业竞争力［M］．北京：中国财政经济出版社，2004.

[6] 肖芸茹．构建优良的评价保险企业的指标体系［J］．南开经济研究，1999（2）．

[7] 姚壬元．保险公司竞争力评价指标体系的构建［J］．石家庄经济学院学报，2004（4）．

[8] 于秀林，任雪松．多元统计分析［M］．北京：中国统计出版社，1999.

[9] 王成辉，江生忠．我国保险业竞争力诊断指标体系及其应用［J］．南开经济研究，2006（5）．

[10] 黄兰，蔡则洋．国有商业银行核心竞争力探讨［J］．哈尔滨金融高等专科学校学报，2002.

[11] 鲁志勇，于良春．中国银行竞争力分析与实证研究［J］．改革，2002.

[12] 裴光．中国保险业竞争力研究［M］．北京：中国金融出版社，2002.

[13] 吕宙．论中国保险业国际竞争力［J］．金融研究，2003.

[14] 孙林，李光金．基于DEA方法的我国保险公司竞争力分析［J］．西华大学学报，2005（6）．

[15] 胡永红．基于因子分析的我国人寿保险公司竞争力研究［D］．北京：首都经贸大学，2007.

[16] 叶欣，薛伟贤．上海中外资保险公司竞争力排名研究［J］．商业研究，

2007（4）.

［17］王小平．论人寿保险公司的核心竞争力［J］．金融理论与实践，2006（1）.

［18］寇业富，李晓林．寿险公司业务结构的相似性分析及其聚类研究［J］．中央财经大学学报，2009（2）.

［19］江生忠．入世后提高中国保险业竞争力研究［M］．北京：中国财政经济出版社，2007.

［20］冯占军，李秀芳．中国保险企业竞争力研究［M］．北京：中国财政经济出版社，2012.

［21］王保进．多变量分析：统计软件与数据分析［M］．北京：北京大学出版社，2007.

［22］方芳．中国保险业的对外开放与竞争力分析［M］．北京：中国金融出版社．2005：140－154.

［23］吴研．跨国公司进入中国市场的模式的演变及影响因素分析［J］．黑龙江对外经贸，2008（7）.

［24］孙敬延．跨国公司在中国市场面临的新挑战及营销策略分析［J］．中国市场，2007（27）.

［25］熊正德．外资公司对我国保险业的影响以及对策［J］．经济理论与实践，1997（2）.

［26］曾五一．统计学［M］．北京：北京大学出版社，2006.

［27］许海洋，汪国安，王万森．模糊聚类分析在数据挖掘中的应用研究［J］．计算机工程与应用，2005（6）.

［28］陈晶晶．基于财务报告的我国企业社会责任评价模型研究——以我国钢铁行业上市公司为例［D］．上海：华东师范大学，2010.

［29］成敏．保险公司企业文化、企业社会责任及其关系研究［D］．大连：东北财经大学，2012.

［30］邓启稳．基于平衡计分卡制度的保险企业社会责任评价［J］．财会月刊，2010（32）：28－30.

［31］郝臣，等．我国保险公司社会责任状况研究——基于保险公司社会责任报告的分析［J］．保险研究，2015（5）：92－100.

［32］洪旭，杨锡怀．中国企业社会责任评价体系的构建——以沪深两市上市公司为例［J］．东北大学学报（自然科学版），2011（11）：1668－1672.

[33] 黄群慧，等．中国企业社会责任研究报告：十年回顾暨十年展望 [M]．北京：社会科学文献出版社，2015：20－21.

[34] 李勇杰．保险企业社会责任研究 [D]．武汉：武汉大学，2009.

[35] 刘淑华．企业社会责任绩效评价 [M]．北京：中国经济出版社，2015.

[36] 谭中明，陈渊．保险公司社会责任信度评价体系研究 [J]．保险研究，2009 (5)：24－28.

[37] 王蕾．保险企业社会责任绩效评价体系的构建 [J]．南方金融，2010 (1)：66－70.

[38] 魏华林，林宝清．保险学 [M]．北京：高等教育出版社，2011.

[39] 武晨凤．保险公司企业社会责任标准 [J]．现代商业，2010 (21)：62－63.

[40] 吴定富．充分发挥保险社会管理功能 [J]．中国保险，2004 (5)：8－11.

[41] 吴金娜．食品类企业社会责任评价体系的构建与应用 [D]．杭州：浙江工业大学，2013.

[42] 肖红军，等．企业社会责任评价研究：反思、重构与实证 [M]．北京：经济管理出版社，2014：16－31.

[43] 谢彩玲．我国保险企业社会责任绩效评价体系研究 [D]．长沙：湖南大学，2011.

[44] 阳秋林，代金云．“两型社会”背景下的企业社会责任评价指标体系及其运用研究——以湖南企业为例 [J]．湖南社会科学，2012 (3)：114－117.

[45] 赵天燕，张雪．我国企业社会责任评价指标体系的构建及其应用研究 [J]．财贸研究，2012 (6)：139－145.

[46] 卓志，王寒．保险企业社会责任探析 [J]．保险研究，2009 (2)：3－8.

[47] 蔡春勇．我国商业银行投资保险公司股权研究 [J]．黑龙江对外经贸，2010 (5)：141－142.

[48] 秦阳．保险集团估值研究 [D]．天津：天津大学，2016.

[49] 常振辉，高岩．FCFE 模型与蒙特卡洛模拟相结合在公司估值中的应用 [J]．中国林业经济，2018 (1)：94－97.

[50] 程凤朝，刘家鹏．上市公司并购重组定价问题研究 [J]．会计研究，2011 (11)：40－46，93.

[51] 程凤朝，刘旭，温馨．上市公司并购重组标的资产价值评估与交易定价

关系研究［J］. 会计研究，2013（8）：40－46，96.

［52］代静玉. 寿险公司价值评估研究［D］. 重庆：重庆理工大学，2016.

［53］杜璨. 我国保险公司价值评估方法研究［D］. 北京：首都经济贸易大学，2016.

［54］高琳玮. 上市公司“中国人寿”的估值研究［D］. 上海：上海交通大学，2013.

［55］胡晓明，赵东阳，孔玉生，赵弘. 企业异质与可比公司赋权——基于并购的非上市公司估值模型构建与应用［J］. 会计研究，2013（11）：53－59，96.

［56］胡晓明，张祖遥. 我国上市公司控制权溢价及其影响——2012～2016年相关数据的分析［J］. 中国资产评估，2018（11）：23－27.

［57］贾媛媛. 基于内含价值的保险上市公司投资价值分析［D］. 济南：山东财经大学，2015.

［58］康纳尔，张志强，王春香. 公司价值评估——有效评估与决策的工具［M］. 北京：华夏出版社，2001.

［59］李光明. 企业价值评估理论与方法研究［D］. 北京：中国农业大学，2005.

［60］李颖. 保险公司估值模型探讨［D］. 上海：上海国家会计学院，2017.

［61］刘海欧. 保险公司价值评估体系演变进程简析［J］. 时代金融，2015（9）：128－129.

［62］刘建容，潘和平. 基于财务指标体系的中国上市公司投资价值分析［J］. 管理学家（学术版），2010（5）：16－25.

［63］刘任重. 基于企业价值评估的DCF与RIV定价模型的比较［J］. 统计与决策，2013（2）：59－61.

［64］吴宇航. 期权定价对未上市企业估值的方法研究［D］. 北京：北京外国语大学，2018.

［65］姚颖. 私募股权投资中的企业估值方法研究［D］. 南京：南京大学，2013.

［66］于辉，王宇. 成长型企业股权融资估值问题的模型研究［J］. 系统科学与数学，2018，38（3）：318－333.

［67］张鼎祖，彭莉. 企业价值评估市场法的改进［J］. 统计与决策，2006（10）：160－162.

［68］张灵莹. 定性指标评价的定量化研究［J］. 系统工程理论与实践，1998

(7): 99 -102.

[69] 张颖. 寿险公司投资绩效比较研究 [D]. 北京: 对外经济贸易大学, 2015.

[70] 张淙豪. 我国创业板上市公司融资能力的影响因素研究 [D]. 济南: 山东大学, 2014.

[71] 周静宜. 保险公司投资价值研究——以中国平安保险 (集团) 股份有限公司为例 [J]. 时代金融, 2017 (24): 251 -252, 254.

[72] Andrew, M. Yuengert. The Measurement of Efficiency in Life Insurance: Estimates of a Mixed Normal 2 gamma Error Model. Journal of Banking and Finance, 1993 (17): 483 -496.

[73] Aupperle K E, Carroll A B, Hatfield J D. An empirical examination of the relationship between corporate social responsibility and profitability [J]. Academy of management Journal, 1985, 28 (2): 446 -463.

[74] Carroll A B. A three - dimensional conceptual model of corporate performance [J]. Academy of management review, 1979, 04 (4): 497 -505.

[75] Carroll A B. Corporate social responsibility: Will industry respond to cutbacks in social program funding [J]. Vital Speeches of the day, 1983, 49 (19): 604 -608.

[76] Carroll A B. The pyramid of corporate social responsibility: Toward the moral management of organizational stakeholders [J]. Business horizons, 1991 (34): 39 -48.

[77] Carroll A B. Corporate social responsibility evolution of a definitional construct [J]. Business & society, 1999, 38 (3): 268 -295.

[78] Cummins, D. & Weiss. Measuring Cost Efficiency in the Property 2 Liability Insurance Industry [J] . Journal of Banking and Finance, 1993 (17): 463 -481.

[79] Cummins, D, MA Weiss, and H. Zi. Organizational Form and Efficiency: An Analysis of Stock and Mutual Property - Liability Insurers. Management Science, 1999 (45): 1254 -1269.

[80] Cummins, DJ, S. Tennyson, and MA Weiss. Consolidation and Efficiencyin the US Life Insurance Industry [J] . Journal of Banking and Finance, 1999 (23): 325 -357.

[81] Elkington J. Partnerships from cannibals with forks: The triple bottom line of 21st - century business [J]. Environmental Quality Management, 1998, 08 (1): 37 - 51.

［82］ Harrison J S, Wicks A C. Stakeholder theory, value, and firm performance ［J］. Business ethics quarterly, 2013, 23 (1): 97 - 124.

［83］ Maignan I, Ferrell O C. Measuring corporate citizenship in two countries: The case of the United States and France ［J］. Journal of Business Ethics, 2000, 23 (3): 283 - 297.

［84］ Marín L, Rubio A, Maya S R. Competitiveness as a strategic outcome of corporate social responsibility ［J］. Corporate social responsibility and environmental management, 2012, 19 (6): 364 - 376.

［85］ Mustafa S A, Othman A R, Perumal S. Corporate social responsibility and company performance in the Malaysian context ［J］. Procedia - Social and Behavioral Sciences, 2012, 65: 897 - 905.

［86］ Reed L, Getz K, Collins D, et al. Theoretical models and empirical results: A review and synthesis of JAI volumes 1 - 10 ［J］. Corporation and society research: Studies in theory and measurement, 1990, 27: 62.

后　记

本篇报告的撰写得到了学校的大力支持和帮助，在此对中央财经大学保险学院、中国精算研究院的院领导，以及保险学院、中国精算研究院的其他领导和老师，在此表示衷心的感谢！

报告得到教育部①、中央财经大学保险学院、中国精算研究院②等单位的课题资助和支持，在此表示衷心的感谢！

在大量数据的搜集、整理等工作中，有许多保险、精算专业的研究生和本科生参加了这项工作，他们为报告的完成付出了很多艰辛繁杂的劳动。主要有王雯、李彬、徐焉可、侯丹蕾、孙雅欣、戚越等，在此对他们的付出表示感谢！感谢中国精算研究院办公室的王庆焕、薛丽娜、许丽文等为本书的出版付出的劳动！

课题组在指标的设立、信息的搜集整理、模型的探索完善等方面付出了很大的努力，但是《2022 中国保险公司竞争力与投资价值评价研究报告》中的不足和疏漏之处在所难免，欢迎各位读者不吝赐教，以便我们做进一步的修改和完善。

联系方式：kouyefu@ cufe. edu. cn

寇业富

2022 年 7 月 27 日

① 高等学校学科创新引智计划——“保险风险分析与决策”学科创新引智基地（NO. B17050）；教育部人文社会科学重点研究基地重大项目“数据时代商业保险服务健康保障体系的机制与智能路径研究”（项目批准号：16JJD790062）和“大数据背景下的风险量化与保险业发展指数体系研究”（项目批准号：16JJD790060）的资助。

② 2021 年度学科建设专项经费（中国精算研究院）提升自主创新和社会服务能力（项目号：022859320006）。